四川省社会科学研究“十三五”规划项目（编号：SC16B049）
四川省教育厅科研课题（编号：17SB0302）
四川广播电视大学重点科研课题（编号：KTKYC2016003Z）成果

# 互联网金融下

## 小微企业融资模式及风险研究

汪 涛 李惠青 / 著



HULIANWANG JINRONGXIA
XIAOWEI QIYE RONGZI MOSHI JI
FENGXIAN YANJIU

电子科技大学出版社
University of Electronic Science and Technology of China Press
· 成都 ·

**图书在版编目(CIP)数据**

互联网金融下小微企业融资模式及风险研究 / 汪涛，李惠青著. -- 成都：电子科技大学出版社，2018.8

ISBN 978-7-5647-6667-2

Ⅰ. ①互… Ⅱ. ①汪… ②李… Ⅲ. ①中小企业—企业融资—融资模式—研究—中国②中小企业—企业融资—风险管理—研究—中国 Ⅳ. ①F279.243

中国版本图书馆CIP数据核字(2018)第200775号

**互联网金融下小微企业融资模式及风险研究**

**汪涛　李惠青　著**

策划编辑　杨仪玮
责任编辑　于　兰

出版发行　电子科技大学出版社
　　　　　成都市一环路东一段159号电子信息产业大厦　邮编 610051
主　　页　www.uestcp.com.cn
服务电话　028-83203399
邮购电话　028-83201495

印　　刷　四川煤田地质制图印刷厂
成品尺寸　170mm×240mm
印　　张　14.25
字　　数　254千字
版　　次　2018年8月第一版
印　　次　2018年8月第一次印刷
书　　号　ISBN 978-7-5647-6667-2
定　　价　58.00元

# 前　　言

小微企业是我国经济社会发展中的一个重要组成部分，对于国民经济的健康稳定发展起着重要的作用。小微企业经营规模小，经营方式较为灵活，数量超过了我国企业总数的90%，吸收了大量的劳动力，创造了大量的就业岗位，为经济社会稳定发展提供了重要支撑。企业在初创期和成长期，更多的是以小微企业形式存在的。小微企业的健康成长和发展，对于优化社会资源的配置具有重大现实意义，也是经济可持续发展的需要。同时，小微企业还是创新创业的重要平台。最近几年，我国小微企业已经逐渐从劳动与资本密集型向知识与技术密集型转变，特别是科技型小微企业的蓬勃发展，已经使小微企业成为推动我国技术进步与创新的重要推动力。

小微企业一般处于企业生命周期的初创期，大多数小微企业资金都相对缺乏，融资需求比较迫切。但是小微企业存在规模小、信用不足、经营环境差、抵押物缺乏等问题，能够通过传统商业银行的贷款审核的比例很低。而直接融资渠道的获得对小微企业来说显得更加困难。融资难的问题已经成为制约小微企业发展，制约我国经济社会健康可持续发展的瓶颈。

互联网金融的迅猛发展，给小微企业的融资带来了春天。互联网金融所处的时代大背景是互联网技术对经济的深入渗透，借助大数据、移动互联等技术，互联网金融行业发展迅速，产品种类丰富，用户规模不断扩大。与传统金融相比，互联网金融更加灵活，交易成本低，可以有效匹配小微企业的资金缺口，可以更好地为小微企业融资需求提供服务，有利于小微企业的长远发展。当前我国经济增长放缓，原材料价格上涨，经营成本上升，市场竞争越来越激烈，加之小微企业在经营规模、融资环境、员工素质等多方面相较大中型企业来说较弱，小微企业内部不稳定因素增多，导致小微企业的经营发展变得困难。同时，互联网金融平台的快速发展也导致风险把控能力较差，小微企业的互联网融资面临着风险防范的问题。近年来，国家发布有关互联网金融发展的指导意见文件，从国家层面开始逐步规范互联网金融监管，这标志着中国互联网金融从无序发展阶段逐步进入了规范发展阶段，也为小微企业的互联网金融融资风险控制提出了要求。

本书通过对小微企业融资活动现状及融资难原因进行分析，提出小微企业进行互联网融资的原因及必要性；借鉴国外小微企业融资的成功经验，分析我国小微企业互联网融资的模式创新；分析互联网金融下小微企业融资的影响因素，进而分析互联网金融下小微企业融资存在的风险，并提出防范风险的措施；最后对互联网金融下小微企业融资的未来发展趋势提出展望。

本书是四川省社会科学研究“十三五”规划项目“四川省市场主体信用评价体系研究”（编号：SC16B049）、四川省教育厅科研课题“互联网金融下小微企业商业信用影响因子研究”（编号：17SB0302）和四川广播电视大学重点科研课题“互联网金融下的小微企业融资问题研究”（编号：KTKYC2016003Z）的研究成果。要特别感谢课题组成员，四川广播电视大学张秋冬、蒋杉杉和张秋燕为课题研究做了大量的基础性工作以及在本书写作过程中给我们的大力支持。希望通过本书对互联网金融下小微企业融资模式和风险的分析，对小微企业的融资体系建设和风险防范有所帮助，为互联网金融的规范化发展提供一些参考性意见。

作　者

2018年5月于成都

# 目　录

# 第一章 导 论

## 第一节 研究的意义与现实背景

### 一、小微企业在社会经济发展中具有重要地位

**1. 小微企业是老百姓解决就业的重要渠道**

小微企业是解决就业压力与确保社会稳定的主要力量。由于小微企业经营规模小、经营方式较为灵活、支付工资相对较低、对劳动者的素质要求不高，它们成为吸收大量的劳动力、解决再就业、创造大量就业岗位的主要渠道。根据2017年CHFS（中国家庭金融调查）数据，小微企业吸纳的就业总数为2.5亿人，包括小微企业主6568万人和雇员18 437万人，占总就业人口近1/3。小微企业在吸收年轻人就业方面更为突出，劳动者越年轻，在小微企业就业的比重就越大。18～30岁的劳动者中，在小微企业从事工作的比例远高于全部劳动者在小微企业就业的比例。小微企业在促进我国经济增长、解决劳动者就业与创造社会财富方面具有重要意义。

**2. 小微企业是我国进一步深化改革的重要力量**

小微企业主要以从事第三产业为主，面向市场，面向用户，成为市场竞争最有活力与最为激烈的重要主体，也是我国市场经济的主体和原动力。与大中型企业相比较，小微企业灵活性强，改革成本低，便于操作，便于引入新机制。所以，在推进改革的进程中，小微企业常常是实验区与改革的突破口。小微企业在经营中所取得的各项改革成果，对大中型企业的改革实践也提供了有利经验，同时也为创造混合所有制经济成分共同发展的大好局面做出了重要贡献。

**3.小微企业是创业创新的主要源泉之一**

小微企业的繁荣发展能够进一步推动我国科学技术进步，优化社会资源的配置。我国小微企业多以知识与技术密集型产业为主，代替了过去以劳动与资本密集型产业为主。并且因为小微企业的经营方式较为灵活与高效，它们把科技转化成现实生产力所耗时间与环节相对缩短。特别是科技型小微企业的蓬勃快速发展，给我国经济增长、社会进步注入了新鲜的活力，也是我国科技创新进步的重要组成部分。2017年，国家知识产权局共受理发明专利申请89.5万件，同比增长近30%，连续3年位居世界首位；共授权发明专利20.8万件，其中，国内发明专利授权16.4万件，与上一年持平。在专利申请总量方面，2/3以上的专利是由小微企业发明创造的，3/4以上的技术创新均是由小微企业完成，4/5的新产品由小微企业开发。特别是科技型小微企业已成为推动我国科学技术进步与创新的主要推动力。

**4. 小微企业是创造我国社会财富的主体**

小微企业作为国民经济的重要支撑，是推动我国国民经济健康、稳定发展，推进社会和谐的重要力量。根据2016年CHFS数据，按照收入法计算，2015年国内小微企业创造的最终产品与服务价值占2015年GDP（国内生产总值）的1/4，总量为155 231亿元。

所以，小微企业已经成为国家经济社会发展的重要力量，大力发展小微企业已是当前刻不容缓的需要。

## 二、小微企业面临融资难，阻碍其发展

尽管小微企业在我国发展的潜力巨大，且它在国民经济中占有非常重要的作用与地位，但是小微企业经营信息不透明、运作缺乏规范、商业信用评级不高等特点，成为制约小微企业发展的关键问题。小微企业在企业生命周期的初创期，面临资金缺乏相对严重，融资需求迫切，它们难以从正规商业银行渠道获取短期贷款，国内正规的商业银行以及其他融资机构更愿意把资金贷给经营情况好的大中型企业，这是为了降低经营风险。小微企业经营的不稳定与风险的难以控制，导致其从正规商业银行渠道获取贷款资金的能力极为有限。

我国小微企业发展历史较短，从改革开放以来才在市场化的浪潮中逐

步成长起来，资本市场的供给和分配没有能完全与市场需求相契合，这就给小微企业融资带来了困难。据统计，现阶段我国小微企业申请贷款被拒率超过1/2，这就说明当前我国小微企业存在融资渠道受阻的问题，经营发展所需的备用资金不足已是威胁小微企业健康发展与发展壮大的致命薄弱环节。根据国家发改委统计资料显示，国内近几年停产的小微企业中，资金断链是近一半的企业生产停产的主要原因。另外，根据《中国小微金融发展报告2016》数据显示，存在借款的小微企业中，超过1/2的企业面临中长期资金需求缺口，且这一比例较前一年又上升近一倍。尽管国内金融机构也陆续推出了很多契合小微企业需求特点的金融产品与服务，部分小微企业对此变化也有明确感受，但是仍有1/5的小微企业依旧面临资金需求缺口。所以，小微企业在对金融服务满意度的调查评分中显示，借贷利率和借贷额度两项分值最低。1/2的小微企业认为企业的融资成本上升，认为融资综合成本存在上升的企业占比达49.89%，近半数小微企业的借款成本在10%以上。

以四川省为例，小微企业在四川经济发展中扮演了极为重要的角色，解决了 60%以上的就业。我们通过问卷调查了解到四川省小微企业的基本概况：有 60%的小微企业公司资产总额超过了 1000 万元，13% 的小微企业资产总额在 500 万 ~ 1000 万元，有 23%的小微企业资产总额在 100 万 ~ 500 万元，4% 的小微企业资产总额不到 100 万元。

其中，被调查企业已成立年限：大于10年的小微企业占 6%，5 ~ 10 年的占31%，3 ~ 5 年占29%，1 ~ 3 年占26%，这说明四川小微企业普遍处于成长期。被调查企业所属行业：建筑业比例为24%，金融业占比为13%，制造业占8%，批发和零售业占8%，文化、娱乐业等占3% ~ 5%，调查显示四川小微企业的结构呈现多样化。

**1. 四川省小微企业运营资金缺口较大，融资难问题依然突出**

调查发现，四川省小微企业依旧面临较大的资金缺口。被调查的300户小微企业均反映普遍存在这一问题。其中，资金缺口在1000万元以上的占调查总数的29%，资金缺口为500万 ~ 1000万元的占26%，资金缺口为100万 ~ 500万元的占32%，资金缺口在100万元以下的占13%，超过一半的企业资金缺口为100万 ~ 1000万元。

**2. 创业期与成长期的四川省小微企业资金来源形式单一**

创业期与成长期的四川省小微企业的融资渠道单一，主要来源于自有资金与熟人借款，且自筹资金比例较高，正规融资渠道极少。在创业初期小微企业均面临融资难与融资成本高等问题。小微企业的融资成本为10%～18%，信用等级一般的融资成本达15%～25%，民间融资成本达15.4%～29.2%，有的更高至34.28%～48%。在小微企业利用外部借款渠道上，有意向向银行贷款占被调查用户的98%以上，采用股权融资与债权融资方式的占2%，如果有融资需求，小微企业选择银行贷款、互联网金融、互联网金融和其他的比重分别是80%、10%、5%和5%。

**3. 四川省小微企业贷款多以中、短期贷款为主**

问卷调查显示，四川省小微企业贷款6个月以内与6～12个月的比重分别是2.6%、49.1%，短期贷款合计占51.7%，小微企业中长期贷款1～3年的比重为38.7%。

由于商业银行贷款的门槛较高，互联网金融平台信贷担保体系不完善，小微企业融资遭遇"玻璃门"，资金看得见拿不到。融资难依旧是四川省小微企业发展的主要障碍。尤其是处于创业初期与成长期的小微企业，由于企业越小，银行贷款风险越大，因此传统银行出于自身风险考虑都不愿意给小微企业贷款。四川省主要金融机构总贷款只有不到30%流向了小微企业，绝大多数小微企业缺乏资金。

## 三、互联网金融已成为小微企业融资的"双刃剑"

互联网金融是解决小微企业融资的一个重要渠道，但是，进入2015年，我国互联网金融正处于一个两难的境地：一方面，互联网金融对于促进经济发展起到了不可忽视的推动作用；另一方面，互联网金融开展线上与线下相结合的贷款业务，融资成本并不像想象的那么低，其风险性高，易出现违规金融活动。2015年爆发的互联网金融平台关门潮，可能对经济活动带来负面影响。

互联网金融对小微企业融资的正面积极作用主要表现在：第一，互联网金融可以积极解决小微企业融资的资金缺口，为它们提供融资需求服务；第二，互联网金融的产生与发展，为解决小微企业融资难的问题提供新的途径，也促进了小微企业的长足发展；第三，互联网金融有利于推动金融深化改革与金融资源的合理配置。

互联网金融对小微企业融资的消极负面影响主要表现在：第一，伴随着互联网金融的发展，滋生了一些违法违规的金融活动；第二，如果互联网金融不能实现真正意义上的线上审核，那么它就不能真正降低小微企业的经营风险；第三，互联网金融的发展变相助长了非法的金融投机行为。

## 第二节 研究思路和研究框架

第一，对小微企业和互联网金融进行概念界定，并总结互联网金融下小微企业融资的文献综述；第二，通过对小微企业融资活动现状及融资难

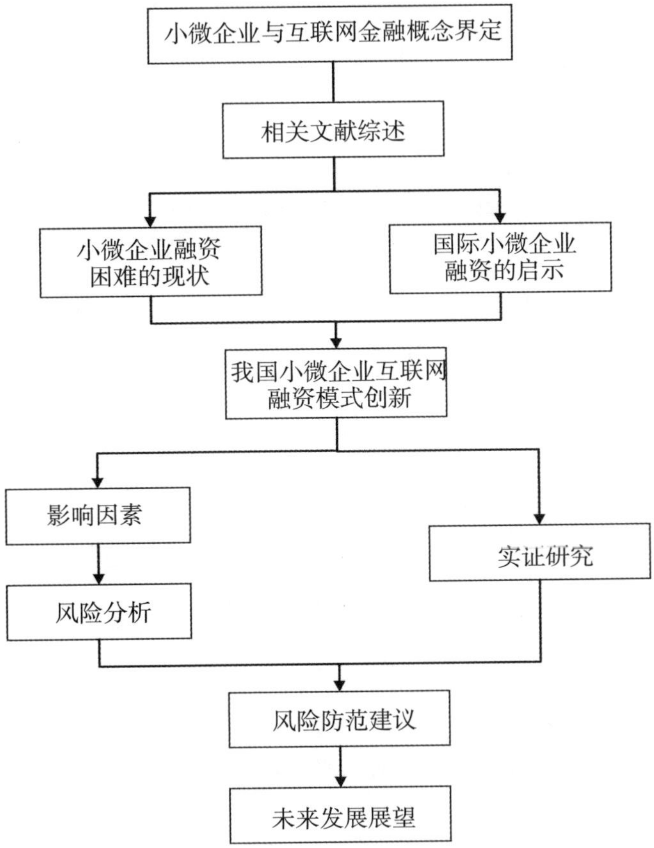


图1-1 本书研究思路和研究框架

原因进行分析，提出小微企业进行互联网融资的原因及必要性；第三，结合美国、英国、日本等发达国家的民间融资发展状况，对我国小微企业互联网融资发展提出借鉴；第四，分析目前小微企业互联网融资的模式创新；第五，分析互联网金融下小微企业融资的影响因素；第六，分析互联网金融下小微企业融资存在的风险，并提出防范风险的措施；第七，对互联网金融下小微企业融资的未来发展趋势提出展望。

# 第二章　互联网金融下小微企业融资研究的理论基础

## 第一节　小 微 企 业

小微企业是我国经济社会发展过程中特定阶段的产物。现阶段中国的小微企业已经是国民经济增长与社会发展的主要动力，中国要在将来保持经济增长健康高速发展，就需要小微企业能有更快的发展。发达国家的成功经验证明，随着经济发展，第三产业占比越来越大，那么小微企业占比也将继续增大。小微企业既是一个普通的经济体，也是一个经济占比大、有发展前途且不容小觑的重要经济体。

现阶段学界对于企业规模划分的标准主要有行业属性、员工数量、营业额、资产总额等，一般把企业划分为大、中、小型企业。“小微企业”或者“微小企业”是一个比较新的提法，有学者提出“微小企业”是指比小企业还要小的、经营规模一般都很小、雇佣员工很少的企业，例如，经营投资额仅50万元左右，雇佣员工在50人以下的企业就称为“微小企业”。因此，我们通常将投资额比较少的个体经济和雇佣员工在50人以下的私有经济统称为“小微企业”。

### 一、国外对小型企业与微型企业的界定

对于小微企业的定义，每个国家的观点都不一样。美国国会2000年颁布的*The Micro enterprise for self-Reliance act*法律，以及2003年布什签署的*Micro enterprise Enhancement*文件中对于小微企业的定义是指雇佣员工不超过10人，或者是由贫困人口拥有或者经营的公司。世界银行和欧盟对于小微企业的界定，也有各自不同的标准（见表2-1）。

表 2-1　世界银行与欧盟关于微型、小型企业的界定

| 企业类型 | 雇员人数(个) | | 总资产(万美元/万欧元) | | 年销售额(万美元/万欧元) | |
|---|---|---|---|---|---|---|
| | 世界银行 | 欧盟 | 世界银行 | 欧盟 | 世界银行 | 欧盟 |
| 微型 | 1～10 | 1～9 | <100 | <200 | <100 | <200 |
| 小型 | 11～50 | 10～49 | 100～300 | 200～1000 | 100～300 | 200～1000 |
| | | | | | | |

资料来源：王君. 中国微小企业融资进展与前景[J]. 银行家，2007.

表 2-2　国际上一些国家关于微型、小型企业的界定

| | 小型企业 | 微型企业 |
|---|---|---|
| 德国 | 雇员人数不超过49人，营业额低于200万美元或1年资产负债表总值低于150万美元 | 雇员人数不超过9人 |
| 印度 | 小规模企业、辅助企业：投资额低于1000万印度卢比；小规模服务业、商业：投资额低于50万印度卢比 | 厂房、设备投资低于250万印度卢比 |
| 菲律宾 | 资产总额为150万～1500万菲律宾比索，雇员人数为10～99人 | 资产总额为150万菲律宾比索以下，雇员人数为1～9人 |

资料来源：蔡翔，宋瑞敏，蒋志兵.微型企业的内涵及其理论基础. 当代财经，2005(12).

根据国外关于小微企业的界定可以分析得出（见表2-2），小微企业的范畴和我国个体工商户的范畴类似，小型企业和我国的小企业的范畴也差不多。

## 二、国内关于小型企业与小微企业的界定

国内关于小微企业的定义没有统一的标准。总而言之，小微企业是指生产经营规模相对较小的企业，在学术与实践中，人们采用各种不同的维度来界定小微企业，一些根据企业的资产总额来确定，一些则是根据企业的雇佣员工数量来确定，另外一些是根据企业的经营收入来确定。即便都是采用了同一维度来进行衡量，比如雇员数量，“雇佣员工人数在多少范围以内属于小微企业”方面所采用的标准也是相距甚远。

小微企业，是指小型与微型企业的简称。学术界对于小微企业的界定

并没有统一的标准，其定义是相对宽泛的，农、林、牧、渔业，工业、建筑业、租赁和商务服务业、餐饮业等各个行业的标准不同，一般情况下，大多数行业将人数为10～50人，年营业额为100万～300万元规模的企业定义为小型和小微企业。

现阶段，我国的小企业划分标准是根据2003年国家统计局、经贸委、发改委与财政部联合印发的《中小企业标准暂行规定》来确定的，根据企业雇员员工人数、资产总额与销售额进行划分。根据《中华人民共和国中小企业促进法》和《国务院关于进一步促进中小企业发展的若干意见》（国发〔2009〕36号），制定本规定适用的行业包括：农、林、牧、渔业，工业（包括采矿业，制造业，电力、热力、燃气及水生产和供应业），建筑业，批发业，零售业，交通运输业（不含铁路运输业），仓储业，邮政业，住宿业，餐饮业，信息传输业（包括电信、互联网和相关服务），软件和信息技术服务业，房地产开发经营，物业管理，租赁和商务服务业，其他未列明行业（包括科学研究和技术服务业，水利、环境和公共设施管理业，居民服务、修理和其他服务业，社会工作，文化、体育和娱乐业等）。[①]根据《中华人民共和国增值税暂行条例实施细则》（中华人民共和国财政部国家税务总局令第50号）第二十八条规定，条例第十一条所称小规模纳税人的标准为：（一）从事货物生产或者提供应税劳务的纳税人，以及以从事货物生产或者提供应税劳务为主，并兼营货物批发或者零售的纳税人，年应征增值税销售额（以下简称应税销售额）在50万元以下（含本数，下同）的；（二）除本条第一款第（一）项规定以外的纳税人，年应税销售额在80万元以下的。另外，引用对工业、建筑业、交通运输和邮政业、批发和零售业、住宿和餐饮业中的小企业制定的标准是：工业为职工人数300人以下，或销售额3000万元以下，或资产总额4000万元以下；建筑业为职工人数600人以下，或销售额3000万元以下，或资产总额4000万元以下；批发业为职工人数100人以下，或销售额3000万元以下；零售业为职工人数100人以下，或销售额1000万元以下；交通运输业及住宿和餐饮业为职工人数400人以下，或销售额3000万元以下（见表2-3）。[②]

---

① http://www.lm.gov.cn/InnovateAndServices/content/2009-09/23/content_257571.htm

② http://www.gov.cn/flfg/2008-12/18/content_1181744.htm

**表2-3　部分行业小微企业标准**

| | 职工人数(人) | 销售额(万元) | 资产总额(万元) |
|---|---|---|---|
| 工业 | ＜300 | ＜3000 | ＜4000 |
| 建筑业 | ＜600 | ＜3000 | ＜4000 |
| 批发业 | ＜100 | ＜3000 | ＜3000 |
| 零售业 | ＜100 | ＜1000 | ＜500 |
| 交通运输业 | ＜400 | ＜3000 | ＜3000 |
| 住宿餐饮业 | ＜400 | ＜3000 | ＜2000 |

根据《中华人民共和国企业所得税法实施条例》（中华人民共和国国务院令第512号）第九十二条规定，《企业所得税法》第二十八条第一款所称符合条件的小型微利企业，是指从事国家非限制和禁止行业，并符合下列条件的企业：在工业企业中，小型微利企业指年应纳税额不超过30万元，从业人数不超过100人，资产总额不超过3000万元的工业企业；而除此之外年应纳税额不超过30万元，从业人数不超过80人，资产总额不超过1000万元的其他企业列入小型微利企业范畴（见表2-4）。①

**表2-4　《企业所得税法》中的小微企业标准**

| | 年度应纳所得额(万元) | 从业人数(人) | 资产总额(万元) |
|---|---|---|---|
| 工业 | ＜30 | ＜100 | ＜3000 |
| 其他企业 | ＜30 | ＜80 | ＜1000 |

将贷款额度作为划分小微企业类别的标准，比银监会列出的小企业的标准更加详细。从银行贷款额度的角度定义小微企业：小型企业为银行贷款500万元以下，微型企业为银行贷款100万元以下的个体工商企业。

银监会先后对小企业的标准进行过两次界定，以方便指导银行开展小企业的贷款业务。2005年出台的《银行开展小企业贷款业务指导意见》指出，小企业泛指各类所有制和组织形式的小型企业及个体经营户。与此同时，2005年由中国银监会、中国人民银行和世界银行在北京举行的“微小企业融资国际研讨会”正式提出小微企业概念，即个体私营等非公有制经济中的绝大多数都是小企业和微型企业。

此后，2007年银监会在《银行开展小企业授信工作指导意见》中对小

① http://www.gov.cn/zwgk/2007-12/11/content_830645.htm

企业从融资额度上进行了新的定义：小企业授信泛指银行对单户授信总额500万元（含）以下和企业资产总额1000元（含）以下，或授信总额500万元（含）以下和企业年销售额3000万元（含）以下的企业，各类从事经营活动的法人组织和个体经营户的授信。[①]从银监会对小企业的界定中，我们可以看到小企业主要有小型企业和个体工商户两类。

根据国家工商总局的统计数据，截至2013年年底，全国各种类型的企业总计1527.84万户。其中，小微企业1169.87万户，占企业总数的76.57%。如果将4436.29万户个体工商户视作微型企业，那么小微企业在工商登记注册的市场主体中所占比重达到94%。也就是说，小微企业在我国发挥着特别重要的作用，无论是从促进技术创新来看，还是从增加老百姓的就业，减缓就业压力来看，抑或是从促进我国的经济可持续发展来说，都发挥着不可替代的作用。

2011年，国务院为使相关扶持政策更有针对性，在“小微企业划分标准”中新增“微型企业”。根据2011年7月4日发布于中国政府网站上的《关于印发中小企业划型标准规定的通知》，对工业企业中、小、微三型的划分标准进行了规定。小微企业占全国企业数量的90%以上，提供了75%的城乡就业岗位。

我们认为解决问题的主要因素是人不是物，以组织规模即员工人数多少划分微小企业更为科学。这些小微企业包括个体工商户及其他雇员人数在10人以下的各种经济组织，包括自我雇佣的企业，这类企业包括不付薪酬的家庭雇员。此外还有个体经营的小企业，这类型的小微企业的创立和发展可以创造大量的自我就业机会，还可以帮助解决弱势群体就业，促进经济发展和保持社会稳定。

通常，这些小微企业的行业覆盖面比较广，有服务行业、手工作坊、小型种植业、修理配件、旅游服务、家庭保洁、搬家服务、养老服务、看护服务、幼儿和学生接送服务、街头游商等，这些行业都是依靠自身技艺谋生的，这些微利项目主要是开设在街头、社区里，大多是由失业人员和下岗人员经营。此外，这种规模的小微企业还包括代表最活跃的新经济、最先进的生产力的SOHO一族。SOHO族职业包括音乐创作、产品网上销

① http://www.360doc.com/content/11/0607/13/6623896_122212723.shtml

售、平面设计、广告设计制作、服装设计、商务代理、炒基金期货股票、网上信息咨询服务等；一些主要依靠信息制造、加工和传播类的工作也很适合SOHO一族，比如媒体记者、撰稿、软件设计、网络操作、网络软件管理、网站设计、美术和音乐等艺术工作、财务工作、广告、咨询等。

关于小微企业的界定，理应把握定义的规则，要考虑到企业属性、企业规模、城乡差异、发达与欠发达地区之间的这些差异问题。因此，比较常见的以经济规模来划分小微企业的方式越来越凸显出一些问题，由于地区发展的差异，经济发达地区的起点和不发达地区的起点不一样。有些经济发达地区的企业虽然只有几个人，但是年营业额能达到上千万元；但是经济欠发达地区的劳动密集型企业，比如物业管理、施工队等，有数百人的规模，但是每年的年产值却相对较少。

综上所述，从企业融资的角度出发，本书的研究对象主要是小型企业与微型企业。结合国内外的相关标准，本书所指的小型企业标准是《中小企业标准暂行规定》和《部分非工企业大中小型划分补充标准》中的企业划分标准，即指从业人数为10~300人，资产总额为200万~3000万元，且在金融授信额度上不超过500万元的企业；微型企业主要是指从业人数10人以下，资产总额200万元以下，且在金融授信额度上不超过100万元的个体工商户。

## 第二节 融资理论

### 一、MM理论

美国经济学家费兰科与莫顿在1958年发表了《资本成本、公司财务和投资理论》，并提出了著名的资本结构无关论，也称MM理论。这一理论的诞生，标志着现代融资理论的产生。他们主张在一个完善的资本市场中，不考虑企业所得税、破产成本与代理成本等要素的前提情况下，在动态循环中，企业是无法通过改变自身的融资结构来增加价值。即负债的低成本将会被上升的权益成本抵销，进而使得企业的资本结构与企业价值无关。所以对投资人而言，不管是将其财富投资到股权或是债券，均不会导致盈利与损失发生额外支出。[①]后来1963年莫迪利阿尼与米勒对这一理论进行了修正，被称为修正的MM理论，该理论认为债券融资企业因支付债务利息会产生减免税收的作用，因此企业采取高杠杆的融资经营能够实现企业价值最大化。

## 二、权衡理论

MM理论忽视了对代理成本与破产成本的考虑，1970年之后，仅仅考虑融资成本对融资决策的影响开始受到学术界的批评。后来以亚历山大与理查德等为代表的学者提出，基于修正的MM理论模型下，MM理论在完全市场条件下才成立，现实市场是不完全与不完美的，比如税收制度与破产惩罚制度。他们认为增加债务会让企业陷入财务危机与破产的可能，因此，债务上升而引起的企业经营风险与费用会制约企业通过负债追求企业价值最大化与税收减免的动力。所以，企业的融资结构的最优模式是负债的边际收益和负债上升的边际成本与边际代理成本相等时的融资结构。[②]

## 三、代理成本理论

1976年迈克尔与威廉等提出了代理成本理论，他们是从代理成本的角度来研究企业融资决策对企业市场价值的影响与作用。由于存在代理成本，股权融资方式会使得企业的实际市场价值低于预期的市场价值。因此根据代理成本理论的分析，企业价值最大化时的融资结构就是股权代理成本与债券融资代理成本的最小化。

## 四、激励理论

激励理论也是信息不对称理论的一个分支，以罗斯为代表的学者认为，如果信息不对称是引起股东与经理之间的目标差异，那么企业融资结构就起到一个信号的作用，市场将以这个信号进行决策。激励理论更强调在信息不对称的情况下，企业的融资结构视为市场信号传递对企业市场价值的影响。

---

① 汪平，闫甜. 现代财务理论研究的奠基之作——读《资本成本、公司财务和投资理论》[J]. 财务与会计，2006（8）.

② 孔小文. 中国上市公司资本结构选择：理论与实证分析[D]. 广州：暨南大学，2005.

## 五、控制权理论

哈里斯与亚瑟昂等学者将企业融资的研究关注点转移到关注公司控制权市场与融资结构的关系上。控制权理论研究是企业经营者出于对控制权的偏好，用企业融资结构来影响其公司的控制权进而来制约企业的市场价值。当出现可观察的不利收益信息时，将控制权转移给债权人是最优的。如何选择融资结构将是控制权在不同证券持有人之间分配的选择，而最优负债率是企业在破产时其公司控制权转移到债券人的负债水平。

## 六、信号传递理论

最先提出信号传递理论的是斯蒂芬与大卫，他们将企业资本结构的决定建立在内部管理者与外部关联者对企业真实价值或投资机会信息不对称的基础之上。企业的融资结构可以视为市场内部人员私有信息外在化的一种反映，并将融资问题归结为信息不对称的处理问题。后来，罗斯又提出了财务机构最优决定理论。他认为经理人员本身是企业的内部管理者，了解其所在企业的真实收益情况，而外部关联者并不了解企业的真实收益。如果企业的市场价值被高估了，则会对企业内部管理者有利；如果企业的市场价值被低估了，那么会对企业内部经营管理者不利。

## 七、市场时机理论

由于存在非有效市场，企业经营者会根据不同的市场时机来选择不同的融资方式。企业的经营管理者通常利用上市公司股票被高估时对外发行股票，相反在公司股票被低估时，则会选择其他的融资方式。那么，当公司股票被高估时，管理者应根据投资者的非理性行为发行更多的股票；当公司股票被低估时，管理者就应该回购股票。这就是市场时机理论。

# 第三节　互联网金融

## 一、互联网金融的内涵

互联网金融，广义来说是指在互联网技术的基础上，实现了资金融通的具体行为。一般来说，互联网、云计算、社交网络和数据挖掘等方面构成了互联网金融的技术基础，其具有碎片金融、普惠金融、信息金融、平台金融等特点。新兴的互联网机构依靠技术和平台的优势逐步进入传统的金融领域，由此开启了互联网金融生态新的发展篇章。

互联网金融所处的时代大背景是互联网技术对经济的深入渗透，借助大数据、移动互联等技术，互联网正在重塑我们的生产、生活方式。“互联网+”行动计划是近年来兴起的热门词汇，标志着今后我国要加大移动互联网的建设力度，使其与云计算、大数据和物联网等新兴信息化手段深入融合，引导互联网金融行业的健康发展。近年来，国家发布有关互联网金融发展的指导意见文件，从国家层面开始逐步规范互联网金融监管，这标志着中国互联网金融从无序发展阶段逐步进入了规范发展阶段，迎来了更加广阔的发展前景。

最近几年来，互联网金融行业发展迅速，产品种类丰富，用户规模不断扩大，但是当前对于互联网金融普遍缺乏一个能够广泛认同的定义，没有明确的业务边界和规则，与之相关联的收益、风险、预期等也都变得更加模糊不定，难以准确预测，由此危及金融体系的安全，给社会稳定增添不稳定因素。如何看待互联网金融的未来，目前还处在探索观察的阶段。

针对国家金融安全问题，2017年4月25日，习近平指出，要采取切实措施处置风险点，着力控制增量风险，对市场违规违法行为绝不姑息，全面摸排和查处互联网金融市场。由此可见，互联网金融已经触及我国金融安全的问题，因此分析和探寻互联网金融的风险因素，并提出加强互联网金融监管的相应对策，构建互联网金融监管体系已经成为当下我国金融安全领域亟待解决的重要问题。

## 二、互联网金融的主要类型

### 1. 众筹

众筹也就是大众筹资，是指通过互联网平台将发起人与投资人之间进行关联，设定一定的完成项目、完成时间，在这个时间内完成项目发起者预先设定募集目标的一种互联网金融模式。2016年12月19日，国务院印发《“十三五”国家战略性新兴产业发展规划》，打造经济社会发展新引擎，其中三处提到众筹。至此，众筹地位已提升至国家战略重点的高度。目前，众筹已经发展为多种运营模式，也涌现出一些典型的众筹平台。通过众筹，融资者不仅获得了融资，还经常通过众筹获得外部技术和管理等方面的帮助，也可以根据市场需求调整产品；投资者满足了好奇心和增添生活乐趣的愿望，也获取一定的经济回报。

### 2. P2P网贷

P2P网贷是指由中介平台通过信息发布、沟通协调、信用评价和咨询服务等方式，为投资者和有资金需求的人搭建联系，并从中收取一定的服务费和管理费的模式。P2P网贷因其跳过银行这个金融系统的媒介，没有具体参与借贷利益链条中去，借贷双方没有中介，直接发生债券和债务关系，使得其实现了某种程度的独立，简单实用且高效，其本质上更接近于普惠金融、草根金融。P2P网贷平台近年来发展迅猛，目前国内P2P模式分为线上模式、线下模式、线上线下结合（O2O）三种模式。

### 3. 第三方支付

第三方支付是指由具备一定实力的非银行机构作为主体，依托互联网、计算机等高新技术，采用与各大银行签约的方式，实现用户与银行支付结算系统进行关联的一种电子支付模式。第三方支付作为金融服务的基础设施，在未来互联网发展中必将占有基础性地位。2008年以来我国电商行业迅猛发展，第三方支付行业也随之取得了快速的发展，交易额连续3年增长率超过100%。2011年，央行发放首批支付牌照，第三方支付自此获得合法地位。2013年以来，通过余额宝投资、春节抢红包、打车等众多消费场景深刻影响了人们的互联网支付行为，第三方支付行业嵌入更多生活场景，人们越来越习惯于这种支付方式。据统计，2016全年中国网络经济营收规模达到14 707万亿元，同比增长28.5%。随着我国电子商务环境的不断优化，支付场景的不断丰富，以支付宝、财付通、银联为首的支付系统金融创新的持续活跃，第三方网上支付业务必将取得更加快速的增长。[①]

## 三、互联网金融对传统商业银行的影响

互联网金融自诞生以来给传统商业银行的商业逻辑和思维方式带来了根本性的冲击和影响，它以最快的速度、最大的规模渗透进入商业银行的传统领域。长期以来，商业银行占领了金融生态的顶端，获取了巨额利润，但故步自封的经营模式和单一的渠道来源已经让传统的商业银行失去了原有的优势。从长期上看，互联网金融与传统银行之间的关系是此消彼长，互联网金融要想代替传统商业银行，这个过程将非常漫长。当前，互联网金融对传统商业银行的冲击主要在支付、小微信贷和中间业务者三大方面。以支付方面为例，截止到2016年年底，全国一共有271家第三方支付机构获得了第三方支付牌照。据统计，2016年互联网支付用户规模约为7.3亿人，在网民中占比95.1%，移动支付用户规模约为7.0亿人，同比增长12.1%，中国移动网络经济营收规模为7907.4万亿元，占据半壁江山，网络经济进入移动互联网时代。总体来看，互联网支付用户规模和交易金额均呈持续增长态势。

## 四、当前我国互联网金融业的发展现状

我国互联网金融业经过长时间的发展已经延伸到多个领域，因此对互联网金融业的发展现状进行分析，就应该从不同领域入手，全面把握不同领域的发展状态。

**1. 网络银行领域**

1996年，我国招商银行对网络银行进行了适当的探索，率先在国内推出了网上银行“一网通”服务，并且经过一年的发展，在1997年开通了交易型网银服务。招商银行网络银行的开通对我国其他银行网络银行建设工作产生了一定的影响，中国银行、建设银行以及工商银行也先后尝试开通网上银行业务。到今天，网络银行已经成为银行业的主要发展方向之一，

① http://www.360doc.com/content/17/1204/09/16098628_709704576.shtml

个人网银和企业网银在电子银行方面的渗透率高达70%，阿里巴巴集团和腾讯集团已经获得首批民营网银试点资格，网络银行也成为我国互联网金融业的重要发展方向。

2. 网络证券领域

网络证券领域是我国网络金融业的重要发展方向之一，从1996年开始，我国证券营业部就尝试进行网上委托，并且江苏证券第一个在1998年开通了具有完善功能的网上交易系统。2000年，国家认识到网络证券的重要性，证监会结合网络证券行业的发展需求制定了《网上证券委托暂行管理办法》，对网上证券委托业务进行了适当的规范，目前中国网络证券行业得到了一定的发展，经济业务领域中的交易环节已经在网上交易和手机证券的支持下真正实现了互联网化，并开设了相应的网上商城，全面推广电子券商。

3. 网络保险领域

在网络保险领域中，互联网金融业务也得到了一定程度的发展，1997年中国保险信息网开通，标志着我国第一家保险网正式运行，并且在新华人寿的推动下，我国第一份网上保险单生成，全国性保险类电子商务网站也相继开通。2013年，随着互联网金融业的进一步发展，在阿里巴巴、腾讯以及中国平安等多家企业的支持下，我国首家网络保险公司成立，对我国网络保险事业的发展产生了极其重要的影响，推动我国网络保险事业得到了进一步发展。

4. 第三方支付领域

在互联网金融领域中，第三方支付领域的主要运营模式包含两种类型：一类是独立的第三方制度模式，不具备担保功能，只能够单纯地为客户提供支付服务，这类支付主体主要以易宝支付、拉卡拉、快钱等为代表；另一类是依托于自由电商网站的第三方支付模式，具有担保功能，以支付宝和财付通为主要代表。经过长时间的发展，我国第三方互联网支付交易规模得到不断拓展，到2016年中国电商交易规模就已经突破20万亿元，并且B2B电子商务合计超过7成。支付宝早已开通余额宝业务，并且与天弘增利宝基金合作，促使其净资产值迅速增加，上升到1800多亿元，发展成为中国最大规模的货币基金。

5. 众筹领域

在互联网金融业的发展刺激下，我国众筹业也得到了一定的发展，在2011年，中国首家众筹平台成立，在其后，国内股权众筹的典型代表天使汇也在同年11月份成立，天使汇的主要业务是针对中小企业，即中小企业借助合投手段实施天使轮和A轮投资。天使汇在成立后得到了快速的发展，近几年已经完成了大量的项目，滴滴打车、Lava Radio（熔岩环境音乐）等就是天使汇平台项目的典型代表。

**6. 网络虚拟货币领域**

随着互联网金融的发展，在网络虚拟技术支持下生成的虚拟货币比特币在中国得到了广泛的传播和发展，中国玩家逐渐开始成为购买比特币的主要力量，特别是在比特币交易平台火币网。基于市场需求率先推出金融衍生业务“融资融币”后，比特币的传播更加广泛，网络虚拟货币领域成为互联网金融业的重要领域，获得了一定的发展。

## 五、中国互联网金融业的发展趋势

**1. 融合共生发展趋势**

任何一项学问、技术或者产业发展到一定阶段后都会冲破其原有的限定边界，借以满足现实社会中形成的新需求。如手机最初的功能就是电话通信，但是当社会大众对手机功能的需求不断增多，手机行业得到一定程度上的发展，逐渐开始与互联网领域融合后，其就转变为一个具有一定智能的移动终端设备，电话通信功能成为手机综合功能中最为基本的一部分。

在互联网金融领域，随着互联网信息技术的发展，物理空间内的经济形态逐渐与互联网虚拟空间进行对接并发生一定的融合，互联网和金融业呈现出一定的互补关系，实现了共生发展。在这一社会背景下，以银行为主的金融业如果不结合互联网信息技术的应用探索转型发展，就必然会面临着被行业淘汰的风险，因此银行在互联网信息技术的支持下应该尝试与互联网虚拟空间挂钩或者逐渐向着互联网金融转变。换言之，对于金融业而言，互联网金融是一项伟大的创新，其甚至在一定程度上实现了对金融业原有生态环境的扭转。可以预见，随着互联网信息技术的进一步发展，在不久的将来，互联网金融必然会成为金融行业的主流发展趋势。

在这一过程中，传统金融业为了适应新社会环境，也积极探索了与互联网融合共生的发展道路，手机银行、微信银行和自助银行等业务相继出现，银行理财产品在信息技术的支持下也呈现出灵活多变的发展趋势，如平安银行推出的“平安盈”业务，不仅取消了门槛限制，而且具有较高的流动性，方便客户随时取现。相关研究专家明确指出，在互联网金融蓬勃发展的当今社会，互联网金融业虽然不会对传统金融业进行颠覆，但是其必然会与传统金融业呈现出融合共生的发展趋势。在网络金融的支持下，银行等金融部门也能够为客户提供更为全面、系统、多元化的金融服务，行业集成更加明显，多元综合业务集成成为互联网金融业的主要发展方向。简言之，面对互联网金融业的冲击，金融机构要想获得长远发展就应该以开放的态度与互联网企业进行跨界合作，进而在充分挖掘双方在风险和数据维度等方面互补空间的基础上，探索互联网和金融业的融合发展趋势，切实实现融合互补共赢。

**2. 时空融通发展趋势**

对金融业进行分析，不能将金融与金钱等同，而是应该从广义的角度对金融的概念加以探索。耶鲁大学的研究者在对金融概念进行限定的过程中指出，金融实质上是跨越一切时间和空间的价值交换，从这个意义上讲，金融涉及的范围相对较为广泛，如传统意义上的拼车、红白喜事的随礼，甚至养儿防老等观念都与金融存在一定的联系。以养儿防老的观念为例进行分析，养儿防老是我国传统思想观念之一，其中蕴含着一定的金融学理论，社会个体在年轻力壮时养育下一代，在个体丧失劳动力后下一代反哺个体，并且这一过程以儒家伦理孝道作为信用担保，其实质上是一种突破了时间限制的价值交换。

近年来，随着我国社会经济建设的迅速发展，房地产和汽车等行业也得到了蓬勃发展，并且在发展过程中对各项金融工具进行了相对广泛的应用。房地产金融、汽车金融以及住房贷款和汽车贷款等都是金融工具融入社会其他行业中的重要表现，而且在实际应用过程中，借助金融工具，人们将未来的价值应用到现在，实现对现在价值的补充，在一定程度上缓解了人们在这一时间段内的支付危机。也就是说，在房地产和汽车等行业的发展过程中，借助金融工具的应用克服了时空方面的障碍，实现了现在和未来的融通，使社会上的资源达到了最优配置。

长期以来，银行等金融机构的监督管理部门严禁其参与混业经营，希望能够避免金融风险对其他行业发展产生不良影响。但是这种限制与金融业的发展理念存在一定的冲突，当社会经济水平提高到一定程度后，社会大众的需求必然会得到相应的增长，而社会大众不断增长的需求与传统供给不足的矛盾将会凸显出来，对社会经济发展产生不良影响。因此在社会需求的驱动下，金融业必然会另辟蹊径，寻找融合发展路径。互联网的出现满足了金融业融合发展的需求，能够对传统金融缺陷加以弥补，金融业与互联网的融合成为金融业未来发展的必然选择，也是金融业最终向着本质属性回归的必然要求。在互联网数据信息的支持下，金融业在发展过程中能够实现供需双方的实时价值交换，进而促使金融业的融通度得到明显提升，为金融业的长远发展奠定坚实的基础。

### 3. 去重量化发展趋势

互联网金融业的去重量化发展态势主要是在移动互联网技术的支持下实现的。移动互联网信息技术在金融领域中的广泛应用促使金融在内的所有物理空间的实体产品和服务形成了轻量化的发展趋势，实现了去重量化虚拟，对互联网金融业的发展产生了一定的推动性影响。在互联网金融业去重量化发展态势下，互联网平台将完成对现实社会中全部产品和服务的虚拟，并且实现了大幅度缩减成本，部分工厂和营销网点等实体经济构成将逐渐丧失。我国传媒领域的发展正印证了这一变化，以纸张为主的信息载体作用逐渐被弱化，无纸化媒体发展成为新闻媒体的主要发展趋势，互联网变为大众传媒的主流。即便如此，实质上互联网的潜能尚未得到充分开发，当人类走过漫长的物理空间开拓之路后，到当今社会，人类必然会再次经历一个更为广阔的虚拟空间开发道路，虚拟网络在人类社会中发挥着极其重要的作用。在这一社会背景下，金融业也受到影响发生了一定的变化，互联网金融业呈现出明显的去重量化发展态势。

互联网金融业中的去重量化发展趋势是一个相对的概念，并不是将所有物质化的成分完全剔除，而是在保留必要成分的基础上减少不必要的成分，实现轻量化。换言之，在互联网金融业发展过程中，将不需要庞大载体的物质进行轻量化处理，最大限度地提升其价值重量比。在金融货币的发展历程中，货币从最初的贝类，发展到金银、纸币，再到当前的电子货币，货币已经实现了去重量化发展，从最初的物质实体转变为当前的信息和数字。对于互联网金融业而言，这一行业的去重量化发展就是在金融融通过程中，银行卡、信用卡等实体都将逐渐消失，而转变为虚拟的电子服务，所有相关金融业务都将在互联网构建的虚拟空间完成。从当前我国互联网金融业的发展情况可以看出，近几年，随着互联网信息技术的进一步发展和应用，互联网对社会大众的生活影响力逐步加强，社会大众的金融需求也会发生相应的变化。在这些因素的驱动下，互联网金融业必然会向着去重量化的方向进一步发展，最终取得更大的发展成效。

4. 全能金融发展趋势

当信息技术获得进一步发展，互联网与金融行业的融合度逐渐提升后，传统的金融业边界将会受到影响并逐渐趋于弱化，传统金融业将经历从混业金融到综合金融，再到虚拟社会中的全能金融，金融机构也将实现跨界发展模式，在社会上不同领域中实现资本的融通。在这一过程中，传统的金融资本融通模式将会被打破，金融行业回归本质发展态势，实现对一切价值的交换。

我国互联网和金融行业在融合过程中得到了一定的发展，较为典型的就是苏宁电器更名为苏宁易购后迅速向着“零售商电商金融”发展方向探索。这在一定程度上反映出我国实体企业的电商化和金融化发展态势。银行在发展过程中为了获得更为广阔的发展空间，必须借助电商平台与电商实现更为广泛的合作，在延伸自身传统业务的基础上，向其他行业渗透，最终构建全能金融发展模式。如交通银行就结合自身发展情况和行业需求推出了“交博汇”业务，为客户提供网上融资、理财和购物等金融服务；建设银行也建设了“善融商务”电商平台，将电子商务与金融服务有机结合在一起，为客户提供交易和物流信息共享等服务，并且能够为企业客户提供定向保理、订单融资等产品，获得客户的广泛认同。传统银行类金融机构的这些发展方向实质上具有一定的全能金融性质，反映出我国互联网金融业的全能金融发展趋势。此外，各大商业银行还积极探索了自助银行、手机银行等服务，在探索融合发展的过程中也不仅仅局限于互联网与金融的合作，还将合作范围向其他多种行业延伸，使行业之间的界限愈来愈模糊，跨界化生存也逐渐演变成为互联网金融业，甚至是我国多种行业的主要发展方向。在跨界生存模式下，客户体验日渐增强，客户黏度也逐渐增大，能够为客户提供更为精准、快捷、多元化的服务，让客户获得更好的服务体验。可见，全能金融发展趋势已经逐渐开始成为我国互联网金融业的主要发展趋势，对我国互联网金融业产生着重要的影响。

# 第三章　互联网金融下小微企业融资研究文献综述

## 第一节　国外研究现状

### 一、互联网金融的发展研究

1995年，世界上第一家纯网络银行SFNB在美国出现，这是互联网金融从无到有的标志性事件。历经20余年的发展，当今美国仍然是全球最发达的金融市场，拥有最成熟的金融体系，相关的研究也起源于此。国外对于互联网金融的发展研究主要集中在对互联网金融的定义、发展模式、利弊分析和风险研究等方面。

**1. 互联网金融的定义**

针对互联网金融的研究，首先离不开的就是对互联网金融的定义阐释，Merton和Bodie（1993）是最早对互联网金融进行定义的学者，他们认为20世纪末融资、信息分解和风险监管等功能借助高科技的快速发展，催生了互联网金融的萌芽和发展。

**2. 互联网金融的发展模式**

对于互联网金融的发展模式的研究，Stesuya Sato & John Hawkins（2001）从全球视角的角度，认为互联网金融的兴起和发展的趋势主要有三个方面：第一个方面是在支付领域，由于第三方支付、手机移动支付等新型支付模式的兴起，必然冲击传统的支付模式；第二个方面是P2P模式，这种模式在传统金融体系之外，已经成了沟通资金盈余者与资金需求者之间的桥梁；第三个方面是众筹模式，这种模式正在逐步侵蚀传统证券的业务领域。因此他们总结认为这三种模式就是互联网金融发展的主要方式，此后关于互联网金融模式的研究都是以这三大模式为基础，可以说是互联网金融发展模式研究范式的来源。

**3. 互联网金融发展的利弊分析**

互联网金融的蓬勃发展，对于金融市场、金融机构和货币政策的影响是利弊参半。对于互联网金融的优势分析，Mishkin和Strahan（1999）认为，由于电子信息与通信技术的高速发展，持续降低金融交易的成本，也减少了信息不对称问题的产生，所以在这个背景下促使互联网金融的出现。互联网金融的出现扩大了金融市场的规模，提高资金的流动性，不断提升金融市场中的企业、金融机构的抗风险能力，由此降低了居民活期存款的投资需求。Economides（2001）认为互联网金融这种新型的金融模式可以提高财务信息的透明度，降低交易成本，提高金融机构处理业务的效率，但是要关注信息技术的安全和可靠性问题。

另外，互联网金融的出现也给金融市场、传统金融机构等带来诸多挑战，Sato & Haokins（2001），Allen等（2002）认为互联网金融与传统金融既有融合的关系，又有竞争的关系。互联网金融的出现，对于金融市场、传统金融机构、货币政策等方面都产生了诸多的冲击和影响。

**4. 互联网金融的风险研究**

国外对于互联网金融风险研究主要分为流动性风险和信用风险两大类。Kim认为电子商务的在线交易对象众多，包括银行、信用卡授权机构，消费者在线隐私保护机构和消费者信心组织等第三方信用机构，并且以eBay公司为例，介绍其第三方支付服务。Richard Walton则在研究中探讨了B2C电子商务中的保险问题。Ber S & Gleisner F.（2010）认为通过金融市场调节资金的供需关系，电子信用借贷平台的出现可以提高借款人的信用条件，并且降低信息不对称的风险。

从以上文献梳理可以看出，由于互联网金融起源于国外，国外学者较早开始互联网金融的研究，且形成了相对成熟的理论体系、研究范式，而这些都值得国内学者借鉴。

## 二、小微企业融资问题

国外对于小微企业融资问题的研究主要集中在以下两方面。

**1. 小微企业融资现状与原因分析**

关于小企业融资难的原因分析，Stiglit & Weiss（1981）认为导致小微企业融资难的主要原因有逆向选择、道德风险、信息不对称。由于银行与小微企业沟通渠道不畅、信息不对称产生了多种问题，这就使得传统的银行在对小微企业的借贷融资时采取了信贷配给的方式，这样就更加加剧了小微企业融资难的现状。Berger & Udell（1998）从企业的生命周期理论入手，通过研究企业的生命周期理论，发现小微企业会随着企业的发展和融资经验的不同，处于不同的生命周期。由于小微企业在不同生命周期，其财务需求和选择权是有变化的，因此在不同的生命周期，小微企业应该采取不同的融资方式。此外，由于受到企业规模、管理水平、信息统计等方面的影响，外部融资机构很难真实把握小微企业的经营状况，这种情况下小微企业就更难以获得外部融资渠道。由于很多小微企业的经营模式是家庭经营模式，因此为了缓解融资难的困境，小微企业融资的方式一般都采取内部融资方式。Hellman & Stiglitz（2000）认为在融资方面，小微企业与大中型企业相比缺乏竞争优势，这就需要运用市场的力量，单独为小微企业提供担保，从而解决小微企业融资难的现状。

**2. 互联网金融与小微企业融资相结合的研究**

互联网金融的这种新型的融资模式的出现，为化解小微企业融资难的困境提供了新的途径。关于这方面的研究，主要集中在由于互联网金融对信用评价的宽松，从而为解决小微企业融资难开辟新径的关注。Hauswald Agarwal（2008）认为小微企业在信贷市场难以获得满足其需求的资金的最重要原因是缺乏市场认可的信用评级，互联网金融的出现，催生了网络借贷的蓬勃发展，而网络借贷的融资模式在信用等级的审核上将更为宽容，这也为小微企业解决融资难的困境提供了新的渠道。Duarte & Siegel（2010）认为传统融资模式和互联网融资模式共有的影响因素是企业信用，他们通过对比分析认为网络联保模式可以解决小微企业融资难问题。从一定程度上说，这种融资模式的双方可以通过网络联保模式进行融资，这样就可以降低贷款风险，确保了企业之间的相互信任，也能不断地扩大融资模式，逐步稳定融资规模。

由此看来，国外学者对于小微企业融资问题的研究主要集中在融资难的现状和原因分析、结合互联网金融缓解小微企业融资难两方面，相关的研究相对比较成熟。

总体来说，国外学者对于互联网金融下小微企业融资问题的研究主要分为互联网金融发展和小微企业融资问题两方面，但是对于将二者结合，直接研究互联网金融与小微企业融资之间的关系和影响的文献相对较少。

## 第二节　国内研究现状

互联网金融自20世纪90年代末期在我国出现，相关的研究逐渐增多，特别是以2013、2014年为互联网金融研究的鼎盛时期。国内对于互联网金融下小微企业融资问题的研究起步相对较晚，但经过学者们的努力，也涌现出了很多研究成果，主要的研究成果可以分为对互联网金融发展的研究、小微企业融资问题研究和互联网金融与小微企业融资相结合的研究三个方面，其中互联网金融发展的研究是成果相对较多的一个部分。

### 一、互联网金融发展研究

#### 1. 互联网金融的定义

谢平（2012）是国内最早研究互联网金融的学者之一，他也是国内针对互联网金融这一概念进行界定的第一个学者。他认为互联网金融是一种基于第三方的融资模式，与传统的金融机构、资本市场等传统的融资模式相比截然不同。由于互联网金融具备的优势，使得融资面向的群体不断扩大，并且使得融资变得非常平民化，普通民众参与融资的热情也非常大，融资的规模也在不断壮大。对比国外学者对互联网金融的定义，国内学者更加偏重于阐释互联网金融的影响。

#### 2. 互联网金融模式研究

学者们对互联网金融的研究主体部分之一就是对互联网金融模式的研究，相关的研究成果层出不穷。对互联网金融模式的研究又可以分为对互联网金融模式认识的研究和互联网金融模式的分类研究两方面。

对互联网金融模式认识的研究，谢平（2012）认为互联网金融模式是一种接近于一般均衡定理描述的、无金融中介的充分且有效的金融市场。王达（2014）认为中国所有的金融模式都可以在美国找到原型，通过与美国进行对比研究，认为互联网金融能降低交易成本，扩大金融市场规模，进而对互联网金融的发展产生影响。

对互联网金融模式的分类研究，孙墨林（2013）认为中国互联网金融的模式可以分为P2P信贷、第三方支付、众筹以及其他网络金融服务等。李博等（2015）认为互联网金融分为传统的金融服务的互联网延伸、金融的互联网居间服务和互联网金融服务三种模式。传统的金融服务的互联网延伸包括电子银行、网上银行和手机银行，金融的互联网居间服务典型的应用模式有第三方支付平台、P2P信贷、众筹网络等，互联网金融服务包括网络小额贷款公司、互联网基金、保险销售平台等，这些模式多是电商向金融行业的渗透。徐洁（2014）认为互联网金融与小微企业融资相互合作是具有竞争优势的，以融资双方的供需对接作为标准，认为互联网金融与小微企业融资模式分为点对点融资模式、基于大数据的小额贷款融资模式、大众筹资融资模式和电子金融机构—门户融资模式四种主要模式。单纯（2015）分析了P2P模式和众筹模式两种互联网金融融资模式，并且提出了规范发展和完善监督管理体系的建议，主要有制定和完善互联网金融融资的法律法规等，构建覆盖全面的大数据征信体系。晏妮娜（2014）根据小微企业的信贷特点，结合它们的融资需求，重点分析了网络联保融资模式和网络池融资模式的最优决策，认为电商平台应该合理控制网络联保的规模，并且控制它们的融资额度，这样才能最大程度降低融资风险。在网络信用池模式下，电商平台可以指定合理的融资利率，这样就可以吸引小微企业参与融资，从而达到多方共赢的目的。郑联盛（2014）将互联网金融模式分为电商小贷和P2P平台信贷两类，其中第一类也称为“互联网供应链信贷”，即指电子商务企业在注册客户范围内的产销贷链条的贷款，国内比较典型的代表是阿里金融和Amazon；另外一类国内比较有代表性的有人人贷、拍拍贷、陆金所、Lending Club、Kabbage、Prosper Marketplace等。

对于互联网金融融资模式分类的研究，一个比较具有代表性的研究是陈初（2010）将目前的互联网金融模式划分为四类：第一类是根据电子商务平台积累的企业真实交易数据信息作为依据而进行的综合评估；第二类是借助P2P网络融资模式，将融资双方都加入互联网金融的融资模式中来；第三类是银行某些金融业务的外包服务商；第四类是建立网络社区，为信用较好的群体提供贷款。

此外，还有很多学者都对这些互联网金融模式进行详细的分类研究，但以上为比较具有代表性的研究。通过文献梳理可以看得出来，在互联网金融的模式中，第三方支付，包括移动支付、网络信贷是互联网金融的核心部分。互联网金融的模式是互联网金融研究的主题，为其他研究提供了研究基础。

**3. 互联网金融的风险识别**

通过梳理现有研究成果，发现国内对于互联网金融风险识别的研究成果相对较少，主要的研究方向是流动性风险、信用风险、技术风险以及法律风险等方面。

流动性风险方面的研究主要关注的是互联网金融的第三方支付、网络借贷。郭世邦（2013）指出由于网上支付行为存在一定的隐蔽性，加之缺乏网上交易记录，所以第三方支付容易冲击反洗钱体系。谢凯等（2011）认为为了应对客户支付资金流向的风险隐患，应该建立健全客户资金风险防范的一些举措。对于信用风险管理方面，翁舟杰（2004）等认为我国P2P网络借贷目前面临的风险主要有个人信用体系不健全、缺乏相关的法律法规以及行业自律性较差等问题。风险管理研究方面，张郁松等（2013）指出在互联网金融的技术方面，没有相匹配的规范或者标准。李文博等（2013）研究显示当前互联网金融在技术上存在一定的风险，互联网金融平台的风险面临巨大考验。法律风险管理方面，新平（2013）指出互联网金融其实就是介于“合法”和“非法”之间的，如果把握不好，稍不注意就会走向“非法吸收公众存款”或者“非法集资”的高压线。由此我们可以看出，互联网金融风险识别的研究不多，尚待深入研究。

**4. 互联网金融的风险管理**

互联网金融繁荣发展的背后也隐藏着许多风险，由此引发学者们对互联网金融风险的监管的研究和广泛关注。王红敏（2015）指出风险监管的原则有很多，主要有一般性原则、特殊性原则等，并且充分借鉴了国外的现金方法，建立有效的激励机制进行有效监管。由于互联网金融特有的属性，针对互联网金融中的个体行为的非理性行为，市场纪律不一定能控制有害风险承担行为；此外，由于互联网金融消费中可能存在欺诈或者非理性行为，这样也给互联网金融的监管带来了难题。陈英华（2015）认为互联网金融监管存在的问题主要有互联网金融的监管不力，监管层对于互联网金融发展创新的支持的态度不会动摇，而且当前互联网金融监管存在的主要问题是要处理好主体和行为监管之间的关系，并且加强金融监管，完善相关的法律和规章制度。对于互联网金融监管的路径，王艳琼（2014）

认为我国互联网金融监管不能触碰非法集资、吸收公众存款和诈骗的红线。为了加强对互联网金融风险的有效管理，首先要建立健全互联网金融相关的法律法规体系，主要包括互联网金融法律法规体系的完善和修正，完成互联网金融的基础性法规、相关部门的部门规章制度的监管力度。其次，需要形成科学、有效的互联网金融的监管体系，加强国际监管的合作，由此来监督和管理洗钱等国际犯罪活动，并且能够促成全球范围内的金融监管体系，而且能确保互联网金融的健康有序发展。

从以上文献梳理我们可以看到，学者们对于互联网金融风险监管的研究，总体来说要建立监管原则，借鉴国外先进经验，完善相应的监督管理体制，并且严守互联网金融风险监管的红线。

## 二、小微企业融资问题研究

国内学者对于小微企业融资的研究主要集中在对其融资困难的问题研究上。从时间跨度来看，绝大部分的研究成果都集中在互联网金融在国内出现之前，即2013年及以前，主要研究聚焦点在小微企业融资难的问题原因分析和对策上。对于小微企业融资难的原因分析，张维迎（1997）认为选择行为、投资项目和企业经营能力的非对称性是导致企业和金融机构双方融资不畅的主要原因。林毅夫、孙希芳（2005）认为银行对企业实行严格的信贷配给、企业信息披露存在不完整的问题、道德风险较高等因素是造成企业融资困难的成因。王曙光、张元琦（2005）认为中小企业融资困难的主要原因是从民营资本向金融资本转换，会存在法律和体制上的障碍。马胜祥（2012）认为小微企业融资难的原因可以分为自身原因和社会环境原因。为了缓解小微企业融资难，小微企业自身要强化内部管理，完善制度建设，牢固树立信用意识，坚守诚信经营，强化品牌建设和规模化的效应；加强政府部门的政策执行和考核的力度，完善中小企业公共服务体系建设等；此外，金融服务的支持也要到位，组建城市中小商业银行，加强市场监管，推行小微企业借贷利率的市场化改革。卢卓（2012）分别从资金需求、中介服务和资金供给方三个方面来分析了小微企业融资难的原因，并且以美国、日本、德国作为代表分析这些国家为促进小微企业融资采取的措施，最后从小微企业自身、政府、银行中介机构等多方面提出缓解小微企业融资难的问题。

在互联网金融出现之后，2013年及之后关于小微企业融资的问题研究又加入了互联网金融的元素，且更加注重于地区实证研究为例来探讨互联网金融下小微企业的融资问题研究。冯宇（2017）分析了广西小微企业的融资需求特点，主要包括总体资金需求较大、个体资金需求较小、资金需求较为急切等，但是目前商业银行无法满足小企业的融资需求，所以为了解决上述问题应该完善企业征信体系系统，为小微企业的融资营造良好的融资环境。苏国强（2017）从现金—现金流敏感性模型上，选取珠三角新三板挂牌的科技型小企业的相关数据进行实证分析，研究发现供应链融资的发展可以有效缓解珠三角科技型小微企业的融资困境问题。因此，珠三角地区的政府、金融机构和企业应该协同创新合作，大力发展供应链融资，这样才能缓解珠三角地区的小微企业融资难的困境。

以上学者从多种角度分析了小微企业融资困难的原因，主要归结为企业自身和企业外部两大方面，但这些研究成果都还在互联网金融萌芽和发展之前，都没有结合互联网金融的因素进行研究。

## 三、互联网金融与小微企业融资相结合的研究

自从互联网金融在国内萌芽之后，互联网金融蓬勃发展，为破解小微企业融资困难提供了新的解决路径。学者们也逐步对互联网金融对小微企业融资支持的理论和实践都做了相应的研究，其中比较有代表性的有巴曙松（2013）认为大数据应用可以突破束缚小微企业融资的信息与成本禁锢，提出互联网金融行业需要扶持、规范和引导。汪渝（2013）主要从低成本服务覆盖、风控方法创新、服务订单化和信贷规模化角度探讨了互联网金融与小微企业融资之间的影响。郑庆明（2014）认为互联网金融面临诸多风险，主要含有运营风险、技术风险等问题。他认为互联网金融对传统金融机构形成倒逼机制，使得中小企业的融资对象更加全面、科学，中小企业融资服务更有针对性，降低了融资成本。刘芸（2013）认为信息不对称是导致小微企业融资难的主要原因，互联网金融凭借互联网开放的信息收集优势和数据挖掘能力，缓解了中小微企业的信息不对称的难题，加强了借贷的风险可控性，有效降低了小微企业的征信成本和融资成本，实现了金融资源的有效配置。戴红东（2014）从小微企业融资的角度，结合典型互联网金融机构的运营实践，认为我国互联网金融与小微企业融资相

结合的四种模式有电商网贷模式、P2P小额网贷模式、众筹融资模式、金融垂直搜索模式。为了让互联网金融能够对小微企业融资有强有力的支持，因此建议应该给予互联网金融融资更多的政策支持，厘清互联网金融融资的法律边界，改善互联网金融的融资环境，针对小微企业的互联网融资开展专项教育。

从上面学者的研究中我们可以看出，国内关于互联网金融、小微企业融资以及互联网金融对小微企业融资的支持的分析文献中，大多都是通过问题演绎、推导和归纳形式进行研究，很多学者都主要分析了互联网金融对金融市场的影响以及小微企业融资难的原因，认为互联网金融能够极大地优化资源配置，可以有效降低小微企业的融资困难问题，但是作为一把双刃剑也存在很多风险。很少有从方法论的角度分析互联网金融对小微企业的融资影响。

## 第三节 研究展望

互联网金融萌芽自20世纪90年代末期，至今已20余年，国内起步相对较晚。对比国内国外对于互联网金融下小微企业融资问题的研究成果，虽然研究成果的进程有早晚，但通过梳理发现，学者们对互联网金融的发展、小微企业融资的问题研究已经形成较为成熟的研究范式，相关的研究也层出不穷，研究成果同质性较强，但研究成果也存在不足的地方。对于互联网金融下小微企业融资的问题，以下方面的问题应值得学者们进一步探讨。

### 一、丰富互联网金融下小微企业融资问题的研究方法

即采用对比分析、定量研究等研究方法来研究互联网金融下小微企业的融资问题。互联网金融起源于美国，美国至今都代表着全球最先进的互联网金融的模式和体系。针对国内互联网金融下小微企业融资难、监管难等方面的问题，这些问题在美国也会存在，因此学者们应采用对比分析法，分析互联网金融发展较为成熟的国家，他们在面临这些问题时的分析和对策。现有的研究成果采用的多是定性分析的方法，今后学者应该从调查小微企业融资的规模、融资周期等方面获取大量的数据，从而论证互联

网金融和小企业之间的供需匹配关系和协同合作关系。

## 二、互联网金融助力小微企业融资的理论和实践尚待深入

应该说，上述学者们关于互联网金融与小微企业融资的分析，对破解小微企业融资困境有一定的参考价值，但是既有的研究大多局限于互联网金融创新意义的描述和发展建议上，对互联网金融助力小微企业融资的理论和实践认识不够深入，更缺乏小微企业融资视角的进一步分析。由于专门针对互联网金融与小微企业融资之间关系的研究才刚开始，所以目前的研究现状是缺乏系统性的研究，并且由于现有的探索主要是针对小微企业融资，并没有深入研究互联网金融与小微企业融资的关系，没有建立起互联网金融对小微企业融资支持的关系、理论、途径、模式等问题的体系，也没有厘清这些问题的来龙去脉，没有形成完整的研究体系，也缺乏建构性的研究。

## 三、继续关注互联网金融模式的创新研究

互联网金融的模式研究是互联网金融研究的重中之重，虽然国内外学者对于互联网金融的发展模式已经有较为成熟的研究成果和研究范式，但是在面临全球金融变幻，当前我国经济进入新常态发展阶段，在国际贸易保护主义再平衡的冲击下，面临经营局面恶化、员工素质低下等多重因素制约下的中小企业互联网融资风险面临更多不确定性。在新的经济形势下对互联网金融模式的创新进行研究，这也是今后需要学者们进一步研究的方向。

## 四、继续加强互联网金融风险监管研究

学界对于互联网金融的发展和监管的研究成果相对较多，也相对比较成熟。对于互联网金融的监管方面，学术界的建议主要集中在规范交易流程、加强法律管制，同时也有学者建议应该吸取国外成熟的互联网金融监管的经验和失败的教训，结合我国金融市场的实际，有效嵌入我国互联网金融的监管法律法规和监管体系中去。与此同时，也提出了互联网金融的市场管制。我们要考虑到互联网金融自身的特殊性，建立良好的监管体

制，这也是学者们下一步需要深入研究的部分。

## 五、深入研究互联网金融下小微企业商业信用融资的影响因子

小微企业商业融资主要依靠金融信贷、民间金融和商业信用融资三种方法，商业信用融资是缓解小微企业融资难的主要途径。目前学者对于小微企业融资信用的影响因子的研究尚待深入，应该实证分析在互联网金融信贷情况下，小微企业在互联网商业信用的融资影响因子构成以及变化情况，同时探讨在征信系统和互联网金融发展日益成熟的今天，小微企业在互联网金融背景下，互联网金融与商业信用融资两种融资方式直接的关系以及相关的发展趋势。

# 第四章　小微企业的融资现状

## 第一节　小微企业的资本结构

小微企业的发展状况与其能否获取充足的资金支持密切相关。但在现实情况中，小微企业常常面临融资的困境，加之其资本结构存在不合理的问题，二者制约了我国小微企业良性健康发展，主要体现为自身融资体系不完善、融资渠道不畅、融资成本过高等。从内源融资看，小微企业在分配中提留利润不足，这是因为小微企业的利润普遍不高，加之企业缺乏自我积累意识，自有资金的来源非常有限，因此小微企业的发展壮大缺乏后续动力。从外源融资看，现阶段我国小微企业外源融资渠道不畅通，国内商业银行更愿意把资金投放给大中型企业，小微企业在获取贷款时不仅与贷款优惠利率无缘且融资成本相对很高。通常商业银行针对小微企业的贷款要采用抵押方式或者担保方式来降低风险，这样一来，小微企业无形之中又增加担保费、抵押资产评估等费用。本来大部分的小微企业其生产经营就不太规范，所拥有的抵押品也不足，那么要想获取商业银行的融资就非常困难。虽然我国目前已经开放了中小板与创业板，但对于绝大部分小微企业来说，要想通过资本市场获取直接融资仍然是可望而不可即的。

由此可见，正规的融资渠道对小微企业的层层设卡，使得小微企业不得不考虑其他的融资渠道。为了生存和发展，小微企业只能从民间融资或者通过互联网金融取得较高成本的融资，使得原本经营能力就不足的小微企业在市场竞争中更是处于不利地位。这样一来，小微企业的融资渠道就变得非常狭小且单一，很大程度上制约了小微企业的发展壮大，并且在有限的外源融资中，小微企业从商业银行获得的短期贷款的期限也只能是1年以下的。

由于国内金融管理体制的限制，加上金融市场发育程度的影响，正规性的金融融资、债券融资和股票融资等融资渠道具有很强的外生性，对大多数小微企业来说，它们很难融入市场建立自己的资本信用。这样一来，小微企业通过外源性融资渠道来筹集资金是很难的，因此小微企业的融资行为是在正规融资渠道不畅通的情况下做出的无奈之举。国内小微企业的资本结构，首先是由自有资金、权益资金来构成其基础性的资金来源，而这其中权益资金的集中程度很高；其次，小微企业外源性融资的次要来源是正规金融机构的抵押贷款和以信贷为主的正规金融资本；最后，小微企业外源性融资资本的重要补充是民间集资和内部集资，因此互联网商业信用成了小微企业外源性融资的主要来源，小微企业的资本结构与大型企业不尽相同。

## 一、小微企业资产负债率低与融资渠道狭窄

企业能在资本市场比较发达和资本流动性比较强的情况下，以较低的资本成本获得数额较大的权益资本。由于我国面向小微企业的资本市场发展尚未成熟，小微企业融资主要是通过民间借贷、商业抵押贷款等方式，融资渠道较为单一，与大中型企业相比较，我国小微企业资产负债率相对比较低。从抽样统计资料来看，小微企业2015年、2016年、2017年资产负债率水平分别为53.40%、52.78%和51.76%，与较大企业同期水平的67.74%、65.22%和66.89%相比明显偏低。调查显示，近5成企业有借款，微型企业相对于小型企业更倾向于向亲戚朋友借款。调查显示，超过62%的小微企业目前没有任何形式的借款（见图4-1）。1/3以上有借款的企业中，超4/5的小微企业最近一年中只有一次（47.5%）或者两次（35.6%）借款经历（见图4-2）。这与小微企业负债融资困难密切相关。

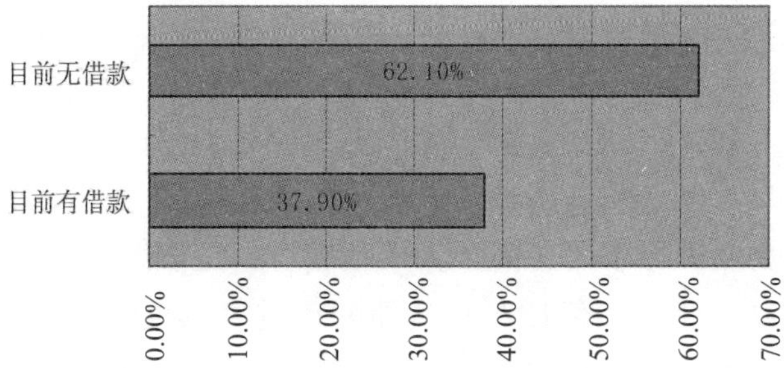


图4-1 小微企业现有借款状况

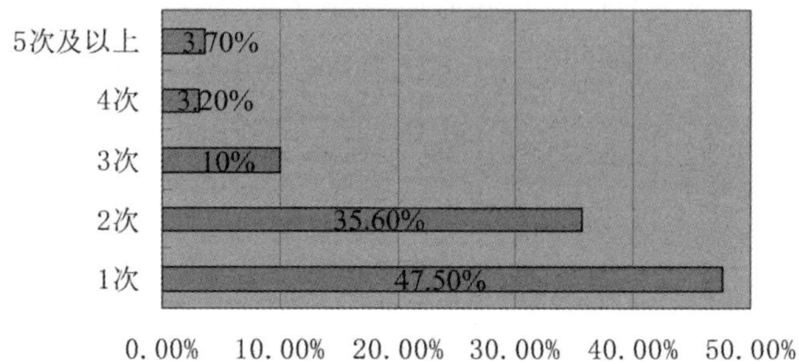


图4-2　小微企业最近一年借款次数

因为小微企业生产规模小、经营效益不稳定以及财务管理不透明，所有更难获取国有商业银行的信贷支持。小微企业常常无法从现有的正规金融机构那里筹集到发展所需的全部资金，只能依靠亲戚朋友借款、互联网金融借贷与职工集资等方式来满足自身发展的资金缺口需求。一是向亲友借款，二是企业内部集资，三是行业内部的拆借，四是向一般社会关系借款，最后才是向专营借款活动的非正规金融或互联网金融平台公司借款。亲友熟人的借款和职工集资的数量有限，这类资金多为短期借款，长期借款的比重较小，这迫使小微企业不能不得不依靠短期负债来弥补其自身经营需求，对企业进行大规模的资产投资和产业升级是个极大的限制，进而会加剧小微企业自身的财务风险程度。此外，由于小微企业无法从正规的商业银行等金融机构获取足够的资金，只能向互联网金融平台获取资金，但因互联网金融没有实现真正意义上的在线审批，多以线上与线下相结合的方式，从而推高融资成本，进而影响着小微企业价值与经营业绩。

## 二、小微企业贷款结构侧重于短期贷款

统计显示，小微企业2015—2017年流动负债占总负债比率分别是86.69%、87.23%、86.76%，大企业同期这一比率分别为64.62%、67.19%、65.65%。小微企业该比率明显高于大中型企业，这表明小微企业对短期资金的依赖度很高。流动负债比与总负债的比重可以反映企业的负债结构、企业对短期债权人的依赖程度，这个比重与小微企业对短期资金的依赖性呈正相关，即比重指标越高，小微企业对短期资金的依赖性就越强，企业

短期偿债能力也就越大。小微企业该比率指标高于大型企业，这就说明小微企业对短期资金的依赖程度太高，企业的长期负债在总负债中的比例较低，这就会导致小微企业常很难思考长远的战略规划，只考虑短期的收益与债务偿还，极大地限制了小微企业的健康良性可持续发展。由于市场不稳定，小微企业规模受限制，小微企业的生产经营不太稳定，常常受到宏观经济形势与市场波动影响，特别是一些季节性、突发性的临时因素会影响到小微企业的生产经营。多数小微企业资金需求缺口出现“小、少、频”等特征，一旦市场上行，就产生了资金需求缺口，往往并不具有规模企业的稳定持续性的资金需求，小微企业的资金需求带有强烈的时效性，单位需求不大且用途多具有短期性。

## 三、小微企业资本结构调整弹性系数小

资本结构调整弹性系数是理财环境和财务目标变动对于企业资本结构状况的敏感适应程度，以及相应的调整幅度，主要表现在适度调整资产负债结构、长期资金与短期资金比例的速度和数量。按照资本结构弹性理论，权益资本被视为灵活性强的契约，因此股权契约在利润分配上给企业管理者有很大的自由度，因此弹性比较大，而且债务资本则被视为一种灵活性差一些的契约，债务契约却要要求企业周期性地支付利息。但是，弹性与成本是相对应的，要求融资者承担不同的融资成本，因此管理者在综合权衡融资自由度和融资成本之后综合选择融资方式。

市场环境限制了小微企业的融资行为倾向和资本结构，在不同的经济条件下企业融资行为会有不同。因此，小微企业的资本结构一旦形成，就会拥有相对稳定性。统计资料显示，我国小微企业资产负债率在2011—2013年分别为53.70%、52.98%和51.50%，流动比率分别为1.03、1.03和1.06。由此我们可以看到，资产负债结构与短期资金比例结构相对稳定，但是不排除结构调整带来的稳定性。当前我国小微企业普遍缺乏多样性的金融工具，融资渠道不畅通，再加上财务人员自身的局限性，所以造成很多小微企业资本结构调整的弹性不大。

## 第二节　小微企业的融资需求

资金对于小微企业的影响和重要性是不言而喻的，由于小微企业的发展特点，诸如经营灵活、资金周转灵活和所处环境不利等特点，使得资金与小微企业的关系很密切。小微企业的最终产值和产出占经济总量的2/3以上，但是金融资产却不足总量的2/5。数据统计显示，现阶段我国小微企业申请贷款被拒率超过1/2。这个现状说明了小微企业面临着融资渠道不畅通、运营和后备资金严重不足的情况，难以支持小微企业的发展，已经威胁到小微企业的发展和成长。由于我国小微企业是在改革开放中，在市场化浪潮中才迅速发展起来的，资本的供给和配给与市场需求不完全契合，所以就使得小微企业融资更加难上加难。

根据发改委统计，我国近几年来停产的小微企业中，有近47%的停产原因是资金出现短缺。国际融资（IFC）的一系列调查也证实了中国的小微企业在获取商业银行贷款方面存在很大障碍，有2/5的小微企业认为融资难是阻碍自身发展的重要因素之一；小微企业的申请贷款拒绝率超过1/2，而大企业被拒的概率仅为1/5。由此我们发现IFC的调查也印证了我国小微企业是难以获得银行贷款的现状。

### 一、小微企业融资以小额短期融资为主

借款规模低于50万元以下的企业占比超过1/2，其中10万～50万元规模的企业占比最高。小微企业融资需求缺口主要出于临时性周转资金的需要，所需资金缺口数量不大。在有借款的企业中，超过1/3的借款期限在1年及以下，融资需求具有较强的短期性与灵活性，信贷周期很短。在1年以上长期借款融资需求的小微企业中，已有借款为短期借款的小微企业占比超过1/3，借款“短贷长用”的现状一直存在。

### 二、小微企业融资结构以内源为主

根据融资优序理论判断，小微企业对融资方式的偏好排序依次为企业内部积累、企业债务、企业股权。内源性融资是一种相对良性的融资来

源，发达国家的小微企业普遍追求内源资本，而我国小微企业依然是以内源融资为主要的融资方式，由于国内小微企业盈利水平不高，无法很好地满足自身发展的需求。虽然是以内源融资为主，但这种现象是由于在外部无法找到有效融资渠道的情况下不得已选择的结果。调查显示，超过2/3的小微企业目前无任何形式的借款，剩余近2/5存在借款的小微企业中，超4/5的小微企业在最近一年之中仅有过一两次的借款经历，小微企业相比较于小企业更愿意向亲友熟人借款。且小微企业自身的融资状况与其营业收入和总资总额存在较大关联度，小微企业的营业收入越高、资产总额越大的小微企业其借款的占比就越大。本书通过调查发现，在互联网金融的融资结构中，小微企业内源性融资比重接近4/5，其外源性融资比重只有1/5。除内源性融资占有较大比例外，商业银行的贷款在小微企业资本结构中占比较小。因为不良贷款的风险需由商业银行自担，这就导致商业银行在办理这类贷款业务时，无法避免对小微企业带有先天的歧视性态度。

## 三、小微企业融资方式以自筹为主

国内小微企业的融资结构是以企业融资方式与融资渠道的方式来呈现。自筹资本是企业创业首选方式之一，由于企业资金自筹成本低，且完全由自己掌控，小微企业普遍比较偏爱选用自筹为主的融资方式，加上其他的融资方式可实现度很低，就形成了小微企业以自筹为主的融资结构模式现状。遵循社会经济发展的一般规律，小微企业选择其融资方式与经济社会发展水平和企业发展现状密切相关。

由于国内小微企业的发展环境不同，发展方式具有一定的特殊性，因此小微企业的经营水平与盈利水平还比较弱，我国小微企业的融资方式与其他西方发达国家的不同，加上现阶段我国经济社会发展水平与发达国家还有一定差距，所以我们现阶段不能完全遵照西方发达国家小微企业的发展规律，还是只能以外源融资为主。虽然我国的小微企业在企业数量上具有绝对优势，但其发展水平还不是很高。绝大多数小微企业所生产的产品附加值低，品牌效益也弱，内部管理水平差，综合竞争力偏低。

小微企业的组织管理不规范，成本控制不到位，导致大部分小微企业盈利能力偏低，积累资金的能力偏弱。企业内部无法提供充足的资本，那么外部融资的重要性就不言而喻了。在现阶段，寻找和应用理想的外源资金是这一阶段小微企业发展的必然选择。

当前国有银行的市场占有率较高，这就使得小微企业在银行贷款方面十分困难。股份制银行开展了一些专门的小微企业服务项目，目前也取得了一些成绩，但是，面对庞大的小微企业群体，真正能够从中受益的还是经营情况较好的那一小部分。由于针对小微企业的金融机构资金实力不足，规模有限，因此小微企业在间接融资方面阻力巨大，而在直接融资方式中，股票市场的门槛较高，依然将大部分小微企业排除在外，每年我国企业债券市场的发行程序比较烦琐，实行集中管理，政府监管债券的发行规模，确定各项指标，因此企业要想发行债券，还需要实力雄厚、信誉良好的单位作为担保，而这一系列要求也降低了小微企业从债券市场获得融资的可能性。

## 四、融资渠道有缺陷，亟待创新

小微企业融资的主要渠道是内源性直接债务融资和内部积累性融资。根据国际金融公司研究资料统计，企业主自有资本和企业内部留存收益分别占我国小微企业资金来源的30%和26%。内部融资渠道固然重要，但现阶段小微企业想要取得更大的发展就必须拓宽新的融资渠道。虽然债券和股票被看作是最主要的直接融资渠道，但是在对2007—2008年我国小微企业的调查却显示，发行股票和债券这两个渠道的贡献率基本为零。但是近年来，随着我国小微企业资本市场的发展，一部分经营较好的小微企业通过中小板块市场获得了融资，这样一来股票、债券等直接融资方式对小微企业的效用就得到了有效提高。2009年10月23日我国推出了创业板，这为小微企业拓宽融资渠道提供了新的选择。

创业板市场主要针对成长性较好、成立时间较短、规模较小、盈利能力较好、总体市场占有率低，但有很大的成长空间的高科技企业。其最大的特点就是较低的进入门槛，有助于让有潜力的小微企业获得融资机会。通过市场机制，有效评价创业资产价值，帮助企业进行深入的开发，促进知识与资本的结合，分散投资的风险，促进高科技投资的良性循环，加大创新企业股份的流动性等；同时，由于上市企业都有严格的管理和监督机制，进一步规范企业运作流程，建立起现代企业制度。在间接融资渠道中，小微企业的风险评估不完善，缺乏识别标准和获取信息的有效手段，因此总体上缺乏对于风险的估值能力，所以间接融资也变得十分困难。除了内部积累、股票债券的发行和银行贷款之外，商业信用融资和民间融资渠道也很受重视。

对于小微企业而言，因为缺乏严格的机构来进行信用评级，所以商业信用融资渠道的适用范围十分有限。其可操作的范围往往是产业比较密集的地区，通过上下游合作以及行业协会构建起的业内信用认可模式，经营较好的小微企业可以通过上下游的公司或者合作的大企业获得一部分的融资。小微企业的财务体系不健全、信息披露不充分，再加上小微企业自身业务水平不成熟，经营的稳定性差，小微企业拖欠款事件经常出现。

民间融资渠道正成为小微企业获得融资的一种新渠道。国外多将互联网金融界定为“非正规金融”，是一种在政府批准和监管下进行的金融活动，而且也游离于现行制度法规边缘，在国家正规金融机构之外，对于出资人与受资人之间以获得高额利息和取得资金使用权为目的的金融行为，一般有民间票据融资、民间有价证券融资和社会集资等形式暂时改变资金所有权的金融行为。

由于小微企业融资需求不仅仅是单纯的经济交易，在中国现有的经济、社会、人文条件下，更多地加入了对亲情关爱、朋友信任、企业互助等非经济因素的需求。因此，尽管互联网金融因为监管不到位、运营不规范等原因不断上演着各种骗局和悲剧，但是，市场供需的现实以及各种社会情感的交织，使得互联网金融仍然是小微企业发展的重要融资渠道。

## 第三节　小微企业的融资困境

### 一、内部融资的困境

小微企业的内部融资分为自身的资本积累和自身特殊的网络，比如采用民间借贷、集资、互助等方式。此类贷款能相对比较容易获得，但是由于管理方式不规范，利率设计没有固定规则，融资数量相对较少，融资量相对有限。内部融资的缺点就是抵抗经济形势变化的能力较差，一旦经济形势发生变化就很难维持自身的资本积累。

如今，中国传统的贸易出口市场的经济还未恢复元气、人民币面临升值压力、GDP 增长放缓等多方面宏观调控等因素，使得小微企业在原来越残酷的竞争市场中，能够拿到订单都变得极为困难。大多数小微企业的寿命都没超过3年，由于小微企业面临赋税多、接单难、竞争压力大、劳动力价格又在不停上涨等困难，小微企业自身资本积累越来越少。自己的造血机能大幅度衰退，难以依靠自身力量维系企业生存与发展。

由于经济增长速度放缓，政府采取较稳健的货币和财政政策，再加上银行对小微企业的贷款审批很严，所以大量小微企业只能通过民间贷款这种内部融资方式。由于经济形势的变化，大量小微企业都采用民间贷款，民间的借贷利率也水涨船高，不少的借贷年利率都已经涨到了20%～30%，加上财务管理费等费用之后，与高利贷相差无几。这样一来，就会引发从银行借到款的企业和个人，转手将银行借贷而来的钱投入民间借贷之中，从而获取高额利润，而真正缺钱的小微企业却得不到贷款，市场供需矛盾进一步恶化。由于民间金融借贷的利率不断攀升，使得很多原本有自己主业的企业都无心经营，更愿意在资本市场上赚快钱。

## 二、外部融资的困境

小微企业融资与银行的政策有着密切的关系。贷款业务是银行最主要的业务，也是最主要的资金运用方式。商业银行的各种经营策略和央行的货币财政政策都直接影响了商业银行的放款行为。为了避免可能产生的风险，银行必须不断提高自身放贷的管理力度，对于企业的资质以及抵押品的要求越来越高，这种高要求必然对于规模小、盈利能力弱、抵押资产质量差的小微企业来说是一道很棘手的屏障。

### 1. 小微企业的银行信贷可得性低

企业或个人的银行信贷获得情况可以从三个层次来刻画：申请可得性、信贷可及性、信贷可得性。申请可得性是指向银行申请贷款的企业或个人中，实际获得贷款的比例；信贷可及性是指有银行贷款需求的企业或个人中，向银行申请贷款的比例；信贷可得性是指有银行信贷需求的企业或个人中，能够实际获得贷款的比例。三个指标之间的关系可以表述为：信贷可得性=信贷可及性×申请可得性。

根据2013年CHFS数据，在全国范围内，小微企业的银行信贷可得性为46.2%，即在100家有银行信贷需求的小微企业中，能够获得银行贷款的有46.2家。这说明，小微企业银行信贷可得性较低，融资难的问题广泛存在。

2. 小微企业的银行信贷可及性低

导致我国小微企业融资难的主要原因是小微企业的信贷可及性较低，只有57.8%，即在100家有银行信贷需求的小微企业中，只有57.8家去银行申请贷款。在向银行申请贷款的这57.8家小微企业中，得到贷款的高达46.2家，即银行贷款的申请可得性为79.9%，申请可得性并不低。

小微企业融资难的问题，不是因为申请可得性低，而是因为信贷可及性低。也就是说，难在有很多小微企业不去银行申请贷款，其主要原因包括“估计不会被批准”“申请过程麻烦”和“不知道如何申请”（见图4-3）。其中，有36.3%的小微企业主认为“申请过程麻烦”，10.1%认为“不知道如何申请贷款”，两者均为非市场因素，反映了银行对小微企业的服务质量还有待提高。

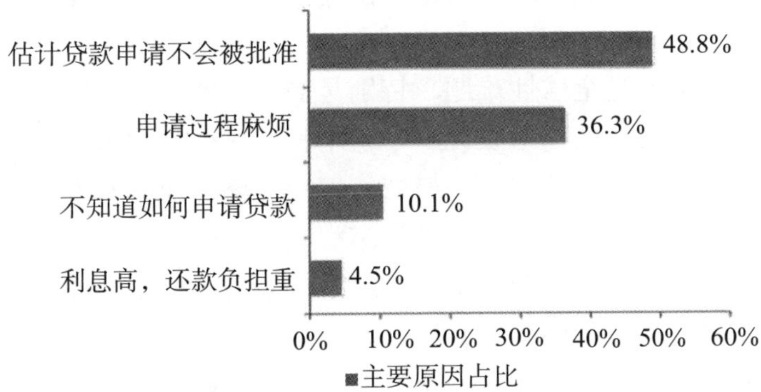


注：问题为多选，故各比例之和大于100%

图4-3　小微企业银行信贷可及性

3. 申请贷款被拒的“非市场”原因突出

2013年CHFS调查显示，小微企业的银行信贷申请可得性为79.9%，即申请银行贷款拒绝率为20.1%。在申请但被拒绝的小微企业中，有29.7%是因为“与信贷员不熟”（见图4-4）。说明还应提高银行信贷资金分配的市场化水平。

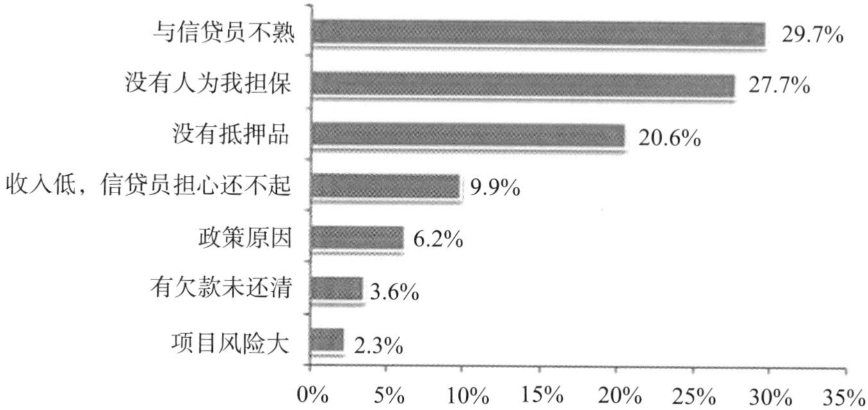


图4-4　小微企业申请贷款被拒原因

## 第四节　缓解小微企业融资困境的途径

小微企业融资难是全球性难题，特别是当我国的经济发展达到了一定水平，国民经济发展从高速增长转向平稳增长，这个问题更加突出。究其原因，根本还在于小微企业固有的经营特征与金融行业的基本经营理念之间存在冲突，小微企业的高度灵活性、不规范性经营方式不符合现代金融的基本要求，小微企业个性化的金融需求对金融行业传统的经营模式构成挑战。因此，不管是发达国家还是发展中国家，尽管小微企业有融资贷款的需求，金融机构也希望开拓小微企业业务，但是两者的实际匹配往往十分艰难。小微企业受到国内外市场不稳定和自身原因的影响，尽管政府和银行对于小微企业给予了相应的支持和鼓励，但是供需双方的不均衡状况一直没有得到根本的解决，因此小微企业的融资问题一直都是处于高风险、低利润状况。所以如果没有政府实质性的支持，小微企业自身不规范发展，那么小微企业融资难的问题将无法解决，这将成为制约小微企业发展的桎梏。

中国小微企业的规范性发展程度不高，且融资需求特殊性较强，这就增加了信贷部门的成本，而且也让其很难从正规金融部门那里获得融资。为了解决小微企业融资难的困境，国家有关部门出台了一系列的政策和措施，部分商业银行已经开放了专门的小微贷款业务，但是由于多种原因，小微企业还是存在融资难的问题。

在中国，小微企业的数量和规模逐步扩张，遍布各个行业和领域，小微企业对资金的需求日益增多，其获得资金的途径也从内源性拓展到外源性。然而，有关部门的调查数据显示，中国小微企业当前面临的短期融资缺口很大，80%的企业认为一年内的短期流动资金不能满足融资需求，60.5%的企业无法获得1～3年的中长期贷款，即使能够获得，也仅仅只有16%的企业能满足需求。小微企业发展情况参差不齐，因此融资的情况也差异极大：企业规模越大，存活时间越长，它的融资渠道就会越宽泛，得到正规金融部门的贷款就越多；企业规模越小，创立时间越短，它的融资渠道就越少，得到正规金融部门的贷款也越少。

1 .**内源融资仍然是小微企业资金的主要来源**。特别是在企业初创阶段，内源融资是最主要的资金来源，主要由企业经营发展的原始积累而来。在这里，企业的内源融资包括所有者权益、利润余额和非正式股权，从总规模来看，随着企业规模和年龄的增长，内源融资的比例不断下降。

2. **小微企业从直接融资市场上获得的资金数量少**。小微企业规模小、实力弱、经营不稳定、管理不规范、经营不透明，而直接融资市场（创业板市场）对上市企业的要求很高，小微企业由于自身局限性不可能进入其中。因此，短期内，小微企业从直接融资市场融资的可能性仍然非常小。

3. **间接金融是小微企业融资的主要外源融资渠道**。银行及其他金融机构贷款是小微企业重要的债务性融资渠道，在没有直接融资渠道的情况下，小微企业对银行贷款表现出强烈的依赖，然而银行由于自身的经营需求，往往并不愿意过多地开展成本高、风险大的小微企业贷款业务，即使是部分试点的股份制银行，支持小微企业融资的规模也很小，根本不能满足小微企业的融资需求。

4. **非正规贷款在小微企业的融资结构中占有相当比例**。这些非正规贷款包括亲友借贷、职工内部集资以及民间借贷等形式，因此互联网金融为解决小微企业融资难问题提供了新的解决途径。当企业越小，互联网金融对企业的融资支持就越大。互联网借贷操作简便，资金来源广泛，是小微企业发展壮大过程中的重要融资渠道。

## 一、小微企业融资难的原因分析

### 1. 国家宏观调控政策的影响

一般来说，政府的货币政策和金融监管会对金融机构的资金供给能力产生影响，从而间接影响到企业的融资需求。政府运用货币政策能够在很短时间内控制商业银行的信贷规模，引导其扩张或收缩，在信贷规模不稳定的时期，商业银行更不愿意将有限的资金向小微企业倾斜，为它们提供小规模和高风险的资金支持，而是更愿意投向大型企业，形成了对于小型企业的基础效应。

此外，政府加强对资本和流动性的监管来应对可能产生的金融风险，制约了大部分中小型金融机构和民间融资的发展，而这些机构恰恰是小微企业融资的重要渠道来源，由此造成了小微企业融资困难。在后金融危机时期，政府宏观调控的不确定因素增多，货币政策更改频繁，监管的力度加强，这也就是小微企业融资难的经济原因。

### 2. 小微企业自身的发展与融资需求不匹配

影响小微企业融资的因素有企业的战略管理、技术开发能力、采购能力、人力资源、财务状况、生产作业能力和市场营销能力。从小微企业自身角度来说，不同的企业发展阶段有不同的融资环境。一般来说，企业的发展阶段可以分为初创期、成长期、成熟期和衰退期，从这几个时期来说，位于成熟期的小微企业的企业自身发展情况较为良好，融资渠道较为畅通，很多金融机构都愿意和这样的企业合作，所以相对来说，小微企业出现融资困难的阶段一般是初创期和成长期。

一般来说，企业融资的渠道可以分为内源性融资和外源性融资，内源性融资包括盈利留存、折旧、负债和天使资金，借债和个人的投资资金；外源性融资又分为直接融资和间接融资两大类，直接融资有债权、股权融资两大类，间接融资包括金融机构提供的融资服务。当前小微企业的融资主要依靠自身的原始积累，但是外源融资对小微企业的发展也是具有相当重要的作用。处于成长期的小微企业虽然能够基本符合金融机构对于信贷的基本要求，但是由于自身发展情况还不够稳定，商业银行无法确定其发展的不确定因素，所以对于银行等金融机构推出的融资渠道，如订单融资、知识产权融资、股权质押融资等策略都没办法在成长期的小微企业中实现，从而被金融机构排挤在外。

**3. 传统融资渠道对小微企业的排斥**

一般来说，融资可以分为间接融资和直接融资两种，直接融资最常见的是吸纳风险投资、发行债券或股票，间接融资最常见的就是从金融机构贷款。

从直接融资方面来说，直接融资的方式有吸纳风险投资、发行股票和债券。当前，小微企业特别是处于成长期的小微企业自身的发展水平还不足以达到发行股票和债券的要求，所以没办法从发行股票和债券方面获得资金。从风险投资方面角度来说，由于国家有关风险投资的相关法律和制度还不够健全，很多小微企业没办法从风险投资那里获得融资机会。总体来说，小微企业要想通过直接融资渠道来获得融资是具有一定难度的。

从间接融资方面来说，我国相关的贷款条例规定，企业贷款的必备条件就是拥有一定数量的固定资产作为抵押物。但是小微企业一般都缺乏抵押物，不具备抵押条件，放款风险大。同时，银行放贷对象必须满足信贷标准、放出能收回、动力增长等要求，以确保低风险、低坏账率。但由于小微企业的规模较小、灵活性较强、财务制度不完善、经营方式简单等特性，使银行很难掌握好企业的经营情况，再加上财务信息不公开的现象时有发生，加剧了小微企业融资的难度。

## 二、缓解小微企业融资困境的途径

**1. 国家出台的金融政策是小微企业融资问题的根本**

目前我国政府在解决小微企业融资难问题上采取的对策有：制定相关的法规，承认民间借贷的合法化，出台相应的政策来建立完善的中小企业的金融支持体系。除此之外，还应该针对小微企业的特点，制定相应的法规保护小微企业的知识产权，引导小微企业在技术研发方面发力，实现产学研相结合，创造良好的融资环境。比如说以色列政府就推行了一个名为“YOZMA”的计划，这个计划引入了国外风险投资机构进入科技型小微企业融资的方式，弥补了国内资本不足的问题。

**2. 从企业自身角度来说，小微企业应该加强自身管理**

小微企业的自身发展与其融资问题是息息相关的，因此要解决好融资难的问题，一个方面就是要从企业自身的角度来加强管理，这主要包括从公司的发展战略、人才、公司管理、财务管理方面有所调整来积极应对融资难的问题。从发展战略方面来说，要制定符合公司目标的长远战略，根据政策和法规的引导发展相应的产业，科学有效地制定自身发展的战略目标；从人才管理方面来说，要拓宽人才引进渠道，积极做好人才培训和培养工作；从公司管理方面来说，要借助融资管理诊断制度，以这个制度来督促小微企业提升自己的管理水平和融资资信信誉；从财务管理方面来说，还要对财务管理模式进行创新，从而不断提高小微企业的内源性融资能力。

**3. 建立覆盖全社会的大数据征信体系**

小微企业融资难的一个原因就在于缺乏完善的征信体系，无法在金融机构获得相应的贷款需求，那么针对这个问题，我们要处理好政府、投资者（金融机构）和小微企业的关系，不断提升小微企业财务透明状况，公开企业信用状况，构建小微企业融资担保机构，对小微企业的生产管理进行监督规范。此外，还需要建立全面接入央行的征信平台，结合金融机构、第三方支付机构、互联网金融企业三方面的征信对接机制和信息交换机制，从而为小微企业的融资评估提供较为良好的征信环境。

**4. 借助互联网金融的背景不断拓宽融资渠道**

随着以云计算、大数据分析、搜索引擎为主的互联网技术的高速发展，互联网金融的横空出世为弥补连接投资端和融资端之间信息沟通不畅的弊端的优势显现，实现了随时随地都可以为客户提供针对化和个性化服务的可能性，也摆脱了传统金融行业高额的人力和店铺成本的劣势，从而为小微企业提供收益率更高、流动性和便捷性更强的产品。我们要借助互联网金融融资模式，进一步为小微企业的融资提供新的选择。小微企业的生存和发展离不开政府、银行等的支持，而互联网金融有“开放、共享、合作、互信”的服务理念。随着互联网金融模式的丰富和完善，将为小微企业的融资困境提供一条全新的解决路径，而且将成为小微企业融资渠道的重要来源。

# 第五章　小微企业融资模式的国际借鉴

## 第一节　美国小微企业融资模式

根据美国SBA（小微企业管理局）数据，美国2016年有2800万个小微企业（雇员少于500人），其中没有雇员的企业2300万个，占了绝大部分。根据FFIEC（联邦金融机构检查委员会）数据，美国小微企业信贷总余额从2010—2016年几乎维持在6000亿美元，规模很稳定。小微企业因其风险大、需求分散、抵押品匮乏等特点，仍然存在着融资难的问题。为了解决小微企业融资难的问题，美国是通过股权市场、银行系统、各类投资银行、投资基金等渠道建立起完善的小微企业融资体系，包括直接融资和间接融资两个市场，同时通过健全的金融立法，为小微企业服务。

### 一、直接融资是小微企业融资主体

在美国，小微企业融资是以股权融资为主，债权融资为辅，股权融资仍然是最直接最有效的融资方式。美国的民间资本通过股权融资进入小微企业主要有四种方式：（1）主要由企业所有者投入，也就是企业的创业者或者团队，他们在企业的股权大约占2/3。（2）"其他股权"，大约占总资产的15%左右。"其他股权人"既不拥有大部分股权，也不是企业重大决策人。（3）"天使资金"的股权，约占企业总资产的10%。"天使资金"是在小微企业的初创期，出资人通过出资入股的方式帮助企业成长，并且给企业提供一些发展上的帮助。（4）"风险投资"，其额度只能占总资产的5%。风险投资通常只适合于创业较为成功的高科技企业或者市场潜力较好的服务型企业，能够真正吸引风投的小微企业还只是少数。

为解决风险投资的退出问题，并为更多的中小微企业进行直接融资，美国于1971年建立了世界上第一个二板市场——纳斯达克市场。随后，其他西方国家也纷纷建立起自己的二板、创业板市场。由于其具有现代资本市场一整套严格的监管和风险保障措施，开辟二板市场还起到了帮助中小微企业迅速进入规范化的管理及运营状态的效用。

## 二、间接融资为小微企业发展提供资金

美国小微贷款主体主要有三类，包括银行（大银行、小银行和社区银行）、信用合作组织（credit union）、新兴线上贷款平台。其中，银行是主要玩家，包括富国、花旗、摩根大通在内的很多大银行都有小微企业贷款业务。

根据美联储2016年调查数据，约一半的小微企业会向大银行（存款超过100亿美元）寻求贷款，但通过率只有约30%。根据FFIEC2016年数据，对于每笔平均小于100万美元的贷款，总余额中有一半来自大银行等金融机构，银行是小微企业贷款领域的最主要参与者。

在银行为主导的背景下，新兴互联网金融平台是一大补充。以OnDeck为例，OnDeck成立于2007年，从一开始就专注于小微企业贷款。OnDeck客群定位偏下，与传统银行等金融机构形成差异化竞争，从线上切入，通过提高直客占比降低总体获客成本。因为赶上互联网金融大潮，OnDeck于2014年12月在纽交所上市。

美联储2016年调查显示，有20%的小微企业主通过线上平台申请贷款，通过率达71%。

线上平台包括银行推出的线上借款渠道和类似OnDeck的非银平台两大类，其中后者在整体小微贷款市场中份额较小，占比不到小微贷款总额的10%。按1.68万亿美元总量，通过率71%计算，非银平台潜在空间约1200亿美元。

根据加利福尼亚州DBO（商业观察部）2016年数据，美国线上贷款市场2010—2014年增长了7倍。未来，线上平台因为申请流程简单、放款快等原因将继续保持快速增长。

正因为此，很多银行也开始推出线上产品。富国银行是美国小微贷款领域的最大玩家，它在2016年推出线上小微企业贷款产品“FastFlex”，开始抢食线上市场。未来，银行将因为资金成本低等优势，逐渐成为线上平台的主角，非银平台面临激烈竞争。

## 三、法律制度保小微企业发展

即便是在美国这样的金融业高度发达的国家，小微企业仍然存在规模小、信用不足、经营环境差等问题，他们很难得到商业性金融机构的青睐。只有那些技术过硬、产品销售预期好、抵押品充足的小微企业才能取得商业银行的贷款。为了解决这一问题，美国在政策和法律层面都给予小微企业很大帮助。

**1. 建立专门机构，为中小企业的融资提供担保及援助**

1953年，美国政府为支持小微企业发展，通过了《小企业法》，并依法设立了小企业管理局（SBA），负责小微企业的统筹管理和帮助，在各州设有派出机构，作用是为小企业争取平等的竞争条件，服务于小企业这一经济群体。SBA与许多银行建立了贷款担保合作关系，当小微企业向这些银行申请贷款时，银行首先对小微企业的资信状况、未来经营情况要做出评估。如果认为风险较小，则直接贷款；如果认为风险较大，则需要SBA担保。SBA在银行评估报告的基础上审查后如果同意担保，则银行发放贷款；如果SBA不同意担保，则银行不发放贷款。SBA通过多样化的贷款项目来满足不同发展阶段和状况的小微企业的需要，对不同的资金需求提供不同期限和利率水平的贷款担保。

**2. 建立政府小微企业政策性金融机构提供的担保基金**

美国中小企业融资的成功，在某种程度上来说，得益于健全的信用保证制度和完善的信用担保体系。除了上述的SBA外，各种财政专项基金也是美国政府帮助小微企业发展而给予的财政援助。一方面对企业扩大其担保领域，鼓励小微企业以生产设备、原材料、半成品、产品等办理动产抵押登记来融资，支持小微企业用商标权、专利权、域名权等知识产权出资；另一方面对于一些发展前景较好的小微企业，政府则是通过专利保护基金、失业保障基金、风险保障基金等多种渠道给予直接的支持。

**3. 建立健全扶持小微企业融资的法规**

美国联邦政府以立法的形式规范了小微企业的融资服务体系，以此鼓励和扶持小微企业的发展。1953年通过的《小企业法》奠定了扶持小企业发展的政策基础，并明确对小企业扶持的一系列政策和所涉及领域。随后，1958年《小企业投资公司法》、1964年《机会均等法》以及后来陆续通过的《小企业经济政策法》《公平信贷机会法》《小企业技术创新法》《小企业创新发展法》《小企业投资奖励法》《小企业股权投资促进法》《扩大小企业商品出口法》《信贷担保法案》以及《精简文件法》《管理文件法》等一系列反对市场垄断、维护小企业利益的法律法规，以法律的力量保证了机会均等、待遇公平，为小微企业的融资扫清了障碍，为小企业的发展营造了良好的法律氛围。

## 第二节　日本小微企业融资模式

据统计，目前日本小微企业已达482万家，占企业总数的99.7%，占就业岗位总数的72%，中小制造企业创造附加值占制造业总附加值的59%。根据日本经济产业省最新的调查，日本雇佣人数300人以下的中型企业和雇员在20人以下的小企业数量占日本企业数量的99%以上；从雇佣员工数量来说，中小企业雇佣员工的数量是大企业的2.5倍左右。从2005年到2014年的十年间，日本中小企业从金融机构借款的规模从177.8兆日元减少到172.3兆日元，降幅为3.1%，同一时期日本中小企业的利润盈余却大幅度增长，从62.6兆日元增长到130.4兆日元，涨幅高达108%，小企业对日本经济发展起着重要作用。日本小企业发展如此迅速与日本政府的各项扶助措施密不可分。

### 一、健全的法律制度体系服务小微企业发展

日本是小微企业立法较为健全的国家之一，第二次世界大战后，为了解决大小企业“双重经济结构”的矛盾，日本于1963年制定了《小企业基本法》。这部法律对日本小企业发展做出了纲领性的规定，被誉为日本小企业“宪法”。1999年12月，日本政府对其又进行了重大调整。此次调整以使小企业成为富有机动性、灵活性和创造性的“日本经济活力的源泉”为目的，提出了三个方面的扶持重点。（1）促进经济革新和创业，扶持企业的自主能力；（2）巩固、充实经营基础，继续在资金、人才、技术等经营资源方面提供支持，促进交易公正化；（3）建立安全保证网络，使小企业具备适应环境变化的能力。在此基本法的指导下，先后制定了30余个小企业的专门法律，涉及金融方面的有《小企业现代化促成法》《小企业金融公库法》《小企业信用保险公库法》《信用保证协会法》等8部。以上法律法规为

小微企业的发展创造了宽松而畅通的金融环境。

## 二、完善的小微企业管理机构体系服务小微企业

日本是世界上小微企业管理机构体系最完善的国家，它不仅在通产省（现为经济产业省）设立了小企业厅，还依据《小企业基本法》设立了具有各种职能的审议会，包括小企业政策审议会、小企业经营领域调整审议会、小企业现代化审议会、小企业稳定审议会等，负责研究审议有关小微企业的政策和法律。政府出资建立了一大批官助民办、官办民营的管理机构网络，即由小企业厅、小企业厅派生机构、小企业审议会、社会团体与企业联合会构成的管理组织体系。小微企业情报网络是与此体系并行的，负责收集国内外与小微企业有关的所有咨询，并通过地区情报中心和各地的小微企业局，将资讯提供给小微企业。

## 三、政府设立政策性融资机构助力小微企业

在日本，为小企业提供资金融通的机构可分为政策性金融机构和民间金融机构两类。全国性政策金融机构有三个，即小企业金融公库、国民生活金融公库和商工合作社中央公库。

1. 小企业金融公库是日本政府依据1953年的《小企业金融公库法》设立的，其业务范围主要是为小企业提供长期且固定利息的贷款，重点支持新事业，建立新企业，改善企业经营，鼓励小企业开发新技术等。

2. 国民生活金融公库是1999年10月成立的，由原国民生活金融公库和环境卫生金融公库组合而成，是日本政府专门为20人以下的小企业和公民提供小额资金支持而设立的政策性金融机构。

3. 商工合作社中央公库是一家半官半民性质的金融机构，成立于1936年，股本构成为政府占78%，另外的22%来自小企业组合机构。除政策性金融机构外，在日本还存在着大量的民间金融机构，如地方银行、互助银行、信用组合和信用金库等，贷款对象主要为会员小企业和所在地的小企业。这些民间银行业金融机构的大量存在和蓬勃发展，与政府的积极引导和宽松的监管是分不开的。这些民间银行业金融机构被允许建立全国信用联合会，组成了真正的全国性经营系统，能在更大的范围内进行资金调剂。

## 四、建立小微企业融资的担保保险机制，分散融资风险

在日本，以《信用保证协会法》《中小型企业信用保险法》《中小型企业信用保险公库法》等一系列配套的法律法规为依托，日本设有较为完备的信用保证协会、信用保险公库和信用保险制度。由政府和银行共同出资成立的小企业信用担保公司，负责对小企业申请贷款提供担保。当小微企业无法按时偿还贷款时，损失总额的70%由信用保险公司向信用担保公司赔偿，剩下的30%由信用担保公司自行承担。

在日本，不仅有政府全额出资成立的小企业信用保险金库，而且有民间的信用担保协会。保险金库和担保协会相互连接，只要在一定限额内，协会就会对某一个企业的担保自动生效。在日本，小企业可以用持有的赊销债权作为抵押向银行申请贷款，信用保证协会对其进行的债务担保制度。此外，日本信用担保协会还可以对一定规模的小企业发行的企业债券进行信用担保，这个制度就为小企业实现直接融资提供了途径。担保费用为年利率0.75%（有抵押）和0.85%（无抵押），担保额度为4.5亿日元，如果加上一般担保和无抵押担保，最高担保额度为5亿日元。

## 五、立体的小企业融资优惠政策体系，培育小微企业成长

**1. 安全网贷款制度**

这是主要针对资金周转出现短暂困难，但是预计中长期资金周转将得到改善的中小企业实施的贷款扶持制度，具体包括“支持小企业经营资金”“小企业资金流动协调资金”“金融环境变化对应资金”和“小企业破产对策资金”等。贷款利率一般按标准利率，贷款年限一般为5～7年。对个别抵押物不足的企业，考虑其事业发展的前景，最高可以按贷款额的50%（最高额为8000万日元）免除抵押。

**2. 新开办企业支持资金**

这是主要针对新开办企业实行的无抵押无担保的融资制度。由于新开办企业能够创造就业机会，提高技术与服务，这种融资制度的贷款额度为550万日元，贷款利率比基准利率高1个百分点，贷款年限一般为5～7年。

**3. 具有增长性的新事业培育特别融资制度**

这种融资制度主要针对从事高增长、新兴事业的小微企业，贷款条件

是企业开展新事业大约7年内，它的事业增长能力和新兴度是经过专门机构认定的，这种贷款额度为6亿日元。对贷款利率实行增长型新事业特别利率。这种贷款年限为：设备资金15年以内，周转资金7年以内。对个别抵押物不足的企业，考虑其事业的前景，最高可以按贷款额的75%（最高额为8000万日元）免除抵押。

## 第三节　国际小微企业融资模式的启示

### 一、建立多元化市场融资体系

多元化市场融资体系是小微企业和资本市场相互选择的结果，更是小微企业内生性资本需求的调节方式。从需求方面看，小微企业的资金需求长期得不到满足；从供给方面看，传统金融市场对小微企业融资的支持不利，而民间大量闲置资金却没有合适的投资渠道。这个时候，由政府规划建立的多元化市场融资体系才是解决两者需要的最佳途径。

我国现有的融资体系还不完善，借鉴国际上的先进经验，我们也可以从多个渠道入手，建设更为丰富的小微企业融资渠道。一是发展互联网金融。互联网金融所处的时代大背景是互联网技术对经济的深入渗透，借助大数据、移动互联等技术，互联网正在重塑我们的生产、生活方式。相比较于传统的银行贷款模式，互联网金融具备较强的优越性，覆盖范围极为广阔，而且也存在各种各样的服务方式，能快速处理因信息紊乱、交易成本高等诸多不稳定因素而造成的融资困难情况，为小微企业的融资提供便利。二是建立地方性小微企业专门银行。在市场经济发展比较快，企业比较密集的区域，尝试发展地方性的小微企业专门银行，逐步放开它们吸收存款的限制，限定其聚焦于小微企业的服务，同时，通过财政、税收等手段以保证其正常的盈利能力。三是拓宽商业银行小微企业服务专门通道，让互助合作型金融系统、民间小额贷款系统、地方性专门银行系统进行有效的整合互联，实现对小微企业的有效服务。

### 二、建立小微企业政策性银行

对于小微企业来说，来自银行的资金是其外源融资的重要来源，但是由于现行的银行体制与小微企业融资需求存在种种矛盾，使得我们更加关注建立新型的适应小微企业融资需求的银行融资模式和融资体系。首先，就小微企业面临的困境和它所处的重要地位而言，我们应当以解决小微企业融资困境为目标，调整贷款利率、贷款期限和融资条件等，从政策层面保障小微企业在市场中的地位。其次，政策性银行设立专门机构和人员，专注解决小微企业的发展和融资问题，在给小微企业提供信贷前，提供必要的小微企业财务状况分析报告，提供相应的经济环境的信息、信贷建议等，并且设置适合于小微企业成长周期的贷款种类。

当然，政策性银行有一定的局限性，只有政府的扶持和政策性金融机构的投入，才会产生长远效应，商业性的金融机构便会意识到小微企业的发展前景，还贷能力的提高和贷款风险的下降，这些都会增强金融机构对于小微企业的信心，将逐渐引领一个良性的循环。

## 三、加快建设小微企业信用担保体系

第一，建立以政府为主体的信用担保体系。由政府出资，设立具有法人资格的独立的担保机构，实行市场化公开运作，接受政府监督，不以营利为主要目的。第二，成立商业性担保体系。以法人、自然人为主，出资按照《公司法》要求组建，实行商业化运作，按照市场原则为小企业提供融资担保业务，以营利为目的。第三，建立互助型担保体系。小微企业根据自愿原则，自发组织担保机构，自我出资、自我服务、独立法人、自担风险，不以营利为目的，为小微企业会员服务。

## 四、建立小微企业融资辅导体系

小微企业融资难的首要原因来源于小微企业自身，银行的贷款业务要求逐渐国际化和规范化，而小微企业的自身建设并没有跟上这个时代的节奏，总的来说就是表现出四个方面的问题：缺乏统一投融资规划系统、公司的管理及财务运作不规范、自身抵押物缺乏、信用缺乏。

上述问题归根结底还是小微企业自身缺乏建立现代化融资体系的意识，我们应该通过政府引导，多渠道向企业引入现代化融资体系观念，并与专业的金融机构合作，帮助小微企业做好自身的规范化建设，提升小微企业的管理水平，提高融资成功率。

首先，辅导的渠道要多元化，通过政府专门机构、金融机构等多渠道帮助小微企业获得融资的相关知识。其次，多以案例为主，通过典型案例的宣传和推广，帮助企业提升自身的意识，规范自己的管理，避免因为细节上的不完善而被银行拒绝。最后，尽可能地让企业多做财务分析，做好企业资金流量管理，合理安排资金投入，规划资金回收，避免出现资金链断裂无法还款。

通过辅导渠道，既能帮助企业建立融资体系，又能加强小微企业与政府、金融机构的长期沟通，降低交易成本，缩短问题处理的周期。

# 第六章　互联网金融下小微企业融资模式创新

## 第一节　互联网金融下小微企业融资的障碍

### 一、借贷期限的限制

数据显示，凡支持借贷的小微企业，67.5%的资金借贷期限都低于1年，从融资的需求看，灵活性与短期性是其表现最明显的特性。相对来说，一些借贷限额高于1年的小微企业，短期借款率远远低于贷款年限较低的企业。随着社会的不断进步，企业将树立更长远的发展目标，借贷模式转型与提高借贷周期性将成为微小企业发展的重中之重。在传统的小微企业中，其贷款性质主要表现为短期性、金额小、贷款频繁以及贷款急等，这些特点在当下的企业贷款中是否依旧适用还有待时间的证明。过去小微企业的融资难问题成了限制其长期借贷的主要因素，在互联网金融贷款出现后，这一问题才逐渐得到解决。不同的产品在还款周期上也存在一定的差异，以当下最热门的阿里巴巴为例，其还款期限在120天左右，信用贷款则为1年；淘宝产品的订单贷款期限为30天，但其信用贷款期限则增加至半年；从另一购物平台京东分析，货贷周期最短为2周，最长为3个月，在贷款到期之后，通过申请还能延长1个月的期限。也就是说，短期贷款只能满足小微企业在互联网上的需求，而不能达到企业长期贷款的要求。

### 二、互联网融资的模式单一，企业的线上与线下交易缺乏

在互联网的融资模式中，融资贷款功能少之又少。根据最新的调查结果显示，企业对互联网贷款的了解主要分以下三种情况：一种是企业对互联网金融完全不了解，一种是有所了解但并不打算使用，最后一种是了解

并且已经使用。与传统金融企业相比，互联网金融在结构上与其并没有较大的差别，主要分融资、理财与支付结算这三个部分，但在实际运用中，融资与理财功能往往被小微企业所忽略。对于大量数据的收集、加工、处理和应用是以互联网为基础的金融投资的主要优势，企业可以利用大量的数据进行云计算，显现出决策引擎和评分卡片的信贷内容。利用互联网金融的主要优势，通过对小微企业的日常行为信息与历史交易信息方面的挖掘，筛选出企业的信用等级和资质情况，改善传统小微企业中信息不准确的问题，在一定程度上还能帮助用户解决风险评估和信用评级的问题。依赖于网络数据的提供与制造，众所周知，互联网并不是唯一一个信息数据获取的平台，在小微企业中，数据创造主要分为两大类：一种是线上交易，另一种是线下企业。以阿里巴巴为例的大型网络交易平台，本质上称为线上企业，客户可以通过对店铺的交易金额与质量进行星级评估，从而使线上企业产生数据，利用存储数据的具体情况进行准确分析，从而得出店铺在日常经营中的发展趋势及信用状况。线下小微企业主要是从事实体性质的工作，以生产制造为主，企业本身的规模小，且财务信息对外不公开，员工的身体与职业素质普遍低下，加上生产经营的技术含量不高，因此企业没有合适的机会充分利用互联网平台，使其推动生产制造的各个环节的发展。对这样的线下企业而言，信息不对称问题的存在是难以为自身提供数据生产的关键。

## 三、互联网模式与小微企业的融资供需匹配性差

互联网与小微企业在融资方面的匹配性差异主要体现在两个方面。其一是资金规模上的供需不协调。以沈阳为例，通过查阅经济学的相关数据我们得知，在这座城市的237家小微企业中，其年营业总额在150万元以下的比重较少，而年营业总额为150万～500万元，甚至是1000万元的企业在小微企业中所占的比重达到总数的50%以上。这些营业收入的情况与企业借贷的规模息息相关，当企业的营业额度超过100万元，其需要的借贷金额一般为100万～500万元，甚至有可能超过500万元。在互联网金融的模式中，小微企业能够借贷到的资金最大额度为200万元，但其实质需求远高于此。由此可见，在借贷模式中，互联网的融资平台与小微企业之间的供需是不平衡的。其二是贷款利率之间的供需不均。在互联网融资发展的过程

中，京东借贷、阿里小贷等一些网络借贷平台的贷款与我国各大银行相比没有明显差异，甚至还出现高于银行的无抵押利率，对于一些线下的小微企业而言，互联网借贷是一项陌生且充满挑战的新鲜事物，如果互联网不能在借贷利率上有所降低，则会降低小微企业对其的影响力。

### 四、金融监管上缺失导致的数据安全问题

互联网金融是当今社会发展前景最好的融资形式之一，但发展至今依旧没有建立相应的资金管理体系。在目前的发展中，人们对这种新形式的关注普遍过高，以至于期望其给传统金融业的运营带来一定的机遇，甚至为整个金融行业的优化转型注入新的力量，小微企业都以开放的心态来面对甚至接受这一新式的融资形式。在互联网金融模式中，由于缺乏完善的监管制度及法规，资金的借贷存在一定的风险，尤其是在互联网金融已逐渐被小微企业接受并采纳的情况下，有关部门及早制定相关的法律政策对推动互联网金融的发展有重大的作用。例如互联网购物如何最大限度地将卖家的优势展现出来；当消费者的权益受损时，通过何种途径能够及时得到保障等。基于一种全新的资金形式，相关管理部门在体系的建立与管理上仍处于初期摸索阶段，无法全面覆盖互联网金融的管理体系，因此其发展中带来数据安全问题是不容忽视的。客户在互联网平台上的个人信息遭到泄漏以及资金交易情况被第三方获取都有可能给客户的后期借贷带来麻烦，从而给互联网金融后期的发展带来各种难题。因此，建立相关的管理体系，完善对应的法律法规不仅能满足经济发展的需求，而且是维持互联网金融健康发展的重要保障。

## 第二节　小微企业互联网融资的模式创新

相较于传统的金融模式，互联网金融具备较强的优越性，覆盖范围极为广阔，也存在各种各样的服务方式，能快速处理因信息紊乱、交易成本高等诸多不稳定因素而造成的融资困难情况，为小微企业的融资提供便利。在当前互联网金融环境下，小微企业的融资渠道也进一步得到创新，并促使小微企业融资方式选择的多元化。

## 一、基于大数据的小额贷款融资模式

这个模式是通过运用大数据来提供一系列金融服务，并由阿里巴巴等大型电商设定贷款公司，进而充分满足电商模式下小微企业的实际发展需求，依靠大数据为其带来融资。具体来说，从众多数据角度而言，可通过网络信息化环境，融合传统金融，进而为企业带来融资。大数据金融主要分为两大类，即平台金融、供应链。这两者都会将传统金融贷款形式转换成信用贷款形式，而且无须进行抵押，也无须具备授信额度，仅需依赖小微企业的信用来实现融资。利用大数据融资，不仅可以降低融资成本、融资门槛，而且也可以有效促使资金周转率的提高，最终增强企业资金的使用率。就供应链金融来讲，其关键在于企业通过产业链“上下游”特征，合理利用好供应链资源及客户资源，进而为部分供应链参与方建立融资渠道。在大数据环境下，该种融资方式是以企业为导向，依赖于供应方身份，以便为企业提供更加优质的融资服务。譬如，京东供应链融资方式，则将未来收益现金流视为有力的担保，以此获取银行授信额度来融资。而平台融资是指企业经由相关平台来进行融资，并利用平台里的约定、交易额等搭建以大数据为核心的平台，这样就能提供更好的融资服务。现阶段，由于大数据拥有简单、便捷、低成本和高效率等优势，所以，大部分互联网公司、电商企业等采用大数据金融方式。

由于电商平台内的小微商家的交易记录、评价记录都能够被电商企业掌握，经过审核其交易量、交易金额、诚信记录等，按照不同的分级向其进行融资贷款。该模式以阿里巴巴小额贷款为例，其特点在于：第一，以电商大数据建立起来的信用评价体系为基础，只有这些大型的电商平台才能够掌握如此庞大的小微企业实际经营数据，这些经营数据反映出来的企业真实经营状况甚至比银行的征信系统更加全面可靠；第二，网上申请、网上交易，交易成本低，大型的电商平台已经建立起来健全的网上申请和支付的平台，各种数据都可以通过计算机来及时处理，只要满足条件，就能够实现交易的时间成本、经济成本大幅度的降低。

一般情况下，依据小微企业的经营状况、财务报表以及资金的流向情况，通过小额度的贷款对其进行信用评估，以此来控制借贷风险。在网络数字化的背景下，由于数据规模极大且形式多变，用户对网络数据的需求也越来越大。以阿里巴巴为例，为了满足电商的融资需求，小额贷款模式成了阿里贷款的典范，其主要有贷款灵活、融资要求低以及资金周转迅速等特点。实现小额贷款主要有两个主要流程：首先，在贷款前要充分了解小微企业的运营状况及还款能力，小额贷款公司收到小微企业的贷款申请后，通过网络数据和第三方平台的评估，了解小微企业财务的真实状况；其次，在小微企业贷款后，通过电商平台对其经营状况实施监控，及时了解小微企业的交易情况，以此作为小微企业的信用评估，控制后期贷款风险。

阿里巴巴一直在致力为小微企业解决网络贸易生态链的难题，“让天下没有难做的生意”，让小微企业真正从“meet at alibaba”到“work at alibaba”。

阿里巴巴与银行的合作将传统贸易融资手段进行有效创新，利用阿里巴巴与银行先进的信息平台，实现电子商务与网络贸易融资的有机结合。阿里巴巴让银行相信：中国的小微企业也存在着同样优质的客户群，它们在盈利能力、管理水平、创新意识上都有着较强的实力，小微企业主就是很好的贷款潜在客户，并且阿里巴巴坚信能够以自己的交易平台来实现对融资风险的控制。目前阿里巴巴已经建立了一整套信用评价体系与信用数据库，同时研发了贷前、贷中、贷后三个阶段的风控系统，这都能帮助银行有效弱化风险，降低贷款成本。

为了使贷款难的问题突破需要固定资产抵押、资金质押、企业担保等的束缚，解决小微企业融资面临的普遍约束，阿里巴巴创造性地把网络信用度作为贷款的重要参考标准。网上自助融资的服务方式，将使许多小微企业能够快速、便捷地获得贷款，同时也为个人创业者融资创造了机会。这是对传统融资模式的一次改革和创新。

**1. 客户端产品**

客户端产品包括纯信用贷款和网络联保贷款等。纯信用贷款是一款不需要任何抵押、无须联保的贷款，目前仅向阿里巴巴诚信通会员资格进入规定年限以上的企业或中国供应商会员进入规定年限以上的企业开放，也仅在若干城市试运营。

网络联保贷款模式也是一款无任何抵押的贷款产品，但是要求由3家或者3家以上的企业组成一个互相担保的总体，由总体向银行申请贷款，同时也实现了企业之间的风险共同分担。如果总体中有任何一家企业无法贷款时，总体中的其他企业需要共同替它偿还所有的贷款本金和利息。比如，甲、乙、丙三家小微企业组成联合体，各获得贷款100万元，则每家公司需要承担的贷款责任都是三家总和的300万元。如果甲公司到期无法归还贷款100万元，则需要乙、丙两家企业共同替甲公司归还其100万元贷款及利息。

**2. 银行端产品**

这是用于协助银行能够方便快捷地对企业进行贷前的评估，及时收集企业在使用贷款期间的各类信息，对它们进行系统分类、监控，并且在贷款后对企业采取有效的正负激励措施。

（1）贷前评估系统

随着互联网和电子商务的发展，越来越多的企业尤其是小微企业选择互联网作为经营和销售渠道，而阿里巴巴则是这样一个小微企业的交易平台。在阿里巴巴，小微企业可以开设店铺，发布商品，联系商家进而完成交易等，那么企业在阿里巴巴平台上的操作行为可以作为企业经营状况的指征。通过大数据分析就可以体现出该企业的实际经营情况，这样就能评估和预测该企业的发展前景，也方便正规金融机构对小微企业进行贷款前期的评估。

（2）贷中监控预警系统

贷中监控预警系统就是指及时收集在贷款使用期间该用户的各种信息，并将这些信息进行汇总、分类和分析，以此了解用户所产生的行为对贷款结果的影响有哪些。同时监控在贷款使用期间的状态，是否有不良记录，如果有不良记录自动触发处理流程，通知工作人员跟进了解具体情况，做出判断和处理，这样的预警系统能最大程度减少不良贷款发生率，控制贷款风险，减少不必要的损失。要鼓励和表彰良性贷款用户，让他们了解贷款后结果处理的优点，从而减少不良贷款的产生。预警系统的效果很大程度上依赖客户数据的采集方式和要素计算规则的科学性和完善性。

（3）贷后双面激励体制（见图6-1）

阿里贷的双面激励机制即正负两方面的激励，分为正面激励和负面打击两方面，主要依据诚信通系统，提升企业的履约收益，使得企业的违法成本增加，以此督促企业履行合约的还款期限和还款金额。

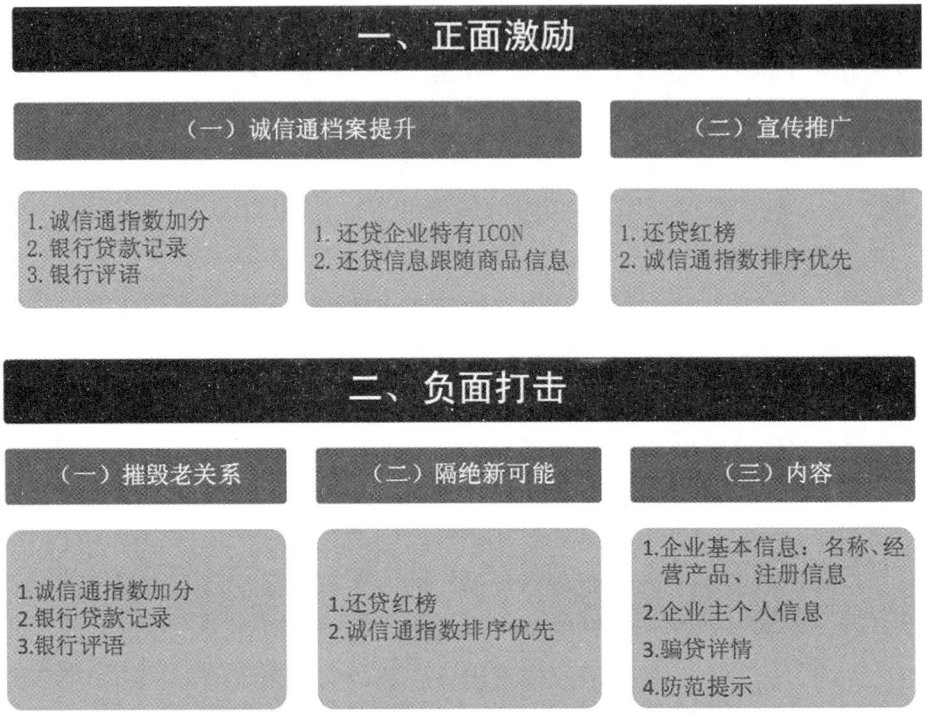


图6-1　阿里贷的贷后激励体系

## 二、P2P点对点融资模式

P2P点对点融资模式（peer to peer lending）即小微企业以第三方互联网为中介平台寻求有相应贷款能力并能满足其融资需求的一个或多个贷款方，以达到借贷双方资金匹配的融资模式。通过第三方网络平台，小微企业寻找与其拥有接近贷款能力，并在一定程度上满足其资金需要的一个或几个贷款方的贷款模式称之为专项性模式。这种融资模式是以满足借贷双方各自需求为前提进行的融资交易，风险防控与交易成本低是其主要特点，这些特点能增强借贷双方资金上的对称性以及信息上的透明度。小微企业通过这种模式能筛选出贷款利率最大化的贷款方，降低企业融资交易的成本。

P2P融资模式主要有三个方面的流程：首先，小微企业利用互联网平台对利率条件较好的借贷方进行选择，双方在交流后确定各自的借贷情况，初步达成合作意向；其次，借用网络平台对小微企业进行信用、还款能力以及线上资格的核对，确认其相关资料的真实性以及所具备的实际还款能力；最后，借贷双方通过资金及信用额度的匹配对贷款的防控风险进行量化。

在这种模式中，互联网平台只是充当信息中介的作用，为交易双方提供足够广阔的市场平台，交易仍然需要融资方与投资方自己协商和讨价还价。其特点在于：第一，互联网的海量信息，能够让交易双方都找到合适的合作对象；第二，风险可控，交易双方根据自身情况以及对合作方的经营状况的判断来进行合作，这使得双方的交易风险都能够自主掌控。

P2P 网贷起源于英国，在欧美国家发展较为成熟。2005 年第一家网络贷款平台 Zopa 成立，平台主要起信用评级和信息集合的作用，收益来源主要为管理费。目前，欧美国家的 P2P 网贷代表主要有 Prosper、Lending Club、Zopa 等。2007 年 P2P 正式进入中国，拍拍贷是国内成立的第一家 P2P 贷款公司，随后红岭创投、宜信、人人贷等网贷平台相继出现。

最早出现的网贷平台只是通过搭建平台撮合交易。这一模式下平台不提供或者只是提供基本的审查，不对风险和收益做任何保证，放贷者决定放贷完全是依靠对借贷者的信任，因此放贷者的收益是最高的，同时风险也是最高的。随后出现了担保模式的 P2P，P2P 网贷平台通过引入第三方担保公司或者收取担保储备金，对借贷者进行线下的尽职调查，并做出风险报告，放贷人通过对风险报告来决定资金的投入。这一模式下的信用由放贷者对借贷者的信任转向放贷者对担保公司的信任，而担保公司并不一定承担全部的担保责任。线下尽职调查和担保储备金的引入使放贷人的风险减小，收益也趋于稳定。最近几年又出现了 P2P 网贷基金化运作的趋势。由于投资者盲目轻信于收益的担保，大量闲散资金涌入 P2P 网贷。而担保公司的尽职调查也成为空谈，项目在平台上上线不久便迅速被抢完。随后网贷平台便推出优选计划、自动投标等产品，即放贷者在不知道目标的情况下便将资金投入，资金由网贷平台进行项目分配。由于网贷公司从事了类似基金业务却没有像真正的基金公司有着严格的监管，因此平台也存着很大的信用风险，问题也是不断出现。并不是所有的 P2P 网贷平台都能够做好风险和收益的平衡，2013 年以来，伴随着平台数量的激增，行业洗牌也日益激烈，不少平台面临严重的风险问题，不断出现逾期提款、限额提款、暂停还款以及倒闭等危害投资者利益的现象。

虽然问题不断，但是P2P网贷仍然处于快速增长期，根据网贷之家从2014年开始发布的历年中国网贷行业年报不完全统计，正常运营的P2P平台数量从2010年的10家增长至2017年的1931家，最高峰为2015年的2595家。从2016年起，平台数量呈现下降趋势，可见网贷行业已经走出“野蛮发展”阶段，开始迈向“规范发展”的新阶段（见图6-2）。

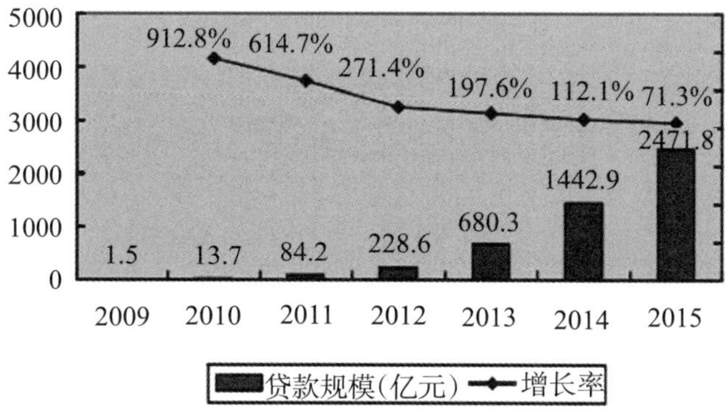


注：e为预测数据

**图6-2　国内P2P网贷规模及增长趋势**

常见的P2P网络借贷渠道具有以下运行方式：其一，线上渠道（如拍拍贷、人人贷等），通过该渠道，借贷活动是由线上进行实现的；其二，线上线下融合渠道（如翼龙贷等），通过线上申请，接着由线下处理进行融资；其三，债权转让渠道（如宜信等），企业作为中介人来挑选适宜的借款人，接着在个人借贷之后，将债券转交给投资方。目前我国P2P网贷平台更多地采用的是自己搭建平台、线上撮合及与担保公司、小贷公司和评级机构的合作模式。

P2P网络借贷能够降低小微企业的融资风险及成本，也能够拓宽企业服务范围，对小微企业而言，该种渠道可以发挥重要的作用。

我们以人人贷为例。人人贷成立于2010年，建立初期只是一个传统的P2P平台，即为资金出借者和借款者搭建一个交流的平台，2012年之前的借贷交易量不大。随后人人贷建立风险准备金，开展线下尽职调查，开始介入风险管理，之后业务呈现快速增长的态势。2012年，人人贷与友众信业合作，通过友众信业的实体店开始了线下的实地认证。此外，人人贷建立了风险准备金制度以及客群区分审核制度，2013年后，人人贷准备金与待还本金的占比基本维持在坏账率之上，且坏账率得到了进一步的控制。

从借款期限上来看，人人贷最主要的借款种类是13～18个月的，占比达到44%；其次是19～24个月的，占比达27%；24个月以上的贷款仅占4%。可见人人贷主要是做13～24个月的中短期贷款。

人人贷不仅始终坚持小额分散，并于2016年2月完成银行资金存管，是最早完成银行资金存管的平台之一。2017年，人人贷平台全年成交金额218亿元，同比增长94%。通过人人贷平台借款人次达27万，其中就有大量的小微企业通过人人贷平台融资。

## 三、大众筹资融资模式

大众筹资融资模式（Crowd funding）是指借助互联网平台和社会性网络服务平台，以公众集资的方式来筹集小微企业资金的一种融资模式。

众筹的主要运作流程是由项目发起人发布自己的创业或者项目，并且将个人信息作为担保，众筹平台网站对创业项目和个人信息进行初步审核并公布在网站上。项目投资者阅览项目的说明之后，如果有兴趣就进行投资。一般来说，每个投资者投入的资金都是小额的，众筹网站制定项目筹资的规则，规定了目标金额和投资天数，如果在规定时间内达成了筹资目标，那么这个众筹项目就取得了成功，如果没有完成既定目标，那么就是失败的，原来所筹集到的资金就会返回到投资者的手中，众筹网站收取大约5%的费用作为网站运营资金。

2011年中国成立了第一家众筹网站，即点名时间。

众筹融资模式具体有三种类型，分别是团购众筹模式、股权众筹模式以及债权众筹模式。

### 1. 团购众筹融资模式

小微生产型企业通过将现有产品或者新产品在互联网平台上进行提前发售，消费者通过预先付款的方式获得一定比例的优惠，而企业则可以先获得资金再组织生产，并且能够根据需求的数量来核定生产的数量，能够为企业带来足够的资金，也避免生产的浪费。与团购网站不同的是，团购的商品是现成的，一旦团购成功就能够立马得到商品，而团购众筹类似于预购的模式，即在投资之后才有商品的生产。这种模式的优势体现在项目发起人能够在生产之前得到市场的反馈，并且在销售之前能够收回生产资金，缩短了资金链条的长度，从而能够生产出更加贴合市场的产品。

**2. 股权众筹融资模式**

这是一种由小微企业在股权众筹平台进行股权融资信息发布的融资模式，以创投圈最具代表性，投资人的投资以股权的方式进入企业。股权众筹平台往往挑选具有潜力的初创公司，由投资者进行出资并获得股权形式的回报，待初创公司成功上市后，投资者将股权变现得到收益，而平台则收取一定的手续费用，特别强调的一点是所有的法律文书签署和转账手续都是在网上完成。股权众筹融资模式目前还无法在国内有效地发展，这是由于国内法规对非法集资和众筹的界定还没有明确。

**3. 债权众筹融资模式**

债权众筹融资模式的流程特点是小微企业融资以借贷的方式来融资，能够保证企业原始股东的权益不被稀释。债权众筹模式类似于 P2P，即项目的筹资一般是以承诺的回报收益为前提，具有风险投资的性质。

就小微企业的筹资角度而言，小微企业融资主要是通过大众平台来公开企业的股权资料，例如创投圈，即互联网金融立足于传统融资渠道上，构建合理的网络融资方式，运用这一方式，可以为小微企业提供崭新的融资渠道。针对创新项目的筹资方式，小微企业应在市场中对创新产品进行广泛宣传并利用快速出售手段，比如众筹网等。与此同时，小微企业还可以在梦想平台上构建创新项目，譬如淘梦网，依赖这一方式，使得企业顺利完成融资计划。

大众筹资融资模式的优点在于利用网络筹资的平台，小微企业发布融资的信息，其本质上是在传统融资市场的直接性融资背景下，为小微企业的互联网融资拓展一条新的发展道路。

## 四、电子金融机构—门户融资模式

电子金融机构—门户融资模式是指小微企业通过互联网金融门户服务平台，利用“搜索—比价”方式垂直比对各家金融机构的信贷产品，再由电子银行等金融机构向其提供立体融资服务的模式。该模式的特点在于：形成了小微企业（前台）—互联网金融门户（中介）—电子金融机构（终端）的金融电商创新服务模式。

随着互联网金融的广泛普及和小微企业的快速发展，商业银行等金融机构也不断创新融资制度，拓宽商业渠道。现阶段，大多数商业银行都面向小微企业实行手机银行或网上银行等多种任务，并且服务效率极高。此外，越来越多的商业银行开始实施针对小微企业的金融策略，通过搭建P2P平台及电商平台等，从而更好地提供金融服务项目，比如兴业银行则运用兴业通、简捷贷等方式。另外，商业银行利用互联网平台，以便向小微企业获取多种金融业务，其主要涵盖短期融资及账号管理等。

门户融资模式的流程主要分三步：首先在互联网模式的前提下，小微企业对信贷产品进行优化选择；其次在互联网金融的平台上对以电子银行为例的金融机构进行价格的垂直比对，通过详细准确的对比筛选出最佳匹配的借贷服务；最后小微企业通过对各种银行的立体服务来获得金融融资，这些银行主要包括当下流行的手机银行、提供24小时服务的自助银行、网上银行以及电话银行。在目前的互联网金融发展态势下，商业银行所推出的金融产品仍具有较强的影响力。

## 五、第三方支付融资模式

所谓“第三方支付”，是指具有一定信誉及实力的金融机构在收付款人中饰演中介机构这一角色，进而实行网络支付、转账等诸多业务。在此流程中，中介机构应充分发挥第三方作用。目前，第三方支付逐渐蜕变为覆盖线上线下、应用范围广泛的工具，并且其金融特点也慢慢呈现出来。采用第三方支付，小微企业无须进行抵押，就可以获取一定的融资，实现产业化资本融合目标，从而进一步为小微企业的融资提供创新思路。第三方支付既可以加快小微企业的融资速率，同时还可以解决因信息不对等、交易额度大等因素而造成的融资难的情况。此外，第三方支付具有多种服务形式和广阔的客户覆盖率，而且能开发出一些有效针对企业的金融业务，尤其对微小企业更是如此。所以，第三方支付能为小微企业的融资提供服务。通过采用数据挖掘技术等，可以有效针对不同数据来进行分析，进而获取小微企业的信用资料，最终为小微企业提供信用服务。例如，目前广泛使用的支付宝，其为客户提供信用支付服务，即消费信贷。通过对现有数据进行合理分析，并对客户信用度进行有效评估，根据评估结果来设定信用额度。由此可见，第三方支付可以向小微企业提供贷款服务，进一步促进小微企业的快速发展。

综上所述，作为推动我国经济发展的重要战略目标，互联网金融和小微企业之间的模式创新有利于实现我国市场经济双赢的目标，从某种程度上来说，互联网可以通过小微企业来改善其金融服务结构单一的局面，实现融资创新的要求。小微企业的发展主要是以互联网金融为依托，对其进行融资支撑，最终实现其又快又稳发展的战略目标。在当下社会金融的改革与创新的潮流中，我国政府加大了对互联网金融和小微企业的财政支持。由于互联网金融能有效解决小微企业的融资困难问题，减少一些企业融资的成本，以及加强企业对融资产品的可控性，因此国家积极支持互联网金融融资的创新与改革。在优势显著的网络环境中，增加互联网金融的个性化服务，对小微企业来说是解决其融资问题的重要保障。

# 第七章　互联网金融下小微企业融资的影响因素分析

## 第一节　互联网金融下小微企业商业信用融资的影响因子研究

小微企业的融资主要依靠金融信贷、民间金融与商业信用三种途径。由于风险、信息不对称，信贷规模以及银行对成本与收益的权衡等因素的影响，靠金融信贷与民间金融两种途径只能满足小微企业一半的融资需求，而剩下的一半只能靠商业信用这一融资成本最低的融资途径。因此，未来破解小微企业融资难的切入点是商业信用融资。有关小微企业互联网商业信用融资研究无疑是学者关注的焦点。有关小微企业互联网商业信用融资的影响因子研究更加注重实证分析。

### 一、理论研究

国内外对商业信用融资的研究主要有以下方面。Jensen（1976）首次提出因交易信息不对称或不均衡易引发公司股东与债权人之间的矛盾与利益冲突，同时展开关于企业代理负债成本的讨论。Myers（1997）指出金融服务机构利用严格的商业信用评级制度来降低因为交易信息不平衡所导致的代理负债成本。Petersen & Rajan（2007）后来又明确分析了企业经营年限越长久且与越密切地联系产业链上中下游的合作企业，就越能够获得产业链环节中的合作企业更多的商业信用融资的支持；经营规模越大的企业拖欠货款就越少；金融信贷是商业信用融资的重要影响因素。Petersen 和 Rajan 还发现企业如果不能从金融服务机构获取贷款就会更多地通过商业信用融资作为替代，此外企业经营管理水平等其他因素对企业的商业信用、融资规模的影响较为显著。同时他们还将企业的盈利能力、负债水平等因素作为判断其生产效率的关键指标。胡海青（2014）提出企业商业信用融资规模会受到开办年限、企业规模、企业性质、总资产、所有者权益、主营业务利润率、短期负债、长期负债、外部金融环境等影响因素作用。蒋薇薇（2015）提出企业家信誉会影响民营企业的商业信用融资规模，企业家异质性对民营企业商业信用融资规模产生影响。

通过总结发现关于商业信用融资影响因素的研究多数关注点为企业性质、企业经营规模、盈利能力、经营时间、流动性、偿债情况、企业家信誉等因素。国内的实证研究多关注上市公司，小部分实证研究是针对中小企业，基于小微企业的甚少，且仅有研究也只是采用小范围的抽样样本，研究代表性不强，缺乏针对小微企业商业信用融资影响因子理论研究的实证分析。基于此，本书在已有研究基础上，拟定出影响小微企业商业信用融资规模的影响因子并进行实证分析研究，分别对比分析有无金融信贷融资、有无互联网金融信贷融资对小微企业互联网商业信用融资的作用影响。

随着互联网金融逐渐不断深入普及，互联网金融叠加商业信用融资给小微企业带来了融资的春天。互联网商业信用融资研究越来越受到学界关注，但已有的研究多是针对上市公司商业信用融资及其影响因素的实证分析，少部分研究是针对中小企业商业信用融资影响因素分析，而针对小微企业互联网商业信用融资影响因子研究还是一片空白。已有商业信用融资影响因素研究缺乏实证分析，文章的研究弥补了先前研究中缺乏实证研究的不足，立足于互联网金融信贷下去探讨小微企业商业信用融资影响因子，有助于小微企业难题问题的破解，具备一定的研究参考价值。

## 二、样本数据与模型

我们拟定小微企业互联网商业信用融资的多个影响因子。确定本研究假设，构建小微企业互联网商业信用影响因子的动态回归模型，以互联网金融信贷、金融信贷、外部金融环境作为控制变量，选取四川省 45 家小微企业 2010—2015 年财务面板数据，测试各种影响因子对小微企业互联网商业信贷融资影响是否显著，然后再进行实证对比分析有无传统金融信贷对互联网商业信用融资的影响与有无互联网金融信贷对商业信用融资的影响。

**1. 自变量**

本书所选自变量如下。

（1）经营年限：对小微企业而言，经营年限越久其资信度越高，经营年限的长短直接体现自身与合作商合作关系的紧密度，经营年限越长就越易获得互联网商业信用融资。故选择实际经营年限衡量该指标。

（2）经营规模：小微企业经营规模的大小直接体现其综合实力，这会影响合作商提供商业信用的意愿度。故选择小微企业总资产与所有者权利来衡量该指标。

（3）经营效率：小微企业盈利能力越强，其利润率就越高，说明其经营效率越高，其互联网商业信用融资规模越大。故选择税后利润衡量该指标。

（4）偿债能力：小微企业负债越高，其债务偿还能力就越弱，偿债能力下降会降低其获取互联网商业信用融资的可能性。故选择速动比率来衡量该指标。

（5）流动性：小微企业流动性越强，就越易获得互联网商业信用融资。故选取流动资产周转率衡量该指标。

（6）存货周转情况：存货周转情况会影响小微企业获取互联网商业信用融资。故选取存货周转率来衡量该指标。

（7）企业家声誉：企业家声誉越好，越有利于小微企业获取互联网商业信用融资。

（8）产业链位置：小微企业在产业链中所处的环节或位置会影响其获取互联网商业信用融资。供应链分为上中下游。本书假定处于供应链的上游企业定义值为 –1，若处于中游定义值为 0，若处于下游定义值为 1。

**2. 控制变量**

本书选取传统金融信贷与互联网金融信贷作为控制变量。

（1）传统金融信贷：金融信贷反映小微企业从传统金融机构获取贷款情况，金融信贷与商业信用是小微企业外源融资的主要方式，且两种信贷方式存在互补性。若小微企业无法获得金融信贷，会转而寻求商业信用融资。因此可以判定传统金融信贷与小微企业互联网商业信用融资存在负相关。借鉴前人研究方法，用金融信贷总额除以总资产，这一比值越高说明小微企业从传统金融机构取得的融资就越多。

（2）互联网金融信贷：互联网金融信贷越发达，小微企业就越容易获取互联网商业信贷。互联网金融信贷与互联网商业信用融资存在正相关。本书以小微企业所获取的互联网金融信贷总额除于总资产，这一比值越高，说明小微企业从互联网平台获取的融资就越多。

**3. 建立模型**

本书根据假设建立小微企业商业信用融资模型如下：

$$T_{it}=a_0+a_1K_{it}+a_2S_{it}+a_3A_{it}+a_4O_{it}+a_5C_{it}+a_6D_{it}+a_7L_{it}$$

$$=a_8M_{it}+a_9P_{it}+a_{10}R_{it}+a_{11}E_{it}+a_{12}B_{it}+a_{13}F_{it}+a_{14}Q_{it}+\mu_{it}$$

$T_{it}$表示小微企业商业信用融资总额，$K_{it}$代表开办年限，$S_{it}$代表企业规模，$A_{it}$代表总资产，$O_{it}$表所有者权益，$C_{it}$代表利润率，$D_{it}$代表短期负债，$L_{it}$代表长期负债，$M_{it}$代表流动资产周转率，$P_{it}$代表净现金流，$R_{it}$代表存货周转率，$E_{it}$代表外部金融环境，$B_{it}$代表传统金融信贷，$F_{it}$代表互联网金融信贷，$Q_{it}$代表产业链位置，$\mu_{it}$代表随机误差。

## 三、实证检验

收集与整理有关四川省45家小微企业的2010—2015年有关财务面板数据资料；然后进行实证分析，得出研究结论。

**1. 平稳性检验**

为了避免直接运用非平稳数据引起伪回归分析，因此文章进行分析之前首先对样本数据进行平稳性检验。文章运用ADF检验方法进行平稳性检验，判断本组样本变量数据的平稳性。在ADF检验后发现所有样本变量均通过了显著水平为5%的ADF单位根检验，这说明小微企业的互联网商业信用、经营年限、经营效率等变量指标的ADF单位根检验在5%显著水平下是显著的。所以可以判定文章所选面板数据均通过平稳性检验，变量可以做计量统计分析。

**2. 实证检验结果**

收集四川省45家小微企业2010—2015年财务数据资料，运用EVIEWS8.0软件对假设模型做回归分析并检验经营年限、经营效率等影响因子对互联网商业信用融资的影响（见表7-1）。

表7-1　无传统金融信贷下与有传统金融信贷下显著性分析

| 无传统金融信贷下 | 0.05 Critical Value /prob | 有传统金融信贷下 | 0.05 Critical Value/prob |
|---|---|---|---|
| 开办年限 | 2.199(0.0129) | 开办年限 | 1.169(0.0130) |
| 企业规模 | 2.112(0.0522) | 企业规模 | 2.112(0.0623) |
| 总资产 | 1.623(0.0346) | 总资产 | 1.112(0.0323) |
| 所有者权益 | 1.127(0.0242) | 所有者权益 | 1.234(0.0217) |
| 利润率 | 1.27(0.0124) | 利润率 | 1.234(0.0145) |
| 短期负债 | −1.877 (0.123) | 短期负债 | −1.496 (0.123) |
| 长期负债 | 1.947(0.0345) | 长期负债 | 1.677 (0.0323) |
| 流动资产周转率 | 2.561(0.0782) | 流动资产周转率 | 2.232(0.0583) |
| 存货周转率 | 2.132 (0.0123) | 存货周转率 | 1.654 (0.0123) |
| 外部金融环境 | 1.123 (0.0345) | 外部金融环境 | 1.124 (0.376) |
| 随机误差 | 2.199(0.0129) | 随机误差 | 1.169(0.0130) |

无传统金融信贷实证如表7-1，在无传统金融信贷的情况下，小微企业经营规模正向显著影响其互联网商业信用融资。文章选取总资产与所有者权益这两个指标来考察经营规模，金融服务机构与产业链合作商最为看重的指标是小微企业的经营规模，他们更愿意将互联网商业信用融资提供给经营规模相对较大的小微企业。总资产对互联网商业信用的影响明显大于所有者权益的影响。金融服务机构与合作商明显更愿意将互联网商业信贷提供给总资产更多的小微企业。经营年限对小微企业互联网商业信用融资的影响正向显著，小微企业经营年限越长信用度越高，越易获取互联网商业信用融资，检验结果也证明这一点。经营效率对小微企业互联网商业信用融资存在显著影响，小微企业的经营效率水平越高，其税后利润率越高，表明小微企业其获利能力越强，就越容易获取互联网商业信用融资。偿债能力对小微企业互联网商业信用融资存在正向显著影响，流动比率越高，小微企业的偿债能力越强，可信度越高，越利于为其带来更多互联网商业信用融资。偿债能力越强的小微企业越易从金融机构与合作商得到更多商业信用支持。速动比率对小微企业互联网商业信用融资影响为负向，这说明小微企业的速动比率越高，偿债能力越强，对商业信用融资需求会减少。小微企业的存货周转速度高可能促进内部资金周转，并及时偿还给

产业链的合作商，合作商也会因为货款按时偿付，增强对小微企业的信任并提供更多的商业信用给小微企业。小微企业在产业链中处于供应环节，对互联网商业信用融资的影响大于处于产业链下游的影响。没有金融信贷融资的情况下，各因子的影响系数都为正，除偿债能力外。

有传统金融信贷实证结果表明，有传统金融信贷对小微企业互联网商业信用融资影响系数明显低于无传统金融信贷融资的样本，但企业家信誉因子除外。小微企业成长过程中常常因难以获得传统金融信贷支持，其经营规模扩充空间受到限制，小微企业为生存发展转而更多地依靠商业信用融资。因此，无传统金融信贷下所有影响因子对互联网商业信贷融资的影响作用高于有传统金融信贷的样本。传统金融信贷融资的存在对互联网商业信用融资产生抑制性影响。企业家信誉在传统金融信贷情况下对小微企业互联网商业信用融资影响高于没有金融信贷融资的样本，这是由于企业家信誉良好，容易获得传统金融贷款，也容易获得合作商对小微企业的信任感，因此利于其获取互联网商业信用融资。存货水平对商业信用融资的影响显著为正向，但是没有传统金融信贷融资的情况下以上各个因子对小微企业互联网商业信用融资的影响作用要明显高于存在传统金融信贷融资的样本（见表7-2）。

**表7-2　无互联网金融信贷下与有互联网金融信贷下显著性分析**

| 无互联网金融信贷下 | 0.05 Critical Value/prob | 有互联网金融信贷下 | 0.05 Critical Value /prob |
|---|---|---|---|
| 开办年限 | 1.216（0.0141） | 开办年限 | 1.175(0.0265) |
| 企业规模 | -1.547(0.0724) | 企业规模 | -2.123（0.0755） |
| 总资产 | 1.457(0.0218) | 总资产 | 2.123(0.0755) |
| 所有者权益 | 1.317(0.0324) | 所有者权益 | 1.845(0.0276) |
| 利润率 | 1.867(0.0287) | 利润率 | 2.568（0.0287） |
| 短期负债 | –1.234(0.0112) | 短期负债 | –1.879（0.0345） |
| 长期负债 | 1.465(0.0782) | 长期负债 | 2.123(0.0345) |
| 流动资产周转率 | 1.567(0.0345) | 流动资产周转率 | 1.889（0.0565） |
| 存货周转率 | 1.543（0.0215） | 存货周转率 | 1.645（0.0245） |
| 外部金融环境 | 1.667（0.0316） | 外部金融环境 | 2.223(0.0334) |
| 随机误差 | 1.216(0.0141) | 随机误差 | 1.175(0.0265) |

根据表7-2回归结果对比发现，有互联网金融信贷融资的样本对小微企业互联网商业信用融资影响高于或略高于无互联网金融信贷的样本。小微

企业取得互联网金融信贷便于互联网金融平台公司了解与掌握小微企业的生产经营状况，便于小微企业获取互联网平台公司提供更多的互联网商业信用融资。在有互联网金融信贷情况下，经营效率、偿债能力、经营年限、流动性、企业家信誉、存货周转率、产业链环节等因子对小微企业互联网商业信用融资影响为正向显著。

## 四、结论与建议

从实证分析结果发现，小微企业无论是否存在传统金融信贷或是否存在互联网金融信贷，速动比率对小微企业商业信用融资影响均为负向显著。小微企业速动比率越高，说明流动资产越充裕，短期负债越少，对商业信用的需求相对就越低。经营效率、经营年限、流动性、存货周转率、企业家声誉及产业链环节对小微企业互联网商业信用融资的正向显著影响。在传统金融信贷融资情况下，除企业家信誉外，各因子对小微企业互联网商业信用融资的影响均小于无传统金融信贷融资下样本的影响。有互联网金融信贷融资的样本对互联网商业信用融资的影响要大于无互联网金融信贷融资的样本。

从实证分析中可得到启示：经营规模越大与经营年限越长的小微企业说明其具备一定竞争实力，利于小微企业获取互联网商业信用融资；企业家信誉越好，越易于小微企业与金融服务机构和产业链合作商建立良好的经营合作关系，有助于小微企业获得更多的互联网商业信用融资。因此，小微企业的经营主应该注重个人信誉的打造与维护。偿债能力对小微企业而言极为重要，无论是否取得传统金融信贷或互联网金融信贷，小微企业在生产经营的过程中一定要合理控制自身的短期负债规模，合理控制金融信贷融资与互联网商业信用融资比例。存货周转对小微企业互联网商业信用融资有显著影响，难以获得金融信贷的小微企业一定要严格把控好存货周转水平，提高存货管理水平与效率。现金流动性越强越有利于小微企业获取互联网商业信用融资，小微企业应该合理利用流动资金。处于供应链环节上游的小微企业易获得合作企业的商业信用支持，小微企业可尝试微调整与转化自身在产业链环节中的位置。另外，小微企业应当积极利用互联网金融平台所提供的资源，获取所需的互联网商业信用融资。同时做好与互联网金融平台的沟通和协调工作，协助平台创新互联网商业信用融资手段与方式。

## 第二节 互联网金融下小微企业供应链融资影响因子研究

互联网金融的迅猛发展，给小微企业带来了融资的春天。中共中央关于国民经济和社会发展的第十三个五年规划纲要提出，要“构建多层次、广覆盖、有差异的银行机构体系，扩大民间资本进入银行业，着力加强对小微企业、农村特别是贫困地区金融服务”。商业信用是针对供应链内部企业的应收应付项目进行的融资活动。合理运用互联网供应链融资，不仅可以影响供应链环节上中下游企业间的订货批量与订货时间间隔，还可以降低供应链成本，有利于优化互联网供应链内的资金流。

供应链融资指金融服务机构根据供应链上下游企业在采购、生产及销售等环节所具有的交易特点，向供应链环节中的所有企业提供标准化或者非标准化的金融服务业务。互联网供应链融资是指金融服务机构基于互联网平台与供应链核心企业综合实力，对核心企业及供应链上中下游的供货商经销商提供应收预付类等融资授信服务支持，以及结算与理财类其他金融服务网络化。

那么，如何运用小微企业的互联网供应链融资模式，进而解决小微企业融资难的问题，这就需要涉及研究影响互联网供应链融资的影响因子。因此，本书的研究对破解小微企业融资难的问题具有重要现实意义。

### 一、理论研究

有关供应链融资的研究，国外学者较早关注供应链商业信用融资活动并做了很多研究。Goyal（1985）设计出基于商业信用的经济批量订货模型，Jaber & Osman（2006）综合订货批量模型开发出基于商业信用的经济批量订货模型及利润共享模型，Dada & Hu（2008）探讨了在资金约束下报童融资的问题。这些研究没有考虑供应链环节上的企业，多是从供应链资金出资方的角度来研究。Randall 等（2011）提出产业链内合作企业凭借互助合作所拥有的成本优势，通过调整产业链合作提高企业现金流周期，进而达到优化供应链资金。Jinzhao Shi（2015）研究了基于电子商务平台的互联网供应链融资服务，为中小企业融资提供新渠道，并将供应链融资研究融入了“互联网+”。

近几年国内学者们特别关注第三方物流对供应链融资的作用影响，先后提出了适合于第三方物流服务领域的供应链融资。罗齐等（2002）提出融通仓的概念及其运作模式，邹小彭等（2004）定义了物流金融，陈祥锋等（2005）提出基于第三方物流企业所建立的供应链融资服务能为产业链中资金约束创造新价值。胡跃飞（2007）第一次明确提出“供应链融资”这一概念并强调供应链融资是指通过考察供应链环节中的交易结构，引入供应上的核心企业、第三方物流等新风险变量，利用信贷模型对供应链环节中的中小企业提供专有授信服务。朱文贵（2007）研究了对应收应付制下存货质押融资服务的定价问题。陈祥锋（2008）关注资金约束与供应链运营和融资决策研究，发现在零售商面临资金约束的情况下，供应链融资服务能创造出新价值。胡跃飞等（2011）界定了供应链融资的概念并指出供应链融资是依托第三方金融服务机构所提供的金融类产品，还包含供应链环节上中下游企业间的资金相互融汇。窦亚芹等（2012）提出供应链融资决策模型，分别讨论考虑信息成本与不考虑信息成本的条件下的供应链融资决策优化模型。胡海青等（2014）实证解析了供应链环节上核心主导企业与中小企业间信任、投入资源、互惠性等因素对中小企业资本营运存在显著影响，所以中小企业应加强与供应链环节中核心主导企业紧密合作，才能有效提高其供应链融资频率，改善资金营运绩效水平。潘淑（2016）实证分析供应链金融环境下中小企业融资可获性，验证了中小企业财务状况、供应链合作水平、融资项目资产特征等影响因素对供应链融资有正向影响。近年来，学者们开始将供应链融资的触角延伸到“互联网+”，比如，刘斌（2016）研究基于互联网背景下的供应链金融模式创新。刘杰春（2016）以生意宝为例研究探讨了互联网下中小企业的供应链融资模式，提出银行贷款、小贷、P2P是电商切入供应链金融的融资办法。

总体而言，从研究方法来说，现有的供应链融资多从定性分析角度出发，探讨供应链融资运作模式与决策机制，或是为中小企业与金融机构实际操作给予决策支持。有关定量分析的研究不多。从研究对象来说，现有的研究中主要研究对象是上市公司，较小一部分涉及小微企业，而针对小微企业供应链融资的研究更是稀少。虽然近年出现了互联网下供应链融资的研究，但也多是基于互联供应链融资模式的探讨，而关于互联网供应链融资影响因子方面的研究几乎没有，尚缺乏对供应链融资影响因子研究的实证分析。

供应链融资由于参与的主体较多，各主体易受到多种因素干扰，这无疑为互联网供应链融资业务增加更多的不确性风险，若能清晰地梳理出影响小微企业互联网供应链融资的主要因子，必能有助于破解小微企业融资难题，为有关互联网供应链融资影响因子研究打下基础。

## 二、研究设计

### 1. 提出假设

本书在综合前人的研究成果基础上，提炼出影响互联网金融下小微企业供应链融资的6个因子，即供应链绩效、外部环境、供应链企业经营效率、互联网金融信贷、核心企业综合实力与金融机构投入程度，并做出以下6个假设。

（1）外部环境正向影响小微企业互联网供应链融资（F1）

互联网下供应链融资业务展开离不开一定的政治、经济、文化与技术外部环境，经济形势会影响供应链融资环节上各方的投融资决策；相关法律与金融货币政策会直接作用互联网下供应链融资业务。

（2）供应链绩效正向影响互联网供应链融资（F2）

若供应链环节上的所有小微企业与核心企业间协调水平较高，那么，小微企业的贸易就越稳定，进而影响互联网供应链融资的运作。供应链绩效会影响处于供应链环节上小微企业间的物流、信息流、资金流等。

（3）供应链企业经营效率正向影响互联网供应链融资（F3）

供应链环节上小微企业经营效率越高，资信就越好，抗风险防范能力就越强。小微企业与供应链上下游企业的合作程度是判断互联网供应链融资企业的重要条件，因此融资企业和小微企业交易密切度与稳定性是互联网供应链融资展开的重要保障之一。

（4）核心企业实力正向影响供应链融资决策（F4）

核心企业在所处的供应链环节中处于核心地位，最具话语权，且具有核心资源与竞争力，是协调供应链上的信息流、物流与资金流的主导企业。互联网供应链金融最大的特点就是利用核心企业的资信，能为供应链环节上的各小微企业融资提供风险保障支持。

(5）金融机构投入程度正向影响互联网供应链融资（F5）

在互联网供应链融资业务中，小微企业部分资金来源于金融机构，金融机构高层对于互联网供应链融资业务所持态度与其业务结构对互联网供应链融资会产生正向的积极影响。

(6）互联网金融信贷对外部环境有显著的影响（F6）

互联网供应链金融将成为互联网金融接下来发展的一个重大方向，互联网金融信贷发展也会对互联网供应链融资产生积极的影响。

**2. 建立模型**

通过上述分析后可知，将小微企业供应链融资影响因子概括为外部环境、供应链绩效、供应链企业投入水平、金融机构投入程度、银行信贷和互联网金融信贷。据此，构建基于互联网金融下小微企业供应链融资影响因子的理论模型（见图7-1）。

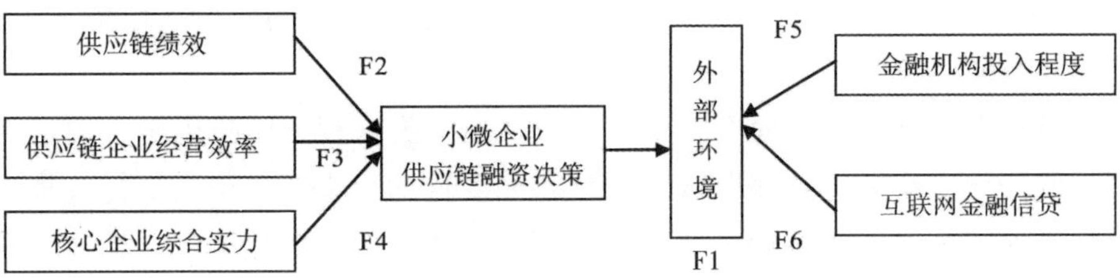


**图7-1 小微企业供应链融资决策影响因子模型**

建立供应链融资影响因素模型为：$R=R$（F1，F2，F3，F4，F5，F6）

其中，$R$表示小微企业在互联网金融下供应链融资获得程度，F1表示外部环境，F2表示供应链绩效，F3表示供应链企业经营效率，F4表示核心企业综合实力，F5表示金融机构投入程度，F6表示互联网金融信贷。

**3. 设计指标**

影响因子选取了如下指标。

(1）外部环境：周鑫（2013）将宏观经济状况、法律政策环境、行业发展前景作为衡量外部环境行业整体状况的指标。李倩等（2014）将经济政策、法律政策、政府扶持度、行业发展前景作为衡量指标。胡莲（2014）使用行业环境、行业增长率衡量宏观环境。综合考虑，本书选取经济环境、法律制度与政府支持力度的影响作为衡量外部环境的指标。

(2）供应链绩效：曹庆奎等（2014）使用交易年限、交易频度供应链合作密切程度等作为衡量供应链合作密切程度的指标。范黎波等（2014）用合作关系时间、合作关系强度、合作关系意愿替代供应链双方合作关系。张目等（2015）以上下游企业间合作时间、合作频率衡量供应链上下游合作程度。本书选取合作年限、交易频度、合作关系强度作为衡量供应链绩效的指标。

（3）供应链企业经营效率：朱未萍等（2013）认为企业财务状况可从债务偿还能力或者综合盈利能力进行权衡评价。账务偿还能力是指企业在营运期内对外偿还债务的能力，盈利能力即是企业在营运期内综合获利的能力，债务偿还能力与综合盈利能力反映小微企业的财务状况。本书选取销售利润率、速动比率、净资产收益率来衡量供应链企业经营效率。

（4）核心企业综合实力：胡海青等（2014）强调核心企业的资信状况受盈利能力、偿债能力和信用记录的影响。黎波等（2014）强调产业链中的核心企业行业领导地位、核心企业综合盈利能力、核心企业贷款资信等级、核心企业债务偿还实力。本书选取核心企业的盈利能力、偿债能力、信用等级来衡量供应链核心企业的综合实力。

（5）金融机构投入程度。本书的金融机构投入程度影响因子选取正规银行放贷额与小微企业获取政策性贷款额度这两个指标。正规银行放贷额反映了地区金融服务机构总的投入规模，小微企业获取政策性贷款额度反映了正规金融服务机构对小微企业的支持力度。

（6）互联网金融信贷情况。本书的互联网金融信贷影响因子选取2016年成都地区的互联网信贷总规模。这一指标可以反映成都地区互联网金融信贷的发展综合水平。

## 三、实证分析

本书主要依托四川某国有担保公司，选择曾申请过供应链融资业务的部分四川小微企业进行问卷调查。发放问卷共180份，收回154份有效问卷，此次问卷调查采用了CITC（校正的项总计相关性）指标筛选测试。

### 1. 信度及效度检验

本次调查分别对外部环境、供应链绩效水平、供应链企业经营效率等6个影响因子进行信度检验（见表7-3），所得到 Cronbach's Alpha（克朗巴哈系数）值均大于0.7，这说明6个影响因子真实地反映了测量内容且信度较高，同时也分别对6个影响因子进行KMO检验与Bartlett（巴特莱特）球体检验，所得到的KMO验证值均大于0.75，Bartlett球体检验sig.=0.000，结果为显著，因此可判断外部环境、供应链绩效水平、供应链企业投入等6个影响因子可作为因子分析。

**表7-3 KMO和Bartlett的校验**

| 影响因子 | KMO值 | Bartlett球体检验值 | | |
|---|---|---|---|---|
| | | 近似卡方 | DF | Sig. |
| 外部环境 | 0.752 | 152.465 | 3 | 0 |
| 供应链绩效 | 0.765 | 179.986 | 3 | 0 |
| 供应链企业经营效率 | 0.745 | 169.767 | 3 | 0 |
| 核心企业综合实力 | 0.812 | 189.345 | 3 | 0 |
| 金融机构投入程度 | 0.767 | 157.478 | 3 | 0 |
| 互联网金融信贷 | 0.745 | 167.312 | 3 | 0 |

将所选可观测的15个变量指标进行系数估计检验后，其系数均具有较高显著性水平。所以这15个变量指标能够作为6个影响因子的测量指标，且所观测到的变量指标因子载荷均大于0.72，说明所选的15个变量指标都具有较强解释力，因此问卷设计效度良好。

## 2. 研究结论

**表7-4 影响因子系数估计统计表**

| 影响因子 | 非标准化系数 | S.E | C.R | P | |
|---|---|---|---|---|---|
| 外部环境 | –1.45 | 1.199 | -1.324 | 0.211 | 不显著 |
| 供应链绩效 | 0.211 | 1.05 | 2.454 | 0.005 | 显著 |
| 供应链企业经营效率 | 0.287 | 0.787 | 3.761 | 0.002 | 显著 |
| 核心企业综合实力 | 0.389 | 1.26 | 3.454 | 0.005 | 显著 |
| 金融机构投入程度 | 0.289 | 1.36 | 0.363 | 0.001 | 显著 |
| 互联网金融信贷 | 0.309 | 1.04 | 3.556 | 0.005 | 显著 |

经实证研究显示（见表7-4），互联网金融信贷、供应链绩效、金融机构投入程度、供应链企业经营效率与核心企业综合实力对小微企业互联网供应链融资存在显著影响，外部环境因素对小微企业互联网供应链融资无显著影响。互联网供应链融资较重视供应链环节的稳定性、核心企业实力情况，以及融资企业与互联网金融实力，核心企业综合实力对小微企业互

联网供应链融资影响最显著。核心企业拥有良好信用与较高的收益时可为供应链上下游小微企业提供融资担保的支持。核心企业综合实力是决定小微企业互联网供应链融资的最重要因素。供应链企业经营效率对互联网供应链融资有显著正向影响。在互联网供应链金融模式下，银行对小微企业授信通常做法是信用捆绑供应链上的核心企业。小微企业与核心企业的合作水平高低与合作紧密度关系着小微企业是否能长期捆绑核心企业的信用，从而顺利获得融资。

## 四、建议

实证检验表明，核心企业综合实力对小微企业互联网供应链融资存在显著正向影响，可见核心企业综合实力是影响小微企业能否获取互联网供应链融资的关键因素之一。因此，小微企业应该积极争取与综合实力雄厚、经营效率高的核心企业建立长期紧密稳定的合作。核心企业能力越强，资信越好，小微企业就更易获取互联网供应链融资。研究结果显示，供应链合作水平对小微企业互联网供应链融资存在正向影响，故小微企业应与核心企业建立长期稳定的合作关系，做好自身在供应链环节上的合理定位，为有效获得互联网供应链融资夯实实力，并着力提高其供应链竞争力。供应链企业经营效率对互联网供应链融资存在显著正向影响，因此，小微企业应加强自身经营与建设，努力提高盈利能力、抗风险能力及偿债能力，改善财务状况，降低风险，规范财务工作从而顺利获取互联网供应链融资。供应链绩效对小微企业互联网供应链融资存在正向显著影响，应该加强供应链上中下游所有小微企业与核心企业间的协调与协作水平，那么小微企业贸易稳定性就越高，进而更易获取互联网供应链融资。互联网金融信贷对小微企业互联网供应链融资有显著正向影响，因此小微企业应协助第三方互联网金融平台通过构筑集商家信息、商品信息、交易信息等多维一体的数据池，参与营造良性的供应链生态圈。金融机构投入程度对小微企业互联网供应链融资有显著正向影响，应充分争取政府、金融行业协会对小微企业的关注，呼吁政府增加对小微企业互联网供应链融资的政策性支持。外部环境对小微企业互联网供应链融资无显著影响。

## 第三节　互联网金融企业的SWOT分析

互联网金融企业指以互联网、大数据以及云计算资源为支持，在线上提供P2P、众筹与金融网销等新金融产品服务的企业。按照四川省P2P平台与众筹融资平台的调研报告显示，四川本土的互联网金融企业在2015年扩张式发展后，进入2016年后受宏观经济形势下行压力的影响巨大，整个行业危机四伏。四川开展互联网金融的企业有300多家，仅仅就成都地区P2P公司而言，大多数公司为第三方支付机构托管，只有17家平台公司对资金进行了第三方托管，没有一家在银行开展资金第三方托管。根据“网贷之家”网站统计，截至2015年12月底，全国有2529家网贷运营平台，其中896家平台出现问题，是2014年的3.26倍。2016年以来，受到我国宏观经济形势下行的影响，以上海为代表的多家互联网平台公司出现集体跑路现象，四川本土的互联网金融企业受影响也在所难免，如一些市、区级国资企业原本在筹办互联网金融公司的计划也被迫搁置，只有省级平台的国资互联网金融企业与部分经营良好的民营互联网金融企业仍在苦苦坚持。

### 一、SWOT的理论基础

SWOT分析模型，也称态势分析法，它作为一种常用的战略规划分析方法。在SWOT分析法中S是英文strengths的缩写，代表企业自身所具有的优势；W是英文weakness的缩写，代表企业自身所具有的劣势；O是英文opportunity的缩写，代表企业面临的外部环境所带来的机遇；T是英文threats的缩写，代表企业面临的外部环境所带来的威胁。通过对这四个方面因素的调查分析，进而分析企业的优劣势、面临的机遇和威胁。优劣势（SW）分析主要是通过对企业自身的实际情况与其竞争对手进行对比，机遇与威胁（OT）分析是把关注点放在企业所处外部环境的变化以及其对企业产生的各种影响上。在进行分析时，需要把所有的优势、劣势综合在一起，再用外部的力量来对这些因素进行综合评估。

## 二、四川互联网金融企业的SWOT分析

### 1. 四川互联网金融企业优势分析

（1）四川互联网金融企业开展线上交易，降低交易成本

据有关互联网金融数据显示，2015年四川省P2P成交量占全国的2%以上，约60亿元。截至2015年12月，当地共有300多家公司在互联网平台上开展互联网理财、互联网与互联网投融资业务，其中200多家宣称已开展P2P业务。据统计，实际有60余家公司在互联网平台上明确展示有借款相关的信息，同时本土投资人可通过互联网平台进行投融资，其中有50多家平台于2015年上线服务。四川本土互联网金融企业依托互联网平台提供金融服务产品，这不仅降低了本土互联网金融企业的实际运营成本，而且企业可依托网络平台快速吸引到大量的本土客户资源，同时，本土互联网金融客户也可通过互联网平台得到所需的金融服务产品。这种便捷的交易方式，相对于传统金融而言，较低的交易成本、快速的资讯匹配是四川本土互联网金融企业迅速发展壮大的主要因素。与传统金融相比，互联网金融能为本土的金融客户提供比以往更低的运营成本。

（2）互联网金融的发展扩展交易的空间

相比传统金融，互联网金融的发展拓展了交易的空间，互联网金融的交易空间从本土范围扩展到本土以外的地理范围。任何区域的客户都可以通过互联网金融支持平台申请所需要的金融服务产品。

（3）本土互联网金融企业源自传统金融

大多数本土互联网金融企业的前身多是开展与金融服务相关的业务，其对金融风险的掌控具有与生俱来的敏锐感与察觉力。相当多的企业都有比较成熟的线下风险控制体系与风险控制流程。

### 2. 四川互联网金融企业的劣势分析

（1）网络支付安全性成为制约其发展的主要因素之一

互联网金融的网络安全问题是制约该行业发展的主要因素之一。由于互联网金融常会受到一些黑客的攻击，导致客户资料的泄露，进而影响到部分优质客户流失，或者说出于安全性考虑，优质客户更多愿意选择线下的金融服务产品。

（2）相关的法律与政策法规还不完善

目前银行监会、证监会相应出台了有关互联网金融的指导意见，但是国家还未出台相关的法律，四川本土也没有出台有关互联网金融的政策法规。整个互联网金融行业的法律法规还不健全、不完善，这样就不能有效保障互联网金融参与各方的合法权益。

（3）四川本土互联网金融企业缺乏高级专业性人才

就成都地区而言，目前只有5家众筹平台，且这些众筹平台的负责人都具有相关背景知识的积累，一般采用实地调研和第三方调研的方式进行风险控制；其中有4家平台运用的是银行托管、第三方托管的方式。当前众筹平台没有完全依赖线上审核，主要还是线上与线下结合，原因是缺乏高级专业性人才，本土企业具有金融从业背景的专业人员比例不高，既精通互联网，又懂金融的复合型人才非常缺乏。

（4）四川本土互联网金融企业的产品同质性高，业务专业化程度也不高

四川本土互联网金融企业缺乏独特的市场定位与发展战略，相对于京东、阿里巴巴而言，产品同质性高、结构单一，运作模式类似于网贷之家。虽然本土的互联网金融业态正趋于完善，包括87金融汇在内的上线的金融产品搜索引擎与行业类大鳄相近，产品主要还是针对传统金融机构产品。在互联网金融业务模式上，本土P2P平台所提供的借款项目主要是针对个人与企业的传统抵押借款，在抵押物上仍偏爱汽车、房产，基于信用贷款开发的金融服务产品甚少。

（5）四川本土互联网金融企业交易成本高

互联网金融企业开展线上交易可以降低交易成本，但是事实正好相反。据摸底调查显示，成都互联网金融的交易成本超过20%。本土互联网金融风险的交易成本高，风险把控模式仍然是线上线下相结合，或者说是风险评估仍是以线下的尽职调查为主线，没有充分完全地利用互联网优势，导致企业的交易成本仍然是居高不下。

**3. 四川互联网金融企业的机遇分析**

（1）互联网金融的需求旺盛

四川是人口大省，小商品经济较发达，小微企业众多。成都天府新区有众多的科技创新企业，天府孵化园里众多的小微企业对资金的需求比较旺盛。由于传统金融对小微企业提高贷款意愿不高，这些小微企业转而投

向互联网金融，借助互联网金融的平台获取自身所需资金。

（2）政府政策的支持

四川省政府非常重视互联网金融的发展。通过政府的专管部门金融办加强对互联网金融企业的引导、支持。积极支持国资委下属各级投资公司开办互联网金融业务，比如金鼎投资、天使投资等公司。政府在政策上对本土的互联网金融企业给予了极大的支持与帮助。

**4. 四川互联网金融企业的威胁分析**

（1）市场环境变化带来的风险

互联网金融行业受控宏观经济环境的影响，在经济低迷时期，市场对金融产品的需求热度会降低，互联网与金融二者结合难以形成强大的产业集群。只有在宏观经济形势较好的时期，市场对金融产品的需求才会旺盛，在这样的情况下，二者结合能够促使互联网金融蓬勃发展。对互联网金融发展产生影响的宏观经济因素有：国民生产总值、利率水平、互联网使用水平、人均收入等。

（2）政策风险的不确定性

互联网金融所蕴含的风险较传统金融更复杂，对于互联网金融监管相应提出更高要求，国家目前已出台的监管政策有《电子银行业务管理办法》《电子银行安全评估指引》《非金融机构支付服务管理办法》等。目前，四川受2013年与2014年线下理财风波的影响，政策与“北上广”相比还相对保守，未出台相关的法规。随着互联网的快速发展，四川地区有关互联网金融的政策法规也将会陆续出台，相关政策监管也会向逐步趋紧的方向发展。

（3）同行业内竞争趋于激烈

四川省互联网金融行业内竞争激烈，在可预期的未来将会更加严峻。阿里巴巴、京东、腾讯等第三方支付已经占领了互联网金融的半壁山河，本土传统金融企业如天府财富、金鼎投资已进入这一领域，像四川高投集团仅仅只是刚刚才成了互联网金融部门，还未真正投入业务经营。

（4）网络技术安全威胁

由于互联网金融主要是依靠互联网、云计算与大数据等技术，其对安全性与稳定性要求非常高，对企业而言制作和维护安全与稳定的运行系统是一项高难度的工作。

（5）客户群诚信问题

客户群诚信问题需要企业、政府、行业协会、第三方服务机构等共同来分担。由于客户的素质参差不齐，赔偿违约常有发生，怎样有效防止这一情况，尤其是在经济形势不好的时候，需要建立一种多方协作机制。互联网金融的风险高于传统金融，但目前还缺乏这样的协作机制。

（6）本土行业协会的指导与帮扶力度不足

虽然四川已有互联网行业协会，协会下属有专门的互联网金融。但是其所提供的行业协会的指导力度显然是不够的，阻碍互联网金融行业发展的重要原因是“缺乏社会认知度”。行业协会不仅应该提供有关行业的前沿研究，还应该提供行业监管体系的系统服务，做到信用黑名单共享资源、投资项目互通有无，帮助提高整个行业的避险能力。从这些方面来看，目前四川本土的行业协会的指导力度显然不足。

（7）资本支持远落后于发达地区

北上广资金充裕、VC（风险投资）云集，像北京、杭州等地有京东、阿里这样的大鳄级别的电商扎根。而四川地处中西部，省内VC较少，资金还需充盈。

## 三、优化四川互联网金融企业发展的对策与建议

### 1. 充分利用环境带来的机遇，克服自身的不足与限制

（1）互联网金融企业应强化风险管控，规范运营

互联网金融企业本身也是企业，有强烈的逐利需求，但是因互联网金融本身潜藏着隐形风险，因此经营互联网金融的主体企业一定要遵守《公司法》《国家有关互联网金融指导意见》等有关法律法规。在追求自身利润最大化时一定要严格要求，强化风险管理和控制，规范运营方式。在虚拟的互联网交易平台上，一定要对交易主体的身份信息和交易真实性进行严格的线上与线下调查与核实。严格登记与监控资金流向和资金的使用，最好做到线上监控与线下监控相结合。

（2）优化网络环境，加大IT技术支持

互联网金融企业需要加大对互联网软、硬件的维护经费后台服务与投入，需要增设互联网技术安全检测的部门与设置专业技术人员，着力提高数据处理的有效性与安全性，为互联网金融业务的正常开展提供安全有效

的硬件环境。在软件支持方面，为提高互联网金融企业计算机系统的防攻击、防病毒能力，必须加快互联网信息过滤系统的建设步伐，同时要配置较高级别的网络防火墙与相应杀毒软件，做好互联网金融产品服务支持平台的用户身份验证与IP地址解析，有效限制非法用户登录互联网金融企业的门户网站，全力做好互联网金融企业门户网站的安全访问。

（3）大力增加专业人才培养经费，做好复合型专业人员的在职培训

四川互联网金融企业比较欠缺高级复合型的专业人才，这个行业的高管需要复合型专业人才，既要懂得专业的金融知识，又要懂得计算机技术领域的相关知识。国内这方面的人才本就比较奇缺，四川地区由于地处我国中西部，经济发展滞后于沿海一带，要么通过高薪引进人才，要么加强复合型专业人才的培养。从长远来说，还是人才培养更重要。

（4）省内本土互联网金融企业应该团结一致，通过行业协会引导，建立自律联盟

积极在本地区寻找天使投资，还要到发达地区寻找更多的VC，寻找更多的投资机遇。充分利用好媒体资源，与媒体建立良性的合作关系，共同分享资源，积极参与交流。整合资源，与实体企业开展建立全方位的合作关系，实现多赢局面。

（5）建立有效的项目风险筛选机制

从事互联网金融的企业以前多数是从事过金融业务的，这类企业其实是有一套较为完整的风险管控的办法与制度。互联网金融企业应结合自有成熟的风险管理制度，设计开发出一套完备的项目风险筛选系统，确定风险指标，细化每一个风险指标，做到每一个风险指标都可测。客户在网上申报项目时，输入各指标值，系统自动对风险项目进行有效筛选。这样互联网金融企业再根据筛选后的项目再结合线下调查与线下审核，可有效提高工作效率，还能有效减低风险。这一设想的难度主要在前期确定风险指标，对指标值进行量化，这一工作需要进行多次测试才能确定下来，但是一旦确定后，确实可以节省很多的人力与时间成本。

（6）互联网金融企业应结合本土经济特色，进行互联网金融产品创新

借款项目的设计要具有自己的特色，要有自己独特的市场定位。然而，从我们的调查问卷分析来看，从P2P网贷公司到众筹融资平台产品，形式与同行类似性高，本土互联网企业应推出有别于阿里巴巴、京东的互联

网金融产品，开展蓝海策略，这样可避免与互联网金融大鳄之间的正面竞争。一味地去复制别人的产品，那么就注定无法超越。所以，四川互联网金融企业可以结合四川本土经济特点，可以开发少量适合于本土经营的不同金融产品。比如京东推出的京东“白条”，其业务范围除了京东平台服务的个人消费者外还延伸到线下，现已覆盖到校园、旅游等领域。现在京东还成功推出了“金采”，拓展企业的大客户采购市场以及上线钢铺打通信用消费体系等在线金融产品，可见京东在互联网消费金融领域已占有明显领先优势。又比如唯品会推出的“唯品花”等在线金融产品服务。本土的互联网企业应结合本土地域优势与本土经济特点，创新在线金融产品。

**2. 积极争取互联网金融主体的外部单位的支持与帮助**

（1）呼吁政府尽快立法以确定互联网金融主体的合法利益

互联网金融企业应抱团取暖，向政府呼吁尽快立法。尽管央行、证监会、银监会等机构部门先后都颁布了规范互联网金融发展的指导意见与暂行条例，但是只有行政规章显得力道不够。政府必须尽快出台相关的法律，明确不同类型市场主体应遵守的相应市场规则，明确互联网金融平台必须承担提示网络借贷风险与禁止性行为的义务，确保互联网金融参与主体各方的正当权益。

（2）行业协会方面

四川目前成立了互联网行业协会，互联网金融企业应争取行业协会方面的支持与帮助，呼吁互联网行业协会尽快建立互联网金融行业监管体系，做到黑名单共享、项目互通有无，提高整个行业的避险能力。

# 第八章　互联网金融下小微企业融资风险及防范

## 第一节　小微企业互联网融资的风险特征

随着互联网金融的迅猛发展，它与生俱来地带有低门槛、操作简便与便利于小微企业等特点。互联网金融为小微企业融资带来了新的融资渠道与融资方式，开启了小微企业的融资春天。虽然互联网金融在与小微企业联姻后成就了双方的发展，但由于双方都是风险高、成本高的参与者，小微企业互联网金融融资仍然存在着一定的风险。总体来看，风险主要体现在操作不规范性、脆弱性与投机性三个方面。

### 一、操作不规范性

操作不规范性是互联网金融天生的弊病，资金筹集方式不规范、管理结构不规范、管理运作模式不规范、贷后管理的不规范等，归结起来，互联网金融的操作不规范性表现在以下三个方面。

第一，互联网金融行业规范还不太明确。一些互联网金融业务是传统正规金融机构发展的互联网平台业务，大量的民间金融机构借助互联网平台，成功借壳转型成互联网金融机构。互联网金融的需求量、相对分散与多样化高，各种各样的互联网金融机构也数不胜数，尽管国家于2015年也出台了一些关于指导互联网金融的办法与规定，但由于互联网金融还是一个比较新鲜的事物，相关的法律还不够完善，互联网金融行业操作相对不规范、不成熟。

第二，互联网金融行业竞争力很强，太规范操作会使平台丧失竞争优势。互联网金融与传统的商业银行系统的标准操作不一样，互联网金融如果是完全的在线审核，风险得到有效的控制是会大打折扣的，所以，一些正规的金融机构多是线上与线上审核结合，那么这样无疑也会增加企业的经营成本，致使互联网金融平台自身失去竞争的优势。那么为了获得竞争的优势，互联网金融可能会在某一方面降低标准，甚至可能通过一些不规范的操作来保障自身的利润最大化。

第三，互联网金融缺少真正规范的团队。由于互联网金融本身是一个新的事物，那么既懂金融又懂计算机的专业人才也不多，即使要培养也需要时间与金钱。受限于运营成本等现实问题，一部分由民间金融转型而来的互联网金融企业还是会以较为简单粗放的方式来运作资本，以达到降低运作的成本。

## 二、脆弱性

互联网金融不同于传统金融系统，行业内部鱼龙混杂。刚才谈到互联网金融中有很大一部分是民间金融与互联网平台的直接联姻。互联网金融本身的脆弱性是由于其构成链条的每一环节决定的。首先，从资金的来源角度来说，那些民间金融企业的资金来源渠道一部分为富裕的工商业主，一部分通过各种渠道追求高回报的中低收入人群获得。这类投资进入互联网金融平台后，风险承受能力是极低的，一旦爆发风险，会直接影响他们的生计。其次，互联网金融的脆弱性使非正规的互联网金融机构缺乏专业的金融操作团队，在进行投资分析、风险甄别、项目管控时无法做到严谨慎重，且内部的管理成本也无法得到有效的控制。非正规的互联网金融企业的操盘人出于投机心态，审批出现放水行为。金融行业本身就是专业化程度高的行业，这类民间操盘手出于个人私利迫切希望通过互联网平台来调动市场的资金以实现盈利目的，一方面他们不具备专业的操作能力，另一方面缺乏责任感与使命感。甚至有些操盘人以诈骗的手段来进行违法违规操作。再次，借款者本身是脆弱性的，但凡有能力从正规金融机构融资的小微企业是不会轻易通过互联网金融企业进行融资的。那些成为互联网金融企业的客户，因为出现资金缺口，本身盈利能力急剧下滑，他们只能希望借助互联网金融来解决自身资金的缺口，来做很多超出现有能力范围的业务，实现“短平快”还款，这很容易给企业发展带来更大的风险。最后，金融监管机构缺乏对互联网金融机构的监管。互联网金融借贷整个链条的每个参与者都是处在高度的信息不对称条件下的。也许一家经营良好的互联网金融平台，可能因某一个不利的信息传播，就可能会出现挤兑导致资金链断裂，也可能有打着互联网金融旗号的骗子平台四处招摇撞骗，很久都不会被发觉，最终导致大量的投资人被骗。互联网金融的脆弱性可见一斑。

### 三、投机性

互联网金融的产生，其中有很大一部分是民间金融与互联网平台直接联姻。那些由民间金融转变而来的金融公司，其本质还是社会上大量闲置资本没有找到合适的投资渠道，特别是那些中低收入者手中的零散闲钱。互联网金融的产生的原始目的是追求高额的金融收益，这种投资冲动不管风险多大，也从来没有平息过。一方面因为投资人的迫切，另一方面也因为他们识别风险的能力较差，往往看到某个行业或某个项目赚钱，就很容易产生跟风的现象。

投资人抱着投机的心态，操作人也抱着投机的心态，这样的冲动往往导致不理智的投资行为，让所有参与者都面临极大的风险。

## 第二节　互联网金融下小微企业融资风险的表现

互联网金融虽然涉及了互联网和金融两方面，但是归根结底来说，其本质还是金融，互联网的相关技术在其中只能是技术支撑，所以互联网金融同样面临着金融业通常面临的潜在风险。此外，由于互联网金融存在的双重属性，在传统的金融风险之外，还存在着与互联网技术密切相关的其他风险。

### 一、认知风险

互联网的认知风险主要体现在部分投资者忽略了互联网金融存在的金融本质，他们认为互联网金融是新兴事物，是可以解救他们的“救命的稻草”，那么由此就可能会产生系统性的风险效应。虽然说互联网金融是一项新兴事物，在新的业务技术支撑下，使得交易渠道多样化，交易方式简单化，但是追溯它的主体功能还是在于传统金融涉足的融资、价格发现和支付清算等方面，并没有跨越原有的金融体系范围。因此，从这个角度上来说，互联网金融同样面临传统金融遇到的风险，甚至在某些方面来说，局部的风险更是远远高于传统金融模式。

## 二、技术风险

引发技术风险的原因有设备问题、计算机病毒等，发生这些技术风险之后，就会导致互联网金融计算机系统无法正常运行，互联网金融的平台就不能正常提供服务。首先，互联网金融并不是完全虚拟化的，它需要借助一定的硬件设备为载体，如电脑、手机等这些终端设备，如果这些设备出现丢失、损坏等问题，显然会使得互联网金融用户出现一定程度的风险；其次，由于互联网金融与互联网紧密联系，加之互联网存在的广泛的开放性的特点，这将使得互联网金融容易遭受多种多样的互联网风险的攻击，从而致使用户信息泄露或资金损失；最后，由于工作人员或者客户等人为操作和理解不全面等因素，在业务操作上如果有哪个环节出现了问题，那么就会产生连环反应，最终导致系统交易中断，甚至是引发金融风险。此外，由于运行和维护不当，互联网企业也会发生客户信息被盗用、利益受损的情况。据调查，2016年年底全国遭受过病毒木马程序的个人计算机累计达到2.47亿台，受到恶意程序攻击的安卓智能手机达到1.08亿部，网络交易安全事件频繁发生。

## 三、信用风险

信用风险是指在互联网金融交易过程中，由于交易的一方不能履行各自承诺，从而造成另外一方严重损失的风险。当今的大数据时代背景下，无效信息与有效信息鱼龙混杂，要想在大量的无价值信息中找到有效信息难度增大，所以也容易造成信息不对称的风险。信用风险具有长期性、潜在性、传染性、破坏性等特点。由于互联网金融虚拟性的特点，交易双方通过互联网发生关联，对交易者身份和交易真实性的验证存在较大实施难度。另外，由于互联网金融的低门槛准入制度，没有规范的行业标准和没有完善的监管体系，互联网金融交易存在违约现象，特别是以P2P网贷领域最为突出，近几年来先后发生了“淘金贷”“优易网”等一些平台的卷款和倒闭现象，影响了行业形象，造成了恶劣的影响。

## 四、信息风险

造成信息风险的主要原因在于信息不对称。由于互联网金融的服务市场具有虚拟性，其信息披露是不完善的，使得数据获取存在偏差或者错误。因此客户无法真实了解互联网上的金融服务的性价比，不能判定金融服务是否物有所值，这样一来，部分客户就会从价格上选择判断金融服务机构，使得一些质量有保证的金融服务机构丧失了商机。同时，互联网金融未建立成熟的征信系统，不能准确判别小微企业的真实债务情况，因此，信息的不对称会导致客户双方的利益损失。

## 五、政策不确定性风险

现阶段我国对互联网金融还没有专门的法律予以引导与规范，一旦发生分歧，借贷双方都可能面临损失。政策风险的来源主要有以下两个方面：一是法律法规的变动，包括政府宏观调控或体制改革引起的政策方向及法律法规的调整，都会对互联网金融的发展产生重要的影响，也会增加小微企业互联网金融融资成本。二是政府过度干预。政府为了维持互联网融资的正常秩序，保护投融资双方的合法权益，应对互联网融资进行引导与规范。但过度干预会打击互联网金融企业的积极性，反而增加小微企业融资困难。

当前我国金融方面的法律的规制对象较单一，主要针对的是传统的金融行业领域，较少涉及互联网金融这一新兴行业，存在一定的法律漏洞和风险。例如，对于互联网金融市场的运行规则、运作合理性和交易身份认证等问题，当前的法律法规都没有明确的规定。当前的互联网金融企业处于法律监管的真空地带，极易产生非法集资等容易滋生风险的现象。P2P平台的金融业务在法律上来说没有有效规范，所以业务范围的边界较为模糊，很有可能触碰非法经营等灰色地带。网民有可能会遇到法律风险，增加交易成本，不利于互联网金融的持续发展。

## 六、财务风险

互联网金融的高利率是导致小微企业财务风险的主要原因，一般来说，互联网金融的贷款利率大概是正规金融机构的2倍。小微企业在互联网金融平台上获取的融资一般都是希望解决资金断链之急，多为中短期借款。在宏观经济形势好的情况下可以维持自身发展，但是如果宏观经济形势不乐观，则小微企业就会出现资金周转困难，使短期借款变成长期借款。增加了企业的负担，甚至发生现金流断裂。

2016 年 CHFS 数据显示，全国有4.8%的小微企业资产小于负债（见图8-1）。在有负债的小微企业中，超过两成已经资不抵债，高于全国有借债家庭8.1%的资不抵债比例。以此推算，我国已经有386 万个资不抵债的小微企业。

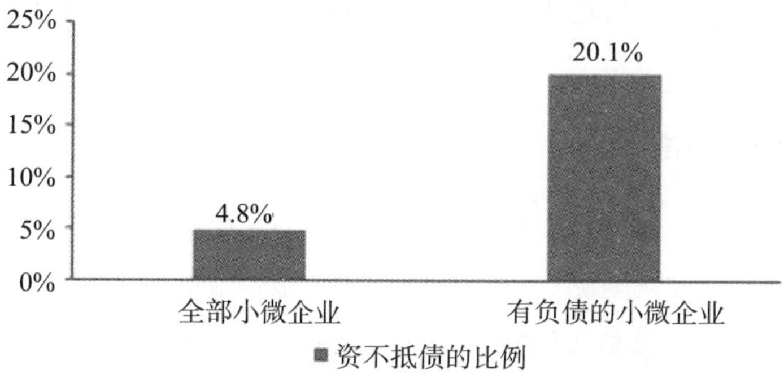


**图 8-1　全国资不抵债的小微企业比例**

多数小微企业缺乏长期融资规划方案，一旦发生资金紧张，而且无法顺利偿还互联网融资而产生违约状况，企业商业信誉受到影响，会严重制约企业再融资的能力，难以再从互联网金融系统获取融资。

## 七、互联网金融平台运营风险

以 P2P 网贷平台为例，互联网 P2P 网贷平台拆标现象比较严重，加之平台自身的资金实力与风险控制能力也相对较弱。在选择借款人时，风险控制把握不到位，风控能力不足，一些平台盲目追求规模扩展，不注重金融服务产品的质量，对风险和团队建设不重视，结果只会造成平台“虚胖”，一旦出现经济下行趋势，投资人用钱较多，流动性风险上升，互联网金融平台的资金链就会出现短缺与紧张。这样就出现了平台倒闭、跑路事件频发。

根据网贷之家统计数据显示，截至2016年4月，全国开展互联网金融的平台达 4029 家，新增 45 家。2016 年 4 月四川互联网金融运营平台 75

家，成交量 37.72 亿元，相比 2014 年四川互联网金融运营平台 40 家，成交量 2.54 亿元，平台数量翻了 1.85 倍，成交量翻了 14.85 倍。问题平台呈现上升趋势，问题平台主要表现为出现停业、提现困难、跑路、经济侦查介入等现象。尤其是进入 2015 年一季度后，互联网金融的风险问题频现，呈现迅速上扬的趋势。造成这样的现象是由于四川互联网金融违约风险与跑路现象频现，导致一些平台关闭。2016 年后，受国家宏观经济形势影响，第二批互联网金融再次出现违约风险，约 10% 的平台关闭或者暂停运营。

## 第三节　小微企业间接融资风险结构实证分析

### 一、背景和意义

我们就小微企业发展中的融资难尤其是间接融资难问题展开研究，尝试通过系统性研究确定哪些因素具体导致小微企业间接融资风险较高，从而使得金融机构不愿意向小微企业进行融资。为了深入分析该问题，在研究之初参阅了学者雷曜等（2013）、梁剑（2008）的相关研究成果。对全球小微企业融资的特征与趋势有了深入了解，明确了直接融资与间接融资对小微企业的帮扶作用。同时，借助于我国与德国中小企业融资的研究，明确了我国在对小微企业的融资帮扶中还存在一些亟待改善的方面。随后，通过对学者李强等（2012）研究成果的探究，明确了我国部分地区对小微企业融资存在的实际瓶颈，由此初步梳理出一条对我国小微企业破解融资困境的思路。在此基础上，以融资提供方为分析视角，参考了学者朱广其（2014）、史达等（2014）的分析成果。通过对这些成果的挖掘，明晰了我国金融机构对小微企业较少提供金融支持的主要原因。通过对上述成果的分析，逐步厘清了小微企业在我国融资难、融资具有风险的宏观原因。但是这些分析结果基本都是从宏观层面与理论层面进行的分析，缺乏有效数据支撑，且分析结果不具有定量指导意义。基于此，在研究中，尝试通过定量分析给出具有高置信度的分析结果，并基于该分析结果提出具有可操作性与可指导性的降低风险、防控风险的具体对策。

## 二、我国小微企业间接融资特征宏观分析

对于小微企业，之前的公报和年报中均未作为重点关注对象。因此，已有的相关统计报表中均未以此分类进行明确统计与分析。自 2012 年以来，随着新一届政府对民生的更加关注，小微企业作为关注民生的一个重点着力点推出。部分银行金融类机构均逐步推出关注小微企业的公报类数据，这其中以招商银行为代表。目前，全金融行业的宽口径统计公报仍然无法提供小微企业的相关数据。鉴于这一实际情况，此次分析只能以一家商业银行的小微企业相关数据作为宏观分析的数据来源，即招商银行。选定招商银行作为分析数据来源还有一个更重要的原因在于研究团队与招商银行总行数据中心有紧密的合作关系，因此可以较为便利地获取该行小微企业的宏观数据进行分析。基于上述多种因素限制，最终选定的数据来源为招商银行。

通过连续几年的跟踪调研，在获取了小微企业间接融资（以银行融资为核心）的发展数据之后，进行宏观分析。主要是以贷款总额占比与不良贷款占比为主要方向进行分析，得到了其近期历史发展轨迹数据，将其转换为轨迹图，具体见图 8-2 所示。

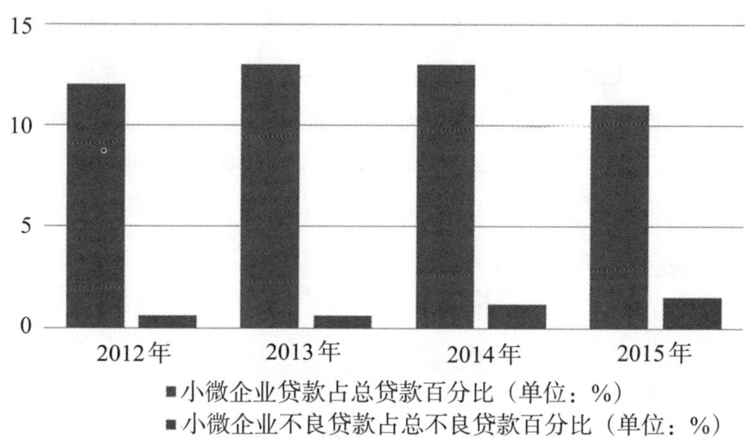


**图 8-2　小微企业不良贷款及不良贷款历史轨迹图**

从图 8-2 可以看出，小微企业贷款总额近五年基本维持在同一个水平上，未出现重大变化，具有较强的稳定性。小微企业贷款总额基本维持在 3000 亿元人民币左右。同时，从不良贷款占比来看，却呈现出逐步上升的

趋势。不良贷款占比从2012年年底的0.6%迅速提升，截至2015年年底不良贷款占比达到1.53%。通过现象看本质，小微企业贷款总额在近五年基本维持在同一水平，主要原因有两方面：一是国家宏观政策对小微企业的倾向性，造成商业银行响应政策，积极为小微企业服务。这主要是体现在国家对更多支持小微企业间接融资机构的政策扶持，商业银行为了得到该项扶持，力争在金融风险可防、可控的前提下，实现更大力度的小微企业扶持。二是小微企业的不良贷款发生率显著高于大型及超大型企业。因此，商业银行在进行间接融资时，更倾向于向有资产抵押与信用保证的大型及超大型企业。这两个方面因素的共同作用，构成了商业银行尤其是招商银行在向小微企业进行间接融资的特征。与此同时，从图8-2中的不良贷款发生率来看，也更进一步验证了小微企业间接融资的较高风险特征。

上述分析是针对小微企业进行间接融资过程中出现的一些宏观特征，对于这些宏观特征，具体是如何形成的，在下面的Logistic模型分析中，将从小微企业结构特征、管理特质等方面给予深入分析。

## 三、基于Logistic模型的我国小微企业间接融资风险结构研究

前述通过基于招商银行总行提供的小微企业贷款历史数据的宏观分析，确定了小微企业通过银行进行间接融资所体现出的一些结构性特征。在此基础上，对于这些宏观特征具体是如何形成的，继续进行深入分析研究。

对于这一疑问，采用对小微企业间接融资相关数据进行Logistic模型分析的方法，由此确定导致这些宏观特征的具体因素。通过对间接融资对象的整体特征分析——主要是从贷款对象企业结构特征以及贷款过程的流程性结构特征进行分析，确定了可能导致风险发生的九大类潜在风险因子。需要明确的是，这 九大类指标是适用于所有小微型研究对象（通过招商银行进行贷款的小微企业均适用）。同时，也确定了风险结果这一唯一指标。基于Logistic模型的二元值特性，对于具有不良贷款性质的贷款，其取值为1；对于不具有不良贷款性质的贷款，取值为0［之所以选定Logistic模型，是基于Logistic模型对二元特性问题分析的超强识别性，以及三篇相关文献的分析：学者张明莉等（2014）、王晓磊等（2014）、佟金萍（2015）］。同理，对于潜在风险因子，采取类似的二元值处理方式，将其值予以确定，这样就明确了风险结构潜在因子（见表8-1）及其实现形式。

表8-1　风险结构潜在因子表

| 宏观指标 | 风险结果指标 | 潜在风险因子指标 | | | | | | | | |
|---|---|---|---|---|---|---|---|---|---|---|
| 微观指标 | 是否为不良贷款 | 股权结构清晰 | 较为完善的现代企业制度 | 是否为新兴产业 | 是否为国家重点扶持产业 | 是否拥有自主知识产权 | 贷款审批流程是否合规 | 董事会制度 | 贷款总额占可抵押资产的比例 | 预期投资回报率 |
| 指标数量 | 1 | 9 | | | | | | | | |

从表8-1的结果可以看出，在研究过程中，从宏观层级将分析指标分为两级，依次为风险结果指标与潜在风险因子指标，对于这两类指标均采用二元值（0或1）进行表述。在风险结果指标中，以是否为不良贷款作为唯一的评价指标。在潜在风险因子指标中，选取了以“股权结构清晰”等为代表的9类指标。完成指标确定之后，对所有小微企业间接融资相关数据进行处理，将所有研究对象数据进行转换，得到了符合表8-1要求的指标集数据。

对上述数据进行Logistic模型构建，通过反复论证，最终得到的分析结果见表8-2所示。

表8-2　风险结构因子及其作用表

| 风险结构因子 | 股权结构清晰 | 较为完善的现代企业制度 | 是否为新兴产业 | 是否为国家重点扶持产业 | 是否拥有自主知识产权 | 贷款审批流程是否合规 | 贷款总额占可抵押资产的比例 | 预期投资回报率 |
|---|---|---|---|---|---|---|---|---|
| 作用系数 | 29.3974 | 1.4592 | 0.1991 | 1.7265 | 29.9115 | 58.1085 | 0.04425 | −0.2116 |

| 关键统计量指标 | 施瓦茨准则 | 赤池信息准则 | 汉南–奎因准则 |
|---|---|---|---|
| 对应统计量结果 | 2.1416 | 1.7553 | 1.7752 |

从分析结果来看，之前选定的潜在风险因子并不是都是具有高置信度的风险因子，9个潜在的风险因子中只有8个因子符合条件成为具有高置信度的风险因子。这说明，“董事会制度”这一潜在风险因子选取或者是设置不合理，不具有高置信度，因此将其剔除。同时，从表8-2的分析结果来看，主要是从三项关键统计量结果来看，Logistic模型的成立是具备高置信度的，这也再次验证了剔除“董事会制度”的正确性。最后，从表8-2的风险结构因子作用系数来看，作用系数有大有小，有正有负。其中，在正向

作用因子中，“贷款审批流程是否合规”“是否拥有自主知识产权”和“股权结构清晰”三项具有最高的作用系数，依次为 58.1085、29.9115 和 29.3974。负向作用因子只有一项，为“预期投资回报率”，作用系数为 -0.2116。

从上述分析中可以看出，造成小微企业通过银行间接融资造成不良贷款的原因，不仅有内部原因，而且有外部原因。银行内部监管不严是导致形成此类不良贷款的主因，申请贷款的小微企业内部机制不健全与不完善是导致不良贷款的内部首因。与此同时，通过上述结果也发现，预期投资回报率是唯一的负向指标，这说明，对于小微企业而言，在其他条件相同的前提下，预期投资回报率越高，间接融资变为不良贷款的概率就越高。这从另外一个角度反映出小微企业为了博得银行间接融资的可能性，存在人为故意或者是蓄意夸大项目前景的现象。这一现象在当下中小企业通过银行进行间接融资时普遍存在，值得关注。考虑到影响小微企业融资风险的因素较多，在此不再过多地一一论述，下面将结合对策分析，对影响融资风险的因素及其作用以及解决路径给予深入探究。

## 四、降低小微企业间接融资风险的解决对策

### 1. 设定银行对小微企业间接融资的最低阀值

从前文的分析中已经明确，小微企业贷款总额占据招商银行贷款总额比例低于 14%。招商银行属于对小微企业扶持力度较大的商业银行，由此可见，国内商业银行对小微企业的扶持力度是低于 14%的，这也就是多数商业银行不愿意公开小微企业贷款数据的主要原因。但是从国内企业的发展历史数据来看，小微企业大量吸纳人才就业，形成潜在的社会价值，随着改革开放步伐的加快，作用会越来越大。以国内高科技公司为例，腾讯、阿里、百度作为国内互联网产业的三大巨头，其在最初发展阶段都是从小微企业开始的，由于缺乏国内直接融资和间接融资的支持，只得求助于国际资本，造就了今天其庞大的成功红利被外国投资者享有，国内资本甚少享有该项红利。与之形成鲜明对比的是国际著名公司——谷歌、脸谱，其在创业阶段受到其所在国的大力扶持（通过所在国的直接融资支持），公司规模不断扩大，现今公司规模红利与利润红利反向回馈其所在国国内资本，形成了一种全封闭的良性回馈。这两种巨大对比，一方面说明

了我国国内融资方式过多依赖于间接融资，另一方面说明我国间接融资的艰难。在科技创新的当下，尤其是实施“大众创业、万众创新”的后危机时代，如何有效扶持小微企业茁壮成长是行政监管层与金融机构面临的一个重大课题。研究团队认为，在我国直接融资渠道并不健全与不完善的当下，扩展间接融资渠道，大力扶持小微企业发展是当务之急。对于小微企业的扶持，在银行进行间接融资时，应设定间接融资下限。这里所说的间接融资下限是指商业银行对小微企业的融资总额占所有融资总额的比例必须大于下限值。对于未达到下限值的企业，可以在次年度提高银行准备金率以及提高存贷款比例等一系列措施来帮助其修正行为。对于这一下限值的设置，建议以小微企业占整个国民经济的比例以及小微企业吸纳就业人群数量作为参照。

**2. 严把银行信贷审核关**

从前述的分析中已经明确，“贷款审批流程是否合规”不仅是影响小微企业融资的潜在风险，而且是影响小微企业融资的实质风险。在所有的实质风险因子中，“贷款审批流程是否合规”作用系数最大，达到58，显著高于其他因子的作用系数。这说明，如果不能够严把银行信贷审核关，势必会造成贷款变成不良贷款，无法回收。银行作为一级实体，其发展的本质是谋取利益。为了银行业的长久发展，必须严把信贷审核关。所有不符合信贷基本要求的信贷，一律不能办理。尤其是对那些材料造假、业绩造假的小微企业，必须将其纳入黑名单系统，在全银行系统共享该信息。由此形成信贷不能造假、不敢造假、无法造假的社会氛围。

**3. 建立并完善事前、事中、事后审计制度**

对于银行信贷，要实现严把信贷关，一条可行的实施办法是建立并完善事前、事中、事后审计制度。具体而言，对于商业银行的每一笔针对小微企业的融资，直接经手人在贷款未全部偿还完毕前，其所承担的责任必须随时跟随，绝不能以贷款审批结束作为经手人责任清零的时刻。在贷款审批过程中，尽可能建立双轨审批制度，也就是事前审批制度。杜绝因为个人关系、金钱关系形成特殊的审批渠道和快速审批通道。对于所有的小微企业融资申请，以一条明线审批为主，以一条暗线审批为辅。明线审批必须有明确的责任人实施，暗线审批以系统随机抽取责任人暗线跟踪。通过明线与暗线的同时推进，确保在事前审批中不出现人情融资与关系融资。一旦事前审批通过，即进入事中审批过程，在该过程中，建立一支审计队伍和财务队伍，对所有发放的贷款是否合规进行跟踪。如果确定审批不合规，应采取紧急措施终止该笔融资；如果确定审批合规，但是融资对象融资风险显著提高，应采取有效措施防止风险继续扩大。整个事中审计以融资实际发生为起，以融资实际终止为止（包括主动终止和被动终止）。对于事后审计，其接续于事中审计。无论是主动终止还是被动终止，融资的合规性与还款的及时性都要纳入审计，以确保银行系统的金融安全性。无论是事前审计、事中审计还是事后审计，一旦发现违规、违约行为发生，银行负责该项目的责任人必须依据违规造成的结果承担对应的责任，这样才有可能确保任何一笔针对小微企业的融资都在制度框架和制度约束下依法、依规完成。

**4. 建立并完善融资风险动态评估体系**

在建立事前、事中、事后审计制度中，提到了对融资行为的多次审计与评估，但是未提及审计与评估的具体方法。对于该方法，建议以本次研究成果为例，采用构建的具有高置信度的Logistic模型作为风险评估依据。具体而言，对于每一个融资对象，利用确定的造成融资风险的八大因素（以“贷款审批流程是否合规”等为主的八大因素）及其确定的作用系数，对该对象的融资风险进行分析。当分析结果确定融资对象的融资风险较高且融资尚未实际发生时，立即终止其融资请求；当分析结果确定融资对象的融资风险较高且融资已经发生但尚未形成不良贷款时，终止其后续融资行为且加大催款力度，确保损失不再扩大化；当分析结果确定融资对象的融资风险较高且融资已经转变为不良贷款时，将融资对象纳入黑名单系统并采取更进一步的处理措施。需要注意的是，这一过程是一个动态执行的过程。在执行过程中，需要注意两点：第一是执行结果依赖的Logistic模型必须是依据本年或者本季度最新结果得到的小微企业融资数据产生的模型，而不能基于多年前数据形成的Logistic模型进行分析；第二是执行过程必须动态间断执行，建议以一个季度或者每一个月执行一次动态分析，由此确保所有针对小微企业的融资行为具有风险可防性、可控性。

**5. 加大对软资产类小微企业的扶持力度**

在前述的分析论证中已经明确，具有自主知识产权的小微企业，在审批合规的前提下，融资风险是显著低于其他类型小微企业融资的。这也就是说，对于小微企业的扶持，应以具有自主知识产权企业为重点扶持对象，尤其是以具有国际知识产权和体系性创新知识产权对象为重点扶持对象。这就要求，对于具有此类知识产权的企业，其知识产权的真实性和权威性必须由相应机构来审核，同时对于知识产权的抵押也应由相应机构处理。对于前者，国家知识产权局出具的知识产权证书和专利证书是最好的证明材料；对于后者，已经建立的知识产权抵押平台和中小企业股权质押平台可以有效发挥作用。基于以上结果，建议商业银行加大对这类具有软资产类小微企业的扶持力度。扶持的方式建议以知识产权换股权或者是知识产权抵押的方式进行，这种方式一方面有利于小微企业后期发展壮大，一方面也有利于具有投资眼光的商业银行能够通过小微企业的发展来分享其发展红利。

**6. 拓展融资渠道并实现直接融资**

上述五条措施，都是基于我国间接融资为小微企业融资主要渠道来提出的建议。纵观国内外发展历史与成功经验，直接融资仍然是小微企业融资的最佳通道。因此，建议逐步完善我国股票市场，加强对股票市场的监管与建设，建立并健全与我国发展相适应的股票市场。疏通小微企业直接融资的市场通道与市场通路，由此既能实现降低融资风险发生的概率，也能提升小微企业平稳发展的能力。

## 第四节　互联网金融下小微企业融资风险预警机制分析

### 一、背景与意义

**1. 经济新常态下小微企业互联网融资风险频现**

经济新常态是当前我国面临的经济现状，在此种经济阶段下，经济增长放缓，并面临着经济下行的风险，面对国家贸易保护主义抬头、中低端制造业回流、原材料价格上涨、经营成本上升等多重考验，加之小微企业在经营规模、融资环境、员工素质等多方面相较大型企业来说不占优势，因此小微企业的经营发展变得举步维艰。在我国经济进入新常态后，市场竞争越来越激烈，小微企业内部不稳定因素增多，融资风险频频出现，处于内外交困绝境的小微企业如何化解财务风险显得十分重要。

### 2. 小微企业互联网金融风险预警机制的现状

小微企业在技术创新与缓和社会就业压力方面扮演重要角色，既有机遇也有挑战，因此也应加强融资风险的防范和预警。纵观我国大多数小微企业，在经营中因缺乏互联网融资风险预警机制，很难及时察觉互联网融资风险，导致不能有效地规避和应对风险，从而陷入经营绝境，造成资金链断裂，引发债务危机，最终使企业经营面临失败。

经济新常态下的小微企业面临互联网融资风险频频出现的问题，且自身欠缺相应的预警机制。因此，建立健全小微企业互联网融资风险预警机制，防范与控制各种潜在风险，为小微企业的生产经营决策提供参考依据，具有重要的现实意义。

## 二、相关文献综述

互联网金融危机爆发后，外部的不稳定因素增多，引发了国内外学者关于经济领域风险防控预警系统的研究与关注。这其中，美国学者提出的一系列准确度较高的风险预警系统模型具有较强的代表性，这些模型大致可以分为定性与定量两类模型。

在融资风险预警系统研究中，大多学者采用定量分析，辅之定性分析。这是由于定量分析多，用数据说话说服力极强，但是由于通常不考虑非财务因素，所以也不能较为真实地反映小微企业自身财务情况。与此相反，定性分析就显得比较灵活，能根据小微企业需要进行调整，但由于定性分析往往带有研究者的主观色彩，会因为分析者的个人主观意识失误导致判断失误，使企业蒙受损失。鉴于此，在实际的融资风险预警机制研究分析中，通常采用定量与定性分析相结合的方法，这样才能更合理、更准确地防范与预警融资风险。

目前常用的定性分析法有标准化调查法、H个月资金周转表分析法、管理评分法及四阶段症状分析法等。国外专家更多注重定量分析模型，分为单变量模型与多变量模型。1932年美国研究者Fitzpatri选择19家企业作为样本单位展开研究，并将19个样本总体划分为破产组与非破产组，运用单个财务比率进行分析研究后发现，净利润、权益比率与负债、净资产比率对融资危机的敏感度更高。1968年，美国学者Aliman首次将多变量的分析技术运用于企业融资风险判别，并开创了多变量模型研究融资风险的研究先例。

1980年，Ohison研究企业破产概率的临界点，构建Logistic回归预警模型，并利用105家破产企业与2058家非破产企业在1970—1979年的样本数据展开实证分析，验证了企业经营规模、业绩、资本比例结构以及变现能力等指标特性会显著影响企业破产。此后，回归模型的引入在企业融资风险预警研究中占据了重要位置。

2000年后，国内学者开始运用定量分析风险预警。2009年郭德仁等选择40家上市公司作为样本数据，利用模糊聚类方法展开融资风险预测，并判别结果显示其判别的成功率高达85%。2010年，吴国强等所建立的融资风险防预模型不但选用财务指标，还将公司治理指标纳入模型，并比较有无公司治理指标的防预模型结果发现，加入了非财务指标的新模型所预测的准确度更高。2015年，张纯选取深圳100家小微企业作为研究对象，构建了小微企业的风险预警系统，同时检验出风险预警模型的准确性与敏感性，最后以编程形式建成了一套完整的小微企业风险预警机制。

总体来说，目前学界对于融资风险预警系统的研究分为运用定性分析法和定量分析法两类，大多数学者以企业为研究实例构建了不同的风险预警机制。目前我国进入经济新常态阶段，有关小微企业的互联网融资预警机制的研究存在空白，本研究旨在关注经济新常态下的小微企业互联网融资预警机制，以填补此研究空白。

## 三、小微企业互联网融资风险预警机制模型

### 1.自变量

所选自变量如下：销售毛利率、净利润增长率、成本费用利润率、流动比率、速动比率、资产负债率、利息保障倍数、经营净现金总负债比、经营净现金总负债比等11个指标作为自变量$x_{it}$（$i$=1，2，3…），其中，8个因变量，3个控制变量。将小微企业的财务风险作为因变量Y（正常企业Y= 0，危机企业Y= 1）。

### 2. 选取样本

为研究小微企业互联网融资风险预警机制，本研究选取四川省成都市20家（且均为深交所中小板的企业）小微企业作为样本，用于本次实证分析研究，以2016年所公布的信用评级结果作为划分小微企业的财务状况的标准，

其中，评级为3B级以上的为财务正常企业，3B以下的为财务非正常企业。

**3. 构建线性回归模型**

本文根据假设建立小微企业互联网融资风险预警机制模型如下：

$$S_{it}=\gamma A_{it}+\eta B_{it}+\iota C_{it}+\kappa D_{it}+\lambda E_{it}+\bar{\omega} F_{it}+\nu G_{it}+o H_{it}+\pi I_{it}+\theta J_{it}+\rho K_{it}+\zeta$$

其中，$S_{it}$代表小微企业互联网融资总规模，$A_{it}$代表销售毛利率，$B_{it}$代表净利润增长率，$C_{it}$代表经营净现金总负债比，$D_{it}$代表利息保障倍数、$E_{it}$代表成本费用利润率，$F_{it}$代表流动比率，$G_{it}$代表资产负债率，$H_{it}$速动比率，$I_{it}$代表宏观经济态势，$J_{it}$代表企业的创新能力，$K_{it}$代表政府扶持力度，$\zeta$代表随机误差。

其中，$I_{it}$宏观经济态势，$J_{it}$企业的创新能力，$K_{it}$政府扶持力度这三个变量为虚拟变量。$I_{it}$宏观经济态势良好时取值为1，$I_{it}$宏观经济态势不良的时候取值为0；$J_{it}$企业的创新能力强取值为1，$J_{it}$企业的创新能力弱取值为0；$K_{it}$政府扶持力度大取值为1，$K_{it}$政府扶持力度小取值为0。

## 四、数据分析与结论

**1. 小微企业互联网融资风险预警各个指标的显著性分析**

选择上述影响小微企业互联网融资风险的敏感指标，首先需要对这些敏感指标的显著性进行检验。本文选用T检验法对上述指标做置信水平为95%的检验，计算结果显示：销售毛利率、资产净利率、成本费用利润率、流动比率、速动比率、资产负债率、利息保障倍数、净利润增长率、经营净现金总负债比等11个指标在小微企业互联网融资风险危机发生前两年对其财务状况影响较大，因此可用于其风险预警。

**表8-3　回归分析模型的相关系数**

| | B | S.E. | Wald | df | Sig. | EXP(B) |
|---|---|---|---|---|---|---|
| $A_{it}$ | 0.176 | 0.167 | 0.997 | 1 | 0.313 | 1.187 |
| $B_{it}$ | 0.168 | 0.103 | 0.873 | 1 | 0.525 | 1.196 |
| $C_{it}$ | 0.146 | 0.145 | 0.865 | 1 | 0.454 | 1.165 |
| $D_{it}$ | 0.165 | 0.154 | 0.954 | 1 | 0.543 | 1.175 |
| $E_{it}$ | 0.134 | 0.145 | 0.913 | 1 | 0.765 | 1.166 |
| $F_{it}$ | 0.186 | 0.167 | 0.965 | 1 | 0.564 | 1.173 |

续表

| | B | S.E. | Wald | df | Sig. | EXP(B) |
|---|---|---|---|---|---|---|
| $G_{it}$ | 0.154 | 0.183 | 0.966 | 1 | 0.632 | 1.178 |
| $H_{it}$ | 0.178 | 0.189 | 0.876 | 1 | 0.563 | 1.178 |
| $I_{it}$ | 0.175 | 0.179 | 0.816 | 1 | 0.583 | 1.187 |
| $J_{it}$ | 0.186 | 0.187 | 0.882 | 1 | 0.613 | 1.175 |
| $K_{it}$ | 0.176 | 0.176 | 0.885 | 1 | 0.573 | 1.189 |

根据EViews软件计算后得到结果，并构建线性回归模型，见表8-3。运用回归模型计算出所选样本的小微企业数据，互联网融资风险危机小微企业样本数据Y值平均值计算结果为0.8654，财务正常企业样本数据Y值平均值计算结果为0.1765。计算二者的平均数为0.53，这就是本文所构建的回归模型的风险临界值。最后对小微企业互联网融资风险进行判别，即若Y>0.53，可以判定该小微企业面临融资预警状态，则表明该小微企业在未来的两年陷入互联网融资风险危机的可能性较大；若Y<0.53，则表明该小微企业在未来的两年陷入互联网融资风险危机的可能性较小。

本次计算结果准确率达到89%，再将前面所选取用于测试的20家样本企业的数据代入构建模型中进行验算得到相应的计算结果，见表8-4。

**表8-4 所选样本企业通过回归判别模型检验的结果**

| 样本企业 | 实际值 | 计算值 | 判别值 | 样本企业 | 实际值 | 计算值 | 判别值 |
|---|---|---|---|---|---|---|---|
| 鼎天软件 | 1 | 0.0121 | 0 | 华宝科技 | 0 | 0.2233 | 0 |
| 永大海韵 | 0 | 0.0013 | 0 | 金控小贷款 | 0 | 0.8766 | 0 |
| 文君酒 | 1 | 0.0043 | 0 | 康泰塑料 | 0 | 0.1788 | 0 |
| 网页游戏 | 1 | 0.0854 | 0 | 容易贷款 | 1 | 0.8765 | 0 |
| 通威牌料 | 0 | 0.1998 | 0 | 科知代理 | 0 | 0.0009 | 0 |
| 郫县豆瓣 | 0 | 0.3713 | 0 | 泰和 | 0 | 0.1233 | 0 |
| 全友家私 | 0 | 0.0765 | 0 | 小巨人 | 0 | 0.2334 | 0 |
| 棒棒娃牛肉 | 0 | 0.0535 | 1 | 前程人力 | 0 | 0.1234 | 0 |
| 川牌控刀具 | 0 | 0.0011 | 1 | 科技评估 | 1 | 0.1111 | 0 |
| 国雄饲料 | 0 | 0.9510 | 0 | 德思信 | 0 | 0.3122 | 0 |

最终得到的计算准确率为88%，检验结果准确率较高，说明此次回归模型判别比较满意，符合小微企业互联网融资风险预警系统设计的基本要求。

2. 结论

我们梳理与研究国内外有关风险预警的相关理论与模型，以四川省20家小微企业为研究样本，结合小微企业的各种影响因素，分析影响小微企业互联网融资危机的多重因素，最后确定所选取的小微企业互联网融资风险预警相关财务指标，构建经济新常态下小微企业互联网融资的风险预警系统，并运用回归模型展开研究，得到的结论如下。

小微企业的销售毛利率、资产净利率、成本费用利润率、流动比率、速动比率、资产负债率、利息保障倍数、净利润增长率、经营净现金总负债比显著相关。但是，小微企业的互联网融资风险状况取决于多重因素，企业所出现的财务风险状况通常是由多方面因素交叉共同作用产生的，因此要考察衡量企业互联网融资风险状况的时候，必须要全面地、动态地、实时地监控和综合考察多种影响因素。

我们利用回归模型以20家小微企业作为样本单位展开实证分析研究，结果表明此次回归判别模型效果比较好，判别样本结构的计算准确率达到89%，且样本测试结果准确率为88%，准确度比较高，这使得这一判别模型在一定程度上可以预测小微企业互联网融资风险。下一步可以尝试开发相应软件形式并予以固化，使该项研究能具有一定的实用性。

同时，本研究也有不尽人意之处：第一，由于研究理论水平受限，判别模型的精确度有待提高；第二，模型没有考虑定性风险，现实风险复杂多变，有一些因素无法提供数据资料，因此也未能纳入模型考虑中，这必然会影响到小微企业互联网融资风险预警系统的精确度。

## 五、启示

### 1. 经济新常态下亟待深入研究小微企业互联网风险预警机制

我国的经济发展步入新常态发展阶段后，宏观经济向下探底，小微企业经营面临更多的困难与不确定性，互联网金融虽然缓解了小微企业“融资难，融资渠道窄”的问题，但是又带来了新的问题——小微企业互联网融资风险问题。建立一套行之有效的小微企业互联网融资风险预警体系变得非常迫切，但目前关于小微企业互联网融资风险预警的相关理论研究还不成熟，主要表现在融资风险预警判别模型的精确度有待提高，所预测结果与现实结果还存在一定误差，因此有必要进一步推进有关小微企业互联网风险预警领域相关研究的深度与广度。

**2. 选取多个组合模型构建小微企业互联网融资风险预警机制**

受多重因素影响，单个模型在预测互联网融资风险时存在一定的偏差，不能全面、准确地预测小微企业互联网融资风险。因此在构建小微企业互联网融资风险预警模型时，我们应综合考虑选取多个组合模型，并比较风险预警模型间的准确度，连续、动态、适时地防范与监控小微企业融资风险状况。这样一来，即使是其中某一模型出现了无法避免的误差，也可以从参与监测的其他模型中发现与判别出相应的修正预测结果，以此保证互联网融资风险预警机制的准确。

**3. 小微企业互联网融资风险预警机制应结合图表分析**

对于小微企业互联网融资风险预警机制的分析，建立模型时应注重加入图表深入分析，比如运用的理论、构建的模型、相关的系数、检验的结果等方面都应在预警机制中明确表述，这样可以直观地体现预警机制的全过程，为小微企业经营者提供具有说服力的风险预警机制。

**4. 小微企业的财务数据应建立联动机制**

为保障小微企业在经济新常态下的互联网融资风险预警机制的有效实施，小微企业的财务数据应建立动态联动机制。一旦小微企业日常的财务数据发生变动，相应的财务数据也应及时登记和显示，这样可以实时、动态地监控小微企业风险状况，数据的可获性就更加完整，获得的预警效果也会更好。

## 第五节　构建互联网金融监管体系，防范小微企业融资风险

### 一、构建互联网金融监管体系

**1. 完善立法，加紧制定修订互联网金融相关的法规，并且配套出台具体的实施办法**

国家要在网络征信、金融监管、消费者权益保护等方面根据具体情况制定相应的专门法律法规，也要配套相应的具体实施办法，要进一步提高

立法的前瞻能力，不断完善现有的法规体系。对涉及金融违法的犯罪行为公安部门要出台严格的惩戒措施，予以法律宣传，让民众知晓国家对网络违法犯罪活动的打击力度，以促进互联网金融朝合法化、规范化、健康化方向发展。

**2. 建立有较强针对性和有效性的监管框架，理顺监管协调机制，强化分类监管的机制**

建议成立互联网金融的监管委员会，由央行牵头，多个部门协同参与，负责对互联网金融行业的监管，并且出台相关的监管规定，保证监管的专业权威性，全面防范金融风险。同时各个部门要切实做好与本部门相关领域的行业配套工作，以保监会为例，2015年7月22日保监会发布《互联网保险业务监管暂行办法》，这也是十部委联合发布互联网金融指导意见后的首份行业配套文件。2017年2月23日，银监会官网正式对外公布《网络借贷资金存管业务指引》（以下简称《指引》），这又是互联网金融行业的一项重要合规细则。《指引》强调要建立资金的管存机制，从而防范不断的资金挪用风险，保障资金投资人的资金安全。

**3. 成立行业自律组织，规范和监督行业管理**

当前互联网金融行业发展的速度很快，短时期内对其的监管措施和水平跟不上其发展的步伐，因此互联网金融行业内部必须强化自律行为。考虑到当前互联网金融创新发展首先是在经济和金融比较的发达地区，如北京、上海、深圳等地率先开展起来的，这些地区的互联网金融机构比较多，可以考虑在这些发展地区成立区域性的行业协会，下一步再形成全国性的行业协会，最后建立在民政部注册的全国性的正式社团组织。协会需要制定相关的规章制度和行业的内部标准，加强业务交流，促进信息共建共享；要形成一套奖惩严明的机制；要不断强化守法、诚信和自律等意识的培养，重塑互联网金融行业的正面形象。

**4. 加强流程监控，建立风险防控方案**

要从源头上把好互联网金融的准入机制，规范互联网金融企业的准入条件和流程，必须经过相关监管部门的正式批准之后才可以营业。同时，加强披露互联网金融企业的信息公开力度，强化互联网金融企业的信息保护制度、隐私保护制度。确保电子交易记录准确、完整，并且独立评估报告的备案制，使客户能方便准确地查询每一笔交易的流程信息，使客户可以随时了解自身的投资进度和资产情况。互联网金融企业要在显眼位置标注利率和期限等关键性要素，对于合同的订立和追踪，以及后期的责任与义务等方面都要有明确的规定。

**5. 加速社会征信体系建设**

针对互联网金融发展中不断爆发的“跑路”事件，降低由于网络虚拟性所带来的风险，不断提升社会征信系统建设的速度，完善企业和个人的信息体系，规范发展中介机构，必须组建互联网金融的大数据平台，将信用报告查询、信用资信认证、信用等级评估等业务工作网络化。

征信体系建设可以从以下三个方面来着手：第一，建设统一征信平台。将一些符合要求的互联网金融企业征信信息接入金融部门，推动统一征信平台建设，实现互联网金融的企业信息融入征信平台的管理范围。第二，是根据自身情况，建立互联网金融企业自身的数据库。目前注入天使汇等多家互联网金融企业都建立了自己的征信数据库。第三，对一些失信的企业实行规诫和惩罚的机制。在合法的范围内，对失信企业进行单列公布，提高失信行为的市场交易成本，对于严重的失信行为将按照法律法规的相关规定追究责任。

**6. 加强小微企业信用担保体系建设**

信用担保是小微企业在向商业银行或其他金融机构进行借款时，由别的资信状况良好的企业或机构为其担保，以此来提高被担保人信用等级的一种担保方式。在这种信用担保模式下，如果被担保人出于失信或者是无力归还借款的时候，担保人必须要承担其所担保的金额的还款责任。

小微企业融资难的重要原因之一是自身信用条件差，缺乏相对健全的信用担保机制，担保难问题是商业银行与小微企业在信贷矛盾中比较突出的问题。缺少有效的担保，是小微企业难以获取贷款的一个关键障碍要素。小微企业自身信用评级低，企业自身发展的风险较大，能长期持续健康发展的小微企业寥寥无几。融资关系是一种基于信任的关系，所以信用缺失的小微企业与担保缺失都会加剧借贷活动中贷款银行方的担忧。一是小微企业的实际还贷能力无法预测，加大小微企业融资难度；二是由于小微企业自身信用与担保的缺失，如果贷款银行向小微企业盲目放贷将使得双方面临较大的市场风险与信用风险。

因此，必须强化小微企业自身的信用建设，建立完善的小微企业融资担保机制，改善小微企业的融资条件。

（1）发展信用担保体系，缓解小微企业担保难题

小微企业在发展的最初阶段，要结合市场与政府两者的作用，以政府牵头设立一些地方性的抵押担保公司来解决小微企业的融资问题。尤其是要推动地方产业较为密集的行业协会建立互助式的行业担保机构，鼓励民间资金投资给担保机构，从政策上保证和支持民间资金，并且对小微企业的辅助项目采取贴息的方式扩大信用担保业务，这样就能发挥信用担保的规模放大效应。

（2）完善担保体系建设，规范担保行业发展

在发展小微企业信用担保体系的同时，还要不断完善担保行业体系自身建设，建立担保机构风险预警、控制机制和信用担保资金补偿、奖励机制，建立信用担保评估和行业自律制度，引导、规范信用担保行业发展。加大对信用担保机构的监管力度，规范担保业务行为和资产评估中介的服务行为，建立有效的市场风险预警等，使之更好地为小微企业提供融资服务。同时，将信用担保机制与社会信用机制、行业信用机制相结合，联合银行、税务、工商等部门的力量，借助行业自治协会、各级担保机构共同建立起包括信用信息征集、信用等级评价、信用担保在内的社会化担保信息平台，实现小微企业信用信息查询、服务的阳光化，切实建立起小微企业的信用信息体系，放贷银行就能综合了解和评估小微企业及其负责人的信用情况。

（3）建立信用再担保机构，降低系统性风险

要加快建立小微企业信用再担保机构，多方鼓励经济发展基础条件好的地方积极建立小微企业的信用担保基金，同时建立与完善信用担保的行业准入机制、风险控制机制及损失补偿机制。小微企业再担保体系有三大优点：第一是能够为小微企业提供公平的融资环境，帮助小微企业提供更好的担保保障，激活小微企业的活力，缓解社会就业压力，为国家创造更多的利税，繁荣国家经济；第二是引导担保行业健康发展，建立统一的风险评估、预警与防范机制，能够分散降低贷款方的风险，优化贷款资产质量；第三是坐实保护担保机构利益，借助政府建立的信用担保基金能够适当地缓解担保机构的压力，避免与减少一家客户出现问题，担保机构就可能要面临破产的情况。

### 7. 提升实时在线监管的技术水平

由于互联网金融的平台是实时在线的系统，根据这个特点，我们必须要采取实时在线监管的措施进行监管。首先，对互联网金融的业务流程进行定期和不定期的留痕检查，对于互联网金融业务的申请、交易与支付等环节都要进行实时的监管，查看痕迹，一旦发现有苗头，就可以杜绝不法分子利用互联网进行贿赂、诈骗、盗取用户信息甚至非法洗钱。其次，我们需要开展远程的渗透性风险测评，由此我们可以及时发现风险隐患和技术漏洞，从而有效地防范互联网金融风险。再次，我们要加强对互联网金融机构的IT审计监管，尽快制定相关的IT审计标准规范，不断推动其自身的自我约束与防范。最后，要设立用户资金账户补偿机制，当用户资金丢失时，可以有针对性地采取措施进行补偿，减少用户的损失，提升民众对互联网金融的信任程度。

## 二、强化互联网金融平台的风险控制

### 1. 提高互联网金融从业人员的专业技能和管理水平

人才资源是企业的核心竞争力，在完善互联网金融监管体制的同时，互联网金融企业从业人员的素质也是影响互联网金融风险的关键因素，社会各界还应重视并加强对互联网金融从业人员的专业技能培训以及职业道德培养。提高从业人员的业务能力和职业素养，帮助从业人员提高风险防范意识、法律意识，规范从业人员的业务操作能力和服务水平，这不仅提高了互联网金融平台的运作效率，而且加强了从业者对互联网金融机构风险的正确认识和防控能力，使互联网金融能够更好地为小微企业提供融资服务。

互联网金融企业很多是开展线上与线下相结合的业务，这无疑增加了企业本身的经营成本，而这一成本最终将转嫁到小微企业身上，加剧小微企业违约的风险。因此，互联网金融企业应该争取实现在真正意义上的线上业务，降低经营成本，就可以降低小微企业的融资成本，自然减少其违约的风险。

### 2. 强化风险控制与管理，建立有效的风险预警机制

风险定价作为Lending Club（借贷俱乐部，美国著名的P2P平台）风险防控的关键环节，互联网金融平台应做好并实行风险定价。风险定价包含

初始审核、信用评级与贷款利率定价。首先借款申请人进行初审。借款申请人需满足以下条件：不低于2年的信用记录、信用调查在一定次数以内、无信用卡透支等基本条件。其次，对通过初审的借款申请人进行信用评级。信用评级分为A、B、C、D、E共5个等级，每个等级又包含了1、2、3、4、5五个子级，总计25个基准信用评级，每个评级都对应相应的风险级别与收益水平。根据每一笔Lending Club借款人评分与信用属性及其他申请数据，输入风险基准模型，计算出基准信用评级，最后再根据贷款金额与贷款期限，适度调整基准信用评级。贷款金额越大或贷款期限越长，下调档次就越多。贷款后要注重信息披露，每一笔借款做到全面地、真实地与无偏差地披露（贷款人的名称地址可以不披露），资金由第三方托管。做到贷款后的跟踪调查，定期与不定期进行回访。

对可能发生违约的小微企业需提前预警，帮助它们调整还款计划，以免影响小微企业的信用评级。帮扶小微企业以免陷入违约绝境。

**3. 限定资金使用范围，严格控制融资规模**

一般来说，贷款的金额与借款人的诱惑成正比：贷款额越大，对借款人的诱惑就会越大，由此带来的违约风险也越大。此外，利率也会对还款意愿产生影响，大额的贷款违约的可能性更大。而这一问题，在互联网金融市场上并不是不存在。民间金融机构满足了参与者短、平、快的资金需求，需要严格控制资金规模来控制民间金融的风险。因为即使参与者有非法的投机目的，那么这些控制了资金规模的民间金融机构也无法满足他们的投机目的，即便发生了违约情况，也能及时采取相应的财产补救措施得以解决。

**4. 要求提供抵押品**

为了减少违约情况的产生，有可能会让贷款者提供抵押品。虽然互联网金融融资更多的是采用信用贷款，但是需要抵押的情况还是存在的。一般这种抵押的形式是多种多样的，比如财产权证、劳动力等，只要借贷双方都认可作为抵押就能成为抵押品。对于抵押品的价值，一种是借贷双方都认同的一致性的估价，另一种是借款人比贷款人估价的价值高。第一种抵押形式能够在贷款人违约时，借贷人能够得到足够的补偿；第二种抵押形式的抵押品的抵押功能更加明显，虽然抵押品对于贷款人来说价值不大，如果发生违约情况时可能变卖抵押品都无法补偿损失，但是在借款人看来，这个抵押品可能比较重要，他会花费一切时间和精力来赎回，所以这种抵押形式的抵押品更能突出抵押功能。

## 三、加强小微企业的自身建设，防范融资风险

小微企业要缓解融资困难的现状的根本出路在于积极努力防范融资风险，提升自身的盈利能力与信用水平。要了实现这个目标，小微企业不仅要有长远的发展规划，还要有可持续经营的目标，不断地规范自身管理，加强人力资源素养的提升，提高盈利能力，提高社会的影响力。

**1. 重视人才资源培养与国家政策法规的学习**

小微企业融资难的原因之一就在于对国家金融政策与法律法规不够了解，人力资源储备不足，致使小微企业难以长久规范经营和建立起现代化的融资体系。因此，小微企业要改善融资困境的关键在强化融资知识学习和人才资源的培养。建立现代化的经营管理体系，强化企业的风险管理就必须要依靠数量适当、素质精良的专业人才队伍。第一，对相关工作骨干人才进行专业化的培训，从现有骨干人员中抽调善于学习、具备一定金融基础知识的人员，送往高等院校或者专业的培训机构进行培训，充实小微企业融资队伍；第二，引进懂金融知识的人才，寻找专业化的投融资人才，从而建立起健全的现代化融资体系。

**2. 提高小微企业综合管理能力**

提高小微企业综合管理能力，加强企业经营管理者的风险控制意识。小微企业融资难的主要障碍是企业内部财务管理混乱，很难获得商业银行与互联网金融企业的支持与信任，小微企业的经营管理者应充分认识到企业内部控制与财务管理对企业长远发展的重要性，必须要建立起科学决策、激励得当、权责明确、管理完善与有效控制的综合财务管理体系。小微企业管理者要严格遵守银行与自己的各项风险控制制度，建立良好的示范性，为风险控制制度的正常有效运行营造一个良好的环境条件。

第一，提高小微企业的盈利水平，确保小微企业的偿付能力。小微企业运营目的在于长期持续盈利，为提高小微企业的盈利水平，最简单直接的方式是控制成本与增加销售量。首先，立足于小微企业的内部成本控制，因为这是小微企业完全可以自行把握的。一直以来，小微企业内部成本管控的意识不强，没有节约成本的意识会让小微企业内部的成本系统管

理缺失。所以，小微企业应根据实际需要，可从制度构建、培训员工与监督机制三个方面进行改进，以降低小微企业的经营成本。其次，小微企业应不断努力拓展经营的盈利点，以拓宽销售渠道与提供增值服务的方式来增加小微企业的综合盈利点，进而提升小微企业的盈利能力，以保障自身的偿付能力。小微企业的盈利能力与偿付能力直接影响互联网金融平台和商业银行对小微企业的信用评估等级，从而影响自身融资能力。最后，健全科学的审计制度，规范小微企业的业务操作。科学的审计制度能保障小微企业内部管控与运行制度的有效执行。由于小微企业受其经营规模与成本的限制，因此，对于企业的重要决策、采购与业务操作应由专业人员严格核对，一旦发现漏洞与错误，必须及时提出警示意见。如果存在重大违规操作，必须采取手段保护公司的权益，不断完善小微企业的内部控制与运作制度，使自身的业务操作变得更规范，使普遍存在于小微企业中的经营管理不善、业务操作不透明与内部控制差等问题都能得到改善。

第二，开展企业创新转型，努力实现小微企业经营模式的革新。科技突飞猛进，市场竞争日趋激烈，小微企业应更注重发挥技术创新，善于根据市场需求的变化完成企业转型升级，以适应市场发展的趋势。紧密贴近市场，贴近消费者。小微企业要不断进行创新产品更新，拓展营销渠道和优化服务方式，参与市场竞争，创造出更具灵活性的经营模式。创新创业型的小微企业多是发展第三产业，比如互联网商业、战略性新兴产业、文化产业与现代服务业等，所以在经济低速增长与经济结构调整的时期会是新产品技术、新商业模式大量涌现的时期，小微企业应该更加重视适应经济社会发展的形势变化，通过小微企业不断地开展创新，不断地创造出适应市场经济变化的新经营模式。

### 3. 建立科学化的投融资体系

小微企业在选择融资方式上会比较盲目，一是由于缺乏长远规划，企业难以根据自身发展情况及投资项目的收益来进行科学健康的融资渠道规划；二是当小微企业遇到融资瓶颈时，易于不计成本与后果，转而寻求利用民间金融来融资，结果是饮鸩止渴，不但不能从根本上解决小微企业的资金需求，还会加重企业负担。小微企业经营管理者容易有高速扩张的冲动，当企业完成一定的原始积累后并寻找到有潜力的投资项目时，常常不顾现实能力盲目增大投资。小微企业过度关注成长，就会对规避资金链断裂风险重视不足。科学化的融资体系分为三个层面：第一，科学的融资决策体系，这种融资决策必须建立在企业发展战略、小微企业经营能力、投资项目的收益水平、企业筹融资能力的综合分析基础上，并通过小微企业内部的谨慎思考，做出企业自己的融资决策。第二，合适合理的融资监督体系。小微企业必须保证融资款项能用到合理的投资项目上，避免企业出现资金闲置与资金浪费的现象，避免企业内部违法违规侵占融资资金。第三，稳妥的偿还支付体系。小微企业在中长期融资与短期融资相结合时，应建立合理的融资期限规划与偿还支付规划，合理安排好中长期融资与短期融资的比例。避免出现逾期与违约的风险，以确保企业的良好信誉的建立。

# 第九章　互联网金融下小微企业融资的发展趋势

## 第一节　互联网供应链金融助力小微企业发展

### 一、互联网供应链金融

供应链融资是指小微企业从供应链核心企业处获取赊账凭证以及时转换现金资产与预付账款的融资。供应链环节上下游的小微企业可以存货作为担保从商业银行换取流动性高的短期贷款。

互联网供应链金融是指互联网银行围绕供应链环节上的核心企业，综合管理上、中、下游中小微企业的资金流、信息流与物流等，把其中某一企业不可控的风险转变成供应链环节上以核心企业为中心的整体可控性风险，并通过体系获得各类有效信息，将财务风险控制到最低的金融服务范围内。通过对我国供应链金融发展轨迹和产业链金融业务的联合考察，并受益于供应链金融的发力和升级，商业银行为小微企业提供贷款业务的经营理应得到改善，获利的中小微企业应该越来越多，中小微企业的发展应该越来越好。但在实际运行当中，却存在一些障碍，影响了供应链金融业务的发展。

现阶段，互联网银行在开展经营和改革与转型过程中，已开始将互联网供应链金融作为其转型的着力点与重要突破口之一。基于互联网的供应链管理也是小微企业生存的重要支柱与利润源泉，大多数的小微企业经营管理者均已认识到参与互联网供应链管理对于自身企业战略举足轻重的作用。

互联网供应链金融对互联网金融平台的价值表现在以下两个方面。第一，互联网供应链金融实现互联网平台与小微企业的互利共赢，基于互联网供应链金融这一模式，互联网金融平台公司与互联网银行可以跳出单一企业的局限，立足于整条产业链与供应链的全局与高度，面向整条供应链上的所有企业提供资金支持服务，并通过将小微企业与供应链核心企业的资信捆绑在一起提供综合授信。第二，互联网供应链金融的发展可以降低互联网银行资金占用。互联网供应链金融业务涵盖了商业信用业务、电子化金融工具与商贸业务等，为互联网银行拓展新业务提供了较大空间。

## 二、互联网供应链金融模式下小微企业融资的机遇与挑战

随着互联网的迅猛发展，互联网与供应链金融的结合为商业银行助力小微企业融资业务开启了一个新的发展契机。互联网与供应链金融结合从根本上解决了中小微企业因资产不足与信用缺失等原因而面临商业银行拒贷的现实问题。互联网银行在互联网供应链金融下通过互联网平台在线对授信主体的评估是整体的、联动的。互联网银行依托互联网平台进行线上与线下相结合的考察，通过考察从生产到销售的供应链上的所有企业而不是衡量单一企业的商业信用状况而做出授信决策。这一过程必然提升了小微企业的商业信用水平和金融信贷的综合实力，同时也一定程度上提升了互联网银行的盈利实力，这种联姻在本质上是一个双赢的博弈过程。

目前，在互联网供应链金融模式下小微企业融资业务存在着两个障碍。一是供应链上的核心企业缺乏与互联网银行团结合作的动力。这是因为部分核心企业的目光短视，并不认可自身所处的供应链的上中下游的小微企业搭顺风车的心态与行为，也不愿意把自身企业资源计划分享给银行，这就导致互联网银行在供应链金融下开展小微企业融资业务时无法确保信息流、物流和资金流的真实性与客观性。特别是当前我国多数产业处于产能过剩的现状，绝大部分核心企业长期以来秉持轻采购、重销售的心态，它们更愿意倾向于预付类融资。对于应收类融资业务，供应链的核心企业对应收账款确认后，互联网银行只担负供应链核心企业的还款风险，这是互联网银行最乐意接受的形式。现实是多数核心企业并不配合，特别是在预付类融资业务中，银行要分担市场风险与金融产品的销售风险。二是处于供应链上中下游的小微企业其违约成本较低，除了拍卖变现外，互联网银行的惩罚手段极为有限。因此，风险承受能力相对脆弱的互联网银行开展供应链金融业务时也会力不从心。

有效发挥互联网供应链金融的作用，做好互联网供应链金融的关键在于解决前面提到的在互联网供应链金融运行过程中互联网银行所遇到的障

碍。区块链技术的出现和发展将为互联网银行在互联网供应链金融下经营小微企业业务提供新思路和捷径。

## 第二节　区块链金融助力小微企业发展

### 一、区块链与区块链金融

#### 1. 区块链

随着互联网、云计算的迅猛发展，支付宝与微信钱包越来越受到大众的欢迎，并逐步成为一种新型的主流支付渠道与支付方式。尽管现阶段比特币作为支付媒介仍然未获得国家金融监管的认可，甚至被视为非法。即便是在国内以比特币定位为金融投资产品未获当局认可的局面下，大众依旧催生了对新支付货币的迫切需求。特别是在缺乏持续性刚需的前提下，市场出现逆转时，加上金融杠杆撤离后，金融炒家迅速离场，进而引起金融价格波动性偏强。金融风险破红线，以比特币作为技术支撑的“区块链”开始受到学术界与金融界的广泛关注。

以去中心为特征的区块链技术是互联网时代的又一次颠覆，区块链实质是通过点对点的方式将一群分散的用户联系在一起，并由所有参与者组成的分布式数据库，是对所有比特币交易历史的记录。比特币的交易数据被打包到一个“数据块”或“区块”中后，交易就算初步确认了。区块链在持续延长，而且新区块一旦加入到区块链中，就不会再被移走。当区块链接到前一个区块之后，交易会得到进一步的确认。在连续得到6个区块确认后，这笔交易基本上就不可逆转地得到确认了。区块链在网络上是完全公开透明的，可以在每一个离线比特币钱包数据中查询。

随着区块链在更多领域的推广，如货币清算结算、数字资产管理、众筹、智能合同、法律文件验证等，区块链技术的独特用途将被挖掘。例如，在数字资产管理中，资产将被数字化并由区块链保管，得到交易指令后块链便将资产转移。因为区块链的信息不可逆，同时会自动记录时间，所以安全性得到保证。

区块链有别于传统金融的运行模式，具有去中心化、交易费用化、存储信息高度透明、不易篡改等特点。金融资源可以在全世界范围内自由流通，没有隐藏成本。但是现阶段此项技术只是在金融领域开始试验，主要应用于支付结算等方式。

2. 区块链金融

Satoshi（2008）提出“比特币”概念，指出这是一种点对点技术的电子现金系统，使得在线支付能够直接由一方发起并支付给另外一方，不需要通过任何第三方金融机构。区块链承载的意义就是“去中心化”。Maloumby-Baka &Kingombe（2015）强调，依托区块链技术的比特币使得交易双方可以实现去中介化而进行直接实施汇款，极大地降低了交易成本。区块链的又一关键特征是“去信任化”，它是一台创造信任的机器，让人们在相互不信任且无中立机构监督的情况下实现互相协作。Murray（2015）指出传统企业常常因不良的内部管控和分离的外部审计导致效率低下且费用昂贵。随着数据和信息的持续增长，信息出现差错甚至泄露的风险也越大，而区块链技术用透明度替代信任度，其结果是速度、数量及精确性都大幅提高，成本也大幅降低。企业还能够根据客户的大量准确信息，更好做到“大量客制化”。The Economist（2015）强调从区块链在金融的应用看，将货币属性淡化的新区块链正在催生，分布式总账技术区块链更可能被用于金融服务。Templeton（2015）指出，银行对贷款的跟踪记录和安全保障已经做得很好，但却缺乏效率，效率的高低也可能转化为客户成本节约的多少；区块链技术既保证安全性又有效率，可完全替代银行。何华峰（2017）强调区块链技术不仅能颠覆传统金融业，还能用于一切缺乏信任的领域。谢平（2017）分析到，除了技术层面如网络安全和区块容量等问题外，区块链按照“最大公约”的原理构建了一套自治规范，而忽略了法律监管、税务、国家等概念，这些种种去中介的特性可能成为其走向实际应用的挑战。

## 二、区块链金融有助于解决小微企业融资配给问题

当前我国经济需要兼顾稳增长和调结构两者的平衡。小微企业能否健康发展关系到我国经济的顺利转型。长久以来小微企业在促进经济增长、增加就业与缩小贫富差距等方面具有举足轻重且不可替代的作用。然而由于市场失灵、资金供求信息不对称等导致了小微企业融资困难。且小微企业先天自带的抗风险性差、财务管理不健全、缺乏有效的抵押品等多种影

响因素，使得小微企业常常被排除在国有商业银行为代表的间接融资模式之外。小微企业的资产规模难以达到资本市场的门槛，因而不能从直接资本市场获得资金。尽管互联网金融为解决小微企业融资困境带来了曙光，但是2015年来大量的P2P平台“跑路”潮和各P2P平台居高不下的借贷利率，显示出互联网金融仍然存在较大问题，如此之高的利率一般的小微企业也显然无法承受，可以看出现有的互联网金融模式不能完全有效解决小微企业的融资困境。

随着区块链技术的快速发展，区块链已经得到了各国的重视，区块链最早应用于比特币，是比特币进行交易时的一个公开账本。任何一次比特币的交易都会记入这个账本，且这个账本是独立于第三方的。目前这正运用到更多的领域，如财产登记、支付结算、数据管理等。区块链的核心在于去中心化和去中介化，它的主要特点是去中心化存储、信息高度透明、难以篡改等。区块链的信息高度透明和难以篡改的特点表明若个人或者组织存在负面信息，这将给本身带来巨大的成本。因此将区块链引入金融信贷市场将会对当前资本市场的投融资模式带来根本的改变，尤其使小微企业所面临的资本信贷配给问题可能得到根本有效缓解与改变。

区块链金融去中心化、去平台化的特点，将改变拥有信息优势的金融机构如银行、互联网金融企业等，使得这些机构将无法凭借自身积累的庞大信息在金融市场占有垄断地位，投资者将可绕开这些中介机构进入直接融资市场。这一新生事物必然有助于缓解小微企业的融资瓶颈。

**1. 区块链对直接融资模式的影响**

直接融资模式是指投资人与借款人不依托金融中介机构直接开展融资活动。投资人利用互联网平台对融资人的信息进行调查收集，对融资人进行线上分析后直接进行投资。融资人绕过金融中介机构，而直接获得融资，能获得既方便快捷又成本低廉的资金来源。对投资者而言，可以获得相较于间接融资模式更高的收益，也能选择自己意向的公司和项目进行投资。我国当前的直接融资市场主要以股票市场和债券市场为主。直接融资模式存在的问题是投资者必须风险自担，并且有可能存在较大风险，尤其是在借贷双方信息严重不对称的情况下，融资者更容易遭受损失。当前我国的直接融资市场还很小，尚无法满足大部分企业的融资需求，我国企业上市实行核准制，使得只有部分大中企业才能进入直接融资市场。区块链技术的发展对直接融资市场将带来积极的作用，区块链技术使得信息更加透明，也使得投资者能更放心地进行直接投资。同时，在区块链模式下，违约风险很高，企业的代理成本会大大降低。这也使投资直接融资市场将会得到更大的收益。将区块链技术引入直接融资市场后，各种交易都可通过区块链进行，对于参与者来说可以实行主动监管与风险预警。可以预见在未来的金融市场上，直接融资模式将占有绝大多数的份额。

**2. 区块链将改变间接融资模式**

间接融资模式指在金融市场中投资人把资金放到金融中介机构，委托金融中介机构对融资需求者进行资本投资。现阶段我国资本市场融资方式是以商业银行为主要金融中介机构的间接投融资模式。这是因为我国的资本市场发育还不成熟与完善。投资人为了降低风险依托金融机构把资金投到中介机构，中介机构凭借其经营平台而获取大量的闲散资金后再进行分散投资。再加上金融中介机构掌握了庞大的借贷人信息，相较于投资人的直接投资其金融风险更小。这也是间接融资模式在国内依旧盛行的重要原因。当前我国间接融资面临的主要问题有以下三点：一是以商业银行为主的金融中介机构更加愿意放贷给资信较好的大中型企业，而小微企业的融资困境一直没有得到有效解决；二是国内商业银行一直以来都享受着高存贷利率差所带来的巨额收益；三是随着金融市场的不断发展，经营好的大中型企业渐渐进入直接融资市场后所带来的金融中介机构“脱媒”现象，致使商业银行出现大量优质客户的流失，进而迫使商业银行进行改革。伴随着互联网时代的到来，区块链技术将彻底冲击与改变这种贷款信息不对称的局面，投资人与贷款人之间将变得透明化。因此可以预测未来金融市场必然会发展成一个去金融中介的轨迹。那么商业银行将面临经营方式的转变，由过于依托赚取高存贷利率差转移到资产管理与投资理财等方式上来。

**3. 区块链对互联网金融模式的影响**

现阶段的互联网金融主要的形式为在线网络银行、手机银行、网络证券、网络保险、在线 P2P 平台和众筹平台等。现以 P2P 平台与众筹平台这两种在线网贷模式为例介绍其经营模式。在在线网贷模式下，借款人如果要想获取资金，必须向P2P网贷平台递交有关借款的材料，在得到P2P网贷平台的在线认证与审核后，并确定对借款人进行的贷款利率定价，并且把借款信息、借款金额、借款期限、借款利率等相关信息在P2P平台上展示出来，以供投资人对借款人的信息进行筛选，让投资者自己选择其认为投资收益较好且投资风险在其承受范围内的借款人。当借款资金快到期时，借款人将不必把本金与利率资金交给第三方机构托管，而是直接把还款打到投资人的账户。而股权众筹与P2P平台的最主要区别在于投资人不以还本付息的方式，而是以股权分红的方式变成持有项目的股东。所以，从项目融资模式来分析，互联网平台在此时仅仅只充当了传递借贷信息中介的功能，互联网金融平台负责对借款人的借款资格进行筛选与认证。互联网金融平台作为贷款信息中介已经参与到贷款项目筛选与贷款利率定价活动中来，当借贷双方出现了违约事件时，互联网金融中介平台也必然应该承担一定的经济责任。现阶段多数的P2P在线平台多采用了保本保息政策，这显然违背了作为纯借贷信息中介的初衷，间接变成了变形的网络借贷公司。这必然拉高P2P平台的贷款成本，其贷款利率也就相当高，高利率会加剧金融风险，若让互联网平台来承担这种过高的金融风险，显然也是不现实的，最终会导致平台大量“跑路”的现象。过高的借贷利息，也会加剧借款人违约的风险。但是如果区块链技术被引入金融系统中，那将会掀起新的金融革命。首先区块链金融带来的是大量可以认证的结构化数据。比如借贷双方的财产证明、借款人与投资人的身份信息、二者的交易记录等，所有借款信息都能够依托区块链技术在互联网上进行公开、透明的展示。其他的一些数据如个人风险偏好等不能进入区块链的数据也能够通过互联网平台进行收集。

当对资金有需求的借款人在线发布资金融资需求时，互联网金融平台可综合区块链所公开的数据，对投资人的投资做出相应的投资建议，这样的互联网金融平台就变成了提供借贷信息参考的纯信息平台中介。那么对小微企业而言，就可以利用互联网金融平台与区块链金融合理、有效地寻找到资金的配给。同时，在这种情况下，没有了金融中介，小微企业的融资成本会大幅降低，这将有利于减轻小微企业融资的负担，为小微企业融资带来真正意义上的春天。

在未来的区块链金融模式下，将区块链技术引入金融信贷市场，这将从根本上彻底地解决融资双方信息不对等的地位，真正解决小微企业的信贷配给难题。区块链技术引入金融信贷市场后会对直接融资模式与间接融资模式产生重要影响，将互联网金融作为一种模式单独考量，能够减少和避免互联网金融中 P2P 平台和众筹平台出现的问题，促使互联网金融中介平台转变成纯信息中介平台。区块链技术仍然还处在不断开发与改进中，区块链金融中也一定存在不少技术难题尚未被突破。但不可否认的是区块链金融模式将成为世界金融理论与实践的尝试与有益补充，它的实践必然会为世界各国小微企业借贷和普通民众投融资提供更加广阔的选择方式与渠道。

# 附录　中国小微企业互联网金融相关法规政策文件

附录1

## 关于促进互联网金融健康发展的指导意见

（银发〔2015〕221号）

近年来，互联网技术、信息通信技术不断取得突破，推动互联网与金融快速融合，促进了金融创新，提高了金融资源配置效率，但也存在一些问题和风险隐患。为全面贯彻落实党的十八大和十八届二中、三中、四中全会精神，按照党中央、国务院决策部署，遵循“鼓励创新、防范风险、趋利避害、健康发展”的总体要求，从金融业健康发展全局出发，进一步推进金融改革创新和对外开放，促进互联网金融健康发展，经党中央、国务院同意，现提出以下意见。

### 一、鼓励创新，支持互联网金融稳步发展

互联网金融是传统金融机构与互联网企业（以下统称从业机构）利用互联网技术和信息通信技术实现资金融通、支付、投资和信息中介服务的新型金融业务模式。互联网与金融深度融合是大势所趋，将对金融产品、业务、组织和服务等方面产生更加深刻的影响。互联网金融对促进小微企业发展和扩大就业发挥了现有金融机构难以替代的积极作用，为大众创业、万众创新打开了大门。促进互联网金融健康发展，有利于提升金融服务质量和效率，深化金融改革，促进金融创新发展，扩大金融业对内对外开放，构建多层次金融体系。作为新生事物，互联网金融既需要市场驱动，鼓励创新，也需要政策助力，促进发展。

（一）积极鼓励互联网金融平台、产品和服务创新，激发市场活力。鼓励银行、证券、保险、基金、信托和消费金融等金融机构依托互联网技术，实现传统金融业务与服务转型升级，积极开发基于互联网技术的新产品和新服务。支持有条件的金融机构建设创新型互联网平台开展网络银行、网络证券、网络保险、网络基金销售和网络消费金融等业务。支持互联网企业依法合规设立互联网支付机构、网络借贷平台、股权众筹融资平台、网络金融产品销售平台，建立服务实体经济的多层次金融服务体系，更好地满足中小微企业和个人投融资需求，进一步拓展普惠金融的广度和深度。鼓励电子商务企业在符合金融法律法规规定的条件下自建和完善线上金融服务体系，有效拓展电商供应链业务。鼓励从业机构积极开展产品、服务、技术和管理创新，提升从业机构核心竞争力。

（二）鼓励从业机构相互合作，实现优势互补。支持各类金融机构与互联网企业开展合作，建立良好的互联网金融生态环境和产业链。鼓励银行业金融机构开展业务创新，为第三方支付机构和网络贷款平台等提供资金存管、支付清算等配套服务。支持小微金融服务机构与互联网企业开展业务合作，实现商业模式创新。支持证券、基金、信托、消费金融、期货机构与互联网企业开展合作，拓宽金融产品销售渠道，创新财富管理模式。鼓励保险公司与互联网企业合作，提升互联网金融企业风险抵御能力。

（三）拓宽从业机构融资渠道，改善融资环境。支持社会资本发起设立互联网金融产业投资基金，推动从业机构与创业投资机构、产业投资基金深度合作。鼓励符合条件的优质从业机构在主板、创业板等境内资本市场上市融资。鼓励银行业金融机构按照支持小微企业发展的各项金融政策，对处于初创期的从业机构予以支持。针对互联网企业特点，创新金融产品和服务。

（四）坚持简政放权，提供优质服务。各金融监管部门要积极支持金融机构开展互联网金融业务。按照法律法规规定，对符合条件的互联网企业开展相关金融业务实施高效管理。工商行政管理部门要支持互联网企业依法办理工商注册登记。电信主管部门、国家互联网信息管理部门要积极支持互联网金融业务，电信主管部门对互联网金融业务涉及的电信业务进行监管，国家互联网信息管理部门负责对金融信息服务、互联网信息内容等业务进行监管。积极开展互联网金融领域立法研究，适时出台相关管理规章，营造有利于互联网金融发展的良好制度环境。加大对从业机构专利、商标等知识产权的保护力度。鼓励省级人民政府加大对互联网金融的政策支持。支持设立专业化互联网金融研究机构，鼓励建设互联网金融信息交流平台，积极开展互联网金融研究。

（五）落实和完善有关财税政策。按照税收公平原则，对于业务规模较小、处于初创期的从业机构，符合我国现行对中小企业特别是小微企业税收政策条件的，可按规定享受税收优惠政策。结合金融业营业税改征增值税改革，统筹完善互联网金融税收政策。落实从业机构新技术、新产品研发费用税前加计扣除政策。

（六）推动信用基础设施建设，培育互联网金融配套服务体系。支持大数据存储、网络与信息安全维护等技术领域基础设施建设。鼓励从业机构依法建立信用信息共享平台。推动符合条件的相关从业机构接入金融信用信息基础数据库。允许有条件的从业机构依法申请征信业务许可。支持具备资质的信用中介组织开展互联网企业信用评级，增强市场信息透明度。鼓励会计、审计、法律、咨询等中介服务机构为互联网企业提供相关专业服务。

## 二、分类指导，明确互联网金融监管责任

互联网金融本质仍属于金融，没有改变金融风险隐蔽性、传染性、广泛性和突发性的特点。加强互联网金融监管，是促进互联网金融健康发展的内在要求。同时，互联网金融是新生事物和新兴业态，要制定适度宽松的监管政策，为互联网金融创新留有余地和空间。通过鼓励创新和加强监管相互支撑，促进互联网金融健康发展，更好地服务实体经济。互联网金融监管应遵循“依法监管、适度监管、分类监管、协同监管、创新监管”的原则，科学合理界定各业态的业务边界及准入条件，落实监管责任，明确风险底线，保护合法经营，坚决打击违法和违规行为。

（七）互联网支付。互联网支付是指通过计算机、手机等设备，依托互联网发起支付指令、转移货币资金的服务。互联网支付应始终坚持服务电子商务发展和为社会提供小额、快捷、便民小微支付服务的宗旨。银行业金融机构和第三方支付机构从事互联网支付，应遵守现行法律法规和监管规定。第三方支付机构与其他机构开展合作的，应清晰界定各方的权利义务关系，建立有效的风险隔离机制和客户权益保障机制。要向客户充分披

露服务信息，清晰地提示业务风险，不得夸大支付服务中介的性质和职能。互联网支付业务由人民银行负责监管。

（八）网络借贷。网络借贷包括个体网络借贷（即P2P网络借贷）和网络小额贷款。个体网络借贷是指个体和个体之间通过互联网平台实现的直接借贷。在个体网络借贷平台上发生的直接借贷行为属于民间借贷范畴，受《合同法》《民法通则》等法律法规以及最高人民法院相关司法解释规范。个体网络借贷要坚持平台功能，为投资方和融资方提供信息交互、撮合、资信评估等中介服务。个体网络借贷机构要明确信息中介性质，主要为借贷双方的直接借贷提供信息服务，不得提供增信服务，不得非法集资。网络小额贷款是指互联网企业通过其控制的小额贷款公司，利用互联网向客户提供的小额贷款。网络小额贷款应遵守现有小额贷款公司监管规定，发挥网络贷款优势，努力降低客户融资成本。网络借贷业务由银监会负责监管。

（九）股权众筹融资。股权众筹融资主要是指通过互联网形式进行公开小额股权融资的活动。股权众筹融资必须通过股权众筹融资中介机构平台（互联网网站或其他类似的电子媒介）进行。股权众筹融资中介机构可以在符合法律法规规定前提下，对业务模式进行创新探索，发挥股权众筹融资作为多层次资本市场有机组成部分的作用，更好地服务创新创业企业。股权众筹融资方应为小微企业，应通过股权众筹融资中介机构向投资人如实披露企业的商业模式、经营管理、财务、资金使用等关键信息，不得误导或欺诈投资者。投资者应当充分了解股权众筹融资活动风险，具备相应风险承受能力，进行小额投资。股权众筹融资业务由证监会负责监管。

（十）互联网基金销售。基金销售机构与其他机构通过互联网合作销售基金等理财产品的，要切实履行风险披露义务，不得通过违规承诺收益方式吸引客户；基金管理人应当采取有效措施防范资产配置中的期限错配和流动性风险；基金销售机构及其合作机构通过其他活动为投资人提供收益的，应当对收益构成、先决条件、适用情形等进行全面、真实、准确表述和列示，不得与基金产品收益混同。第三方支付机构在开展基金互联网销售支付服务过程中，应当遵守人民银行、证监会关于客户备付金及基金销售结算资金的相关监管要求。第三方支付机构的客户备付金只能用于办理客户委托的支付业务，不得用于垫付基金和其他理财产品的资金赎回。互联网基金销售业务由证监会负责监管。

（十一）互联网保险。保险公司开展互联网保险业务，应遵循安全性、保密性和稳定性原则，加强风险管理，完善内控系统，确保交易安全、信息安全和资金安全。专业互联网保险公司应当坚持服务互联网经济活动的基本定位，提供有针对性的保险服务。保险公司应建立对所属电子商务公司等非保险类子公司的管理制度，建立必要的防火墙。保险公司通过互联网销售保险产品，不得进行不实陈述、片面或夸大宣传过往业绩、违规承诺收益或者承担损失等误导性描述。互联网保险业务由保监会负责监管。

（十二）互联网信托和互联网消费金融。信托公司、消费金融公司通过互联网开展业务的，要严格遵循监管规定，加强风险管理，确保交易合法合规，并保守客户信息。信托公司通过互联网进行产品销售及开展其他信托业务的，要遵守合格投资者等监管规定，审慎甄别客户身份和评估客户风险承受能力，不能将产品销售给与风险承受能力不相匹配的客户。信托公司与消费金融公司要制定完善产品文件签署制度，保证交易过程合法合规，安全规范。互联网信托业务、互联网消费金融业务由银监会负责监管。

## 三、健全制度，规范互联网金融市场秩序

发展互联网金融要以市场为导向，遵循服务实体经济、服从宏观调控和维护金融稳定的总体目标，切实保障消费者合法权益，维护公平竞争的市场秩序。要细化管理制度，为互联网金融健康发展营造良好环境。

（十三）互联网行业管理。任何组织和个人开设网站从事互联网金融业务的，除应按规定履行相关金融监管程序外，还应依法向电信主管部门履行网站备案手续，否则不得开展互联网金融业务。工业和信息化部负责对互联网金融业务涉及的电信业务进行监管，国家互联网信息办公室负责对金融信息服务、互联网信息内容等业务进行监管，两部门按职责制定相关监管细则。

（十四）客户资金第三方存管制度。除另有规定外，从业机构应当选择符合条件的银行业金融机构作为资金存管机构，对客户资金进行管理和监督，实现客户资金与从业机构自身资金分账管理。客户资金存管账户应接受独立审计并向客户公开审计结果。人民银行会同金融监管部门按照职责分工实施监管，并制定相关监管细则。

（十五）信息披露、风险提示和合格投资者制度。从业机构应当对客户

进行充分的信息披露，及时向投资者公布其经营活动和财务状况的相关信息，以便投资者充分了解从业机构运作状况，促使从业机构稳健经营和控制风险。从业机构应当向各参与方详细说明交易模式、参与方的权利和义务，并进行充分的风险提示。要研究建立互联网金融的合格投资者制度，提升投资者保护水平。有关部门按照职责分工负责监管。

（十六）消费者权益保护。研究制定互联网金融消费者教育规划，及时发布维权提示。加强互联网金融产品合同内容、免责条款规定等与消费者利益相关的信息披露工作，依法监督处理经营者利用合同格式条款侵害消费者合法权益的违法、违规行为。构建在线争议解决、现场接待受理、监管部门受理投诉、第三方调解以及仲裁、诉讼等多元化纠纷解决机制。细化完善互联网金融个人信息保护的原则、标准和操作流程。严禁网络销售金融产品过程中的不实宣传、强制捆绑销售。人民银行、银监会、证监会、保监会会同有关行政执法部门，根据职责分工依法开展互联网金融领域消费者和投资者权益保护工作。

（十七）网络与信息安全。从业机构应当切实提升技术安全水平，妥善保管客户资料和交易信息，不得非法买卖、泄露客户个人信息。人民银行、银监会、证监会、保监会、工业和信息化部、公安部、国家互联网信息办公室分别负责对相关从业机构的网络与信息安全保障进行监管，并制定相关监管细则和技术安全标准。

（十八）反洗钱和防范金融犯罪。从业机构应当采取有效措施识别客户身份，主动监测并报告可疑交易，妥善保存客户资料和交易记录。从业机构有义务按照有关规定，建立健全有关协助查询、冻结的规章制度，协助公安机关和司法机关依法、及时查询、冻结涉案财产，配合公安机关和司法机关做好取证和执行工作。坚决打击涉及非法集资等互联网金融犯罪，防范金融风险，维护金融秩序。金融机构在和互联网企业开展合作、代理时应根据有关法律和规定签订包括反洗钱和防范金融犯罪要求的合作、代理协议，并确保不因合作、代理关系而降低反洗钱和金融犯罪执行标准。人民银行牵头负责对从业机构履行反洗钱义务进行监管，并制定相关监管细则。打击互联网金融犯罪工作由公安部牵头负责。

（十九）加强互联网金融行业自律。充分发挥行业自律机制在规范从业机构市场行为和保护行业合法权益等方面的积极作用。人民银行会同有关部门，组建中国互联网金融协会。协会要按业务类型，制定经营管理规则和行业标准，推动机构之间的业务交流和信息共享。协会要明确自律惩戒机制，提高行业规则和标准的约束力。强化守法、诚信、自律意识，树立从业机构服务经济社会发展的正面形象，营造诚信规范发展的良好氛围。

（二十）监管协调与数据统计监测。各监管部门要相互协作、形成合力，充分发挥金融监管协调部际联席会议制度的作用。人民银行、银监会、证监会、保监会应当密切关注互联网金融业务发展及相关风险，对监管政策进行跟踪评估，适时提出调整建议，不断总结监管经验。财政部负责互联网金融从业机构财务监管政策。人民银行会同有关部门，负责建立和完善互联网金融数据统计监测体系，相关部门按照监管职责分工负责相关互联网金融数据统计和监测工作，并实现统计数据和信息共享。

附录2

# 推进普惠金融发展规划（2016—2020年）

（国发〔2015〕74号）

普惠金融是指立足机会平等要求和商业可持续原则，以可负担的成本为有金融服务需求的社会各阶层和群体提供适当、有效的金融服务。小微企业、农民、城镇低收入人群、贫困人群和残疾人、老年人等特殊群体是当前我国普惠金融重点服务对象。大力发展普惠金融，是我国全面建成小康社会的必然要求，有利于促进金融业可持续均衡发展，推动大众创业、万众创新，助推经济发展方式转型升级，增进社会公平和社会和谐。

党中央、国务院高度重视发展普惠金融。党的十八届三中全会明确提出发展普惠金融。2015年《政府工作报告》提出，要大力发展普惠金融，让所有市场主体都能分享金融服务的雨露甘霖。为推进普惠金融发展，提高金融服务的覆盖率、可得性和满意度，增强所有市场主体和广大人民群众对金融服务的获得感，特制定本规划。

## 一、总体思路

### （一）发展现状

近年来，我国普惠金融发展呈现出服务主体多元、服务覆盖面较广、移动互联网支付使用率较高的特点，人均持有银行账户数量、银行网点密度等基础金融服务水平已达到国际中上游水平，但仍面临诸多问题与挑战：普惠金融服务不均衡，普惠金融体系不健全，法律法规体系不完善，金融基础设施建设有待加强，商业可持续性有待提升。

### （二）指导思想

全面贯彻党的十八大和十八届三中、四中、五中全会精神，按照党中央、国务院决策部署，坚持借鉴国际经验与体现中国特色相结合、政府引导与市场主导相结合、完善基础金融服务与改进重点领域金融服务相结合，不断提高金融服务的覆盖率、可得性和满意度，使最广大人民群众公平分享金融改革发展的成果。

### （三）基本原则

健全机制、持续发展。建立有利于普惠金融发展的体制机制，进一步加大对薄弱环节金融服务的政策支持，提高精准性与有效性，调节市场失灵，确保普惠金融业务持续发展和服务持续改善，实现社会效益与经济效益的有机统一。

机会平等、惠及民生。以增进民生福祉为目的，让所有阶层和群体能够以平等的机会、合理的价格享受到符合自身需求特点的金融服务。

市场主导、政府引导。正确处理政府与市场的关系，尊重市场规律，使市场在金融资源配置中发挥决定性作用。更好发挥政府在统筹规划、组织协调、均衡布局、政策扶持等方面的引导作用。

防范风险、推进创新。加强风险监管，保障金融安全，维护金融稳定。坚持监管和创新并行，加快建立适应普惠金融发展要求的法制规范和监管体系，提高金融监管有效性。在有效防范风险基础上，鼓励金融机构推进金融产品和服务方式创新，适度降低服务成本。对难点问题要坚持先试点，试点成熟后再推广。

统筹规划、因地制宜。从促进我国经济社会发展、城乡和区域平衡出发，加强顶层设计、统筹协调，优先解决欠发达地区、薄弱环节和特殊群体的金融服务问题，鼓励各部门、各地区结合实际，积极探索，先行先试，扎实推进，做到服水土、接地气、益大众。

### （四）总体目标

到2020年，建立与全面建成小康社会相适应的普惠金融服务和保障体系，有效提高金融服务可得性，明显增强人民群众对金融服务的获得感，显著提升金融服务满意度，满足人民群众日益增长的金融服务需求，特别是要让小微企业、农民、城镇低收入人群、贫困人群和残疾人、老年人等及时获取价格合理、便捷安全的金融服务，使我国普惠金融发展水平居于国际中上游水平。

提高金融服务覆盖率。要基本实现乡乡有机构，村村有服务，乡镇一级基本实现银行物理网点和保险服务全覆盖，巩固助农取款服务村级覆盖网络，提高利用效率，推动行政村一级实现更多基础金融服务全覆盖。拓展城市社区金融服务广度和深度，显著改善城镇企业和居民金融服务的便利性。

提高金融服务可得性。大幅改善对城镇低收入人群、困难人群以及农村贫困人口、创业农民、创业大中专学生、残疾劳动者等初始创业者的金融支持，完善对特殊群体的无障碍金融服务。加大对新业态、新模式、新主体的金融支持。提高小微企业和农户贷款覆盖率。提高小微企业信用保险和贷款保证保险覆盖率，力争使农业保险参保农户覆盖率提升至95%以上。

提高金融服务满意度。有效提高各类金融工具的使用效率。进一步提高小微企业和农户申贷获得率和贷款满意度。提高小微企业、农户信用档案建档率。明显降低金融服务投诉率。

## 二、健全多元化广覆盖的机构体系

充分调动、发挥传统金融机构和新型业态主体的积极性、能动性，引导各类型机构和组织结合自身特点，找准市场定位，完善机制建设，发挥各自优势，为所有市场主体和广大人民群众提供多层次全覆盖的金融服务。

### （一）发挥各类银行机构的作用

鼓励开发性政策性银行以批发资金转贷形式与其他银行业金融机构合作，降低小微企业贷款成本。强化农业发展银行政策性功能定位，加大对农业开发和水利、贫困地区公路等农业农村基础设施建设的贷款力度。

鼓励大型银行加快建设小微企业专营机构。继续完善农业银行“三农金融事业部”管理体制和运行机制，进一步提升“三农”金融服务水平。引导邮政储蓄银行稳步发展小额涉农贷款业务，逐步扩大涉农业务范围。鼓励全国性股份制商业银行、城市商业银行和民营银行扎根基层、服务社区，为小微企业、“三农”和城镇居民提供更有针对性、更加便利的金融服务。

推动省联社加快职能转换，提高农村商业银行、农村合作银行、农村信用联社服务小微企业和“三农”的能力。加快在县（市、旗）集约化发起设立村镇银行步伐，重点布局中西部和老少边穷地区、粮食主产区、小微企业聚集地区。

### （二）规范发展各类新型机构

拓宽小额贷款公司和典当行融资渠道，加快接入征信系统，研究建立风险补偿机制和激励机制，努力提升小微企业融资服务水平。鼓励金融租赁公司和融资租赁公司更好地满足小微企业和涉农企业设备投入与技术改造的融资需求。促进消费金融公司和汽车金融公司发展，激发消费潜力，促进消费升级。

积极探索新型农村合作金融发展的有效途径，稳妥开展农民合作社内部资金互助试点。注重建立风险损失吸收机制，加强与业务开展相适应的资本约束，规范发展新型农村合作金融。支持农村小额信贷组织发展，持续向农村贫困人群提供融资服务。

大力发展一批以政府出资为主的融资担保机构或基金，推进建立重点支持小微企业和“三农”的省级再担保机构，研究论证设立国家融资担保基金。

促进互联网金融组织规范健康发展，加快制定行业准入标准和从业行为规范，建立信息披露制度，提高普惠金融服务水平，降低市场风险和道德风险。

### （三）积极发挥保险公司保障优势

保持县域内农业保险经营主体的相对稳定，引导保险机构持续加大对农村保险服务网点的资金、人力和技术投入。支持保险机构与基层农林技术推广机构、银行业金融机构、各类农业服务组织和农民合作社合作，促进农业技术推广、生产管理、森林保护、动物保护、防灾防损、家庭经济安全等与农业保险、农村小额人身保险相结合。发挥农村集体组织、农民合作社、农业社会化服务组织等基层机构的作用，组织开展农业保险和农村小额人身保险业务。完善农业保险协办机制。

## 三、创新金融产品和服务手段

积极引导各类普惠金融服务主体借助互联网等现代信息技术手段，降低金融交易成本，延伸服务半径，拓展普惠金融服务的广度和深度。

### （一）鼓励金融机构创新产品和服务方式

推广创新针对小微企业、高校毕业生、农户、特殊群体以及精准扶贫对象的小额贷款。开展动产质押贷款业务，建立以互联网为基础的集中统一的自助式动产、权利抵质押登记平台。研究创新对社会办医的金融支持方式。开发适合残疾人特点的金融产品。加强对网上银行、手机银行的开发和推广，完善电子支付手段。引导有条件的银行业金融机构设立无障碍银行服务网点，完善电子服务渠道，为残疾人和老年人等特殊群体提供无障碍金融服务。

在全国中小企业股份转让系统增加适合小微企业的融资品种。进一步扩大中小企业债券融资规模，逐步扩大小微企业增信集合债券发行规模。发展并购投资基金、私募股权投资基金、创业投资基金。支持符合条件的涉农企业在多层次资本市场融资。支持农产品期货市场发展，丰富农产品期货品种，拓展农产品期货及期权市场服务范围。完善期货交易机制，为规避农产品价格波动风险提供有效手段。

鼓励地方各级人民政府建立小微企业信用保证保险基金，用于小微企业信用保证保险的保费补贴和贷款本金损失补偿。引导银行业金融机构对购买信用保险和贷款保证保险的小微企业给予贷款优惠政策。鼓励保险公司投资符合条件的小微企业专项债券。扩大农业保险覆盖面，发展农作物保险、主要畜产品保险、重要“菜篮子”品种保险和森林保险，推广农房、农机具、设施农业、渔业、制种保险等业务。支持保险公司开发适合低收入人群、残疾人等特殊群体的小额人身保险及相关产品。

### （二）提升金融机构科技运用水平

鼓励金融机构运用大数据、云计算等新兴信息技术，打造互联网金融服务平台，为客户提供信息、资金、产品等全方位金融服务。鼓励银行业金融机构成立互联网金融专营事业部或独立法人机构。引导金融机构积极发展电子支付手段，逐步构筑电子支付渠道与固定网点相互补充的业务渠道体系，加快以电子银行和自助设备补充、替代固定网点的进度。推广保险移动展业，提高特殊群体金融服务可得性。

### （三）发挥互联网促进普惠金融发展的有益作用

积极鼓励网络支付机构服务电子商务发展，为社会提供小额、快捷、便民支付服务，提升支付效率。发挥网络借贷平台融资便捷、对象广泛的特点，引导其缓解小微企业、农户和各类低收入人群的融资难问题。发挥股权众筹融资平台对大众创业、万众创新的支持作用。发挥网络金融产品销售平台门槛低、变现快的特点，满足各消费群体多层次的投资理财需求。

## 四、加快推进金融基础设施建设

金融基础设施是提高金融机构运行效率和服务质量的重要支柱和平台，有助于改善普惠金融发展环境，促进金融资源均衡分布，引导各类金融服务主体开展普惠金融服务。

### （一）推进农村支付环境建设

鼓励银行机构和非银行支付机构面向农村地区提供安全、可靠的网上支付、手机支付等服务，拓展银行卡助农取款服务广度和深度。支持有关银行机构在乡村布放POS机、自动柜员机等各类机具，进一步向乡村延伸银行卡受理网络。支持农村金融服务机构和网点采取灵活、便捷的方式接入人民银行支付系统或其他专业化支付清算系统。鼓励商业银行代理农村地区金融服务机构支付结算业务。支持农村支付服务市场主体多元化发展。鼓励各地人民政府和国务院有关部门通过财政补贴、降低电信资费等方式扶持偏远、特困地区的支付服务网络建设。

### （二）建立健全普惠金融信用信息体系

加快建立多层级的小微企业和农民信用档案平台，实现企业主个人、农户家庭等多维度信用数据可应用。扩充金融信用信息基础数据库接入机构，降低普惠金融服务对象征信成本。积极培育从事小微企业和农民征信业务的征信机构，构建多元化信用信息收集渠道。依法采集户籍所在地、违法犯罪记录、工商登记、税收登记、出入境、扶贫人口、农业土地、居住状况等政务信息，采集对象覆盖全部农民、城镇低收入人群及小微企业，通过全国统一的信用信息共享交换平台及地方各级信用信息共享平台，推动政务信息与金融信息互联互通。

### （三）建立普惠金融统计体系

建立健全普惠金融指标体系。在整合、甄选目前有关部门涉及普惠金融管理数据基础上，设计形成包括普惠金融可得情况、使用情况、服务质量的统计指标体系，用于统计、分析和反映各地区、各机构普惠金融发展状况。建立跨部门工作组，开展普惠金融专项调查和统计，全面掌握普惠金融服务基础数据和信息。建立评估考核体系，形成动态评估机制。从区域和机构两个维度，对普惠金融发展情况进行评价，督促各地区、各金融机构根据评价情况改进服务工作。

## 五、完善普惠金融法律法规体系

逐步制定和完善普惠金融相关法律法规，形成系统性的法律框架，明确普惠金融服务供给、需求主体的权利义务，确保普惠金融服务有法可依、有章可循。

### （一）加快建立发展普惠金融基本制度

在健全完善现有“三农”金融政策基础上，研究论证相关综合性法律制度，满足“三农”金融服务诉求。对土地经营权、宅基地使用权、技术专利权、设备财产使用权和场地使用权等财产权益，积极开展确权、登记、颁证、流转等方面的规章制度建设。研究完善推进普惠金融工作相关制度，明确对各类新型机构的管理责任。

### （二）确立各类普惠金融服务主体法律规范

研究探索规范民间借贷行为的有关制度。推动制定非存款类放贷组织条例、典当业管理条例等法规。配套出台小额贷款公司管理办法、网络借贷管理办法等规定。通过法律法规明确从事扶贫小额信贷业务的组织或机构的定位。加快出台融资担保公司管理条例。推动修订农民专业合作社法，明确将农民合作社信用合作纳入法律调整范围。推动修订证券法，夯实股权众筹的法律基础。

### （三）健全普惠金融消费者权益保护法律体系

修订完善现有法律法规和部门规章制度，建立健全普惠金融消费者权益保护制度体系，明确金融机构在客户权益保护方面的义务与责任。制定针对农民和城镇低收入人群的金融服务最低标准，制定贫困、低收入人口金融服务费用减免办法，保障并改善特殊消费者群体金融服务权益。完善普惠金融消费者权益保护监管工作体系，进一步明确监管部门相关执法权限与责任标准。

## 六、发挥政策引导和激励作用

根据薄弱领域、特殊群体金融服务需求变化趋势，调整完善管理政策，促进金融资源向普惠金融倾斜。

### （一）完善货币信贷政策

积极运用差别化存款准备金等货币政策工具，鼓励和引导金融机构更多地将新增或者盘活的信贷资源配置到小微企业和“三农”等领域。进一步增强支农支小再贷款、再贴现支持力度，引导金融机构扩大涉农、小微企业信贷投放，降低社会融资成本。

### （二）健全金融监管差异化激励机制

以正向激励为导向，从业务和机构两方面采取差异化监管政策，引导银行业金融机构将信贷资源更多投向小微企业、“三农”、特殊群体等普惠金融薄弱群体和领域。推进小微企业专营机构和网点建设。有序开展小微企业金融债券、“三农”金融债券的申报和发行工作。进一步研究加强对小微企业和“三农”贷款服务、考核和核销方式的创新。推进落实有关提升小微企业和“三农”不良贷款容忍度的监管要求，完善尽职免责相关制度。

积极发挥全国中小企业股份转让系统、区域性股权市场、债券市场和期货市场的作用，引导证券投资基金、私募股权投资基金、创业投资基金增加有效供给，进一步丰富中小企业和“三农”的融资方式。

加强农业保险统筹规划，完善农业保险管理制度，建立全国农业保险管理信息平台，进一步完善中国农业保险再保险共同体运行机制。扶持小额人身保险发展，支持保险公司开拓县域市场，对其在中西部设立省级分公司和各类分支机构适度放宽条件、优先审批。

### （三）发挥财税政策作用

立足公共财政职能，完善、用好普惠金融发展专项资金，重点针对普惠金融服务市场失灵的领域，遵循保基本、有重点、可持续的原则，对普惠金融相关业务或机构给予适度支持。发挥财政资金杠杆作用，支持和引导地方各级人民政府、金融机构及社会资本支持普惠金融发展，更好地保障困难人群的基础金融服务可得性和适用性。落实小微企业和“三农”贷款的相关税收扶持政策。推动落实支持农民合作社和小微企业发展的各项税收优惠政策。

### （四）强化地方配套支持

地方各级人民政府要加强政策衔接与配合，共筑政策支撑合力。鼓励地方财政通过贴息、补贴、奖励等政策措施，激励和引导各类机构加大对小微企业、“三农”和民生尤其是精准扶贫等领域的支持力度。对金融机构注册登记、房产确权评估等给予政策支持。省级人民政府要切实承担起防范和处置非法集资第一责任人的责任。排查和化解各类风险隐患，提高地方金融监管有效性，严守不发生系统性、区域性金融风险的底线。

## 七、加强普惠金融教育与金融消费者权益保护

结合国情深入推进金融知识普及教育，培育公众的金融风险意识，提高金融消费者维权意识和能力，引导公众关心、支持、参与普惠金融实践活动。

### （一）加强金融知识普及教育

广泛利用电视广播、书刊杂志、数字媒体等渠道，多层面、广角度长期有效普及金融基础知识。针对城镇低收入人群、困难人群，以及农村贫困人口、创业农民、创业大中专学生、残疾劳动者等初始创业者开展专项教育活动，使其掌握符合其需求的金融知识。注重培养社会公众的信用意识和契约精神。建立金融知识教育发展长效机制，推动部分大中小学积极

开展金融知识普及教育，鼓励有条件的高校开设金融基础知识相关公共课。

### （二）培育公众金融风险意识

以金融创新业务为重点，针对金融案件高发领域，运用各种新闻信息媒介开展金融风险宣传教育，促进公众强化金融风险防范意识，树立“收益自享、风险自担”观念。重点加强与金融消费者权益有关的信息披露和风险提示，引导金融消费者根据自身风险承受能力和金融产品风险特征理性投资与消费。

### （三）加大金融消费者权益保护力度

加强金融消费者权益保护监督检查，及时查处侵害金融消费者合法权益行为，维护金融市场有序运行。金融机构要担负起受理、处理金融消费纠纷的主要责任，不断完善工作机制，改进服务质量。畅通金融机构、行业协会、监管部门、仲裁、诉讼等金融消费争议解决渠道，试点建立非诉第三方纠纷解决机制，逐步建立适合我国国情的多元化金融消费纠纷解决机制。

### （四）强化普惠金融宣传

加大对普惠金融的宣传力度。建立普惠金融发展信息公开机制，定期发布中国普惠金融指数和普惠金融白皮书。

## 八、组织保障和推进实施

### （一）加强组织保障

由银监会、人民银行牵头，发展改革委、工业和信息化部、民政部、财政部、农业部、商务部、林业局、证监会、保监会、中国残联等部门和单位参加，建立推进普惠金融发展工作协调机制，加强人员保障和理论研究，制定促进普惠金融发展的重大政策措施，协调解决重大问题，推进规划实施和相关政策落实，切实防范金融风险。国务院各有关部门要加强沟通，密切配合，根据职责分工完善各项配套政策措施。地方各级人民政府要加强组织领导，完善协调机制，结合本地实际抓紧制订具体落实方案，及时将实施过程中出现的新情况、新问题报送银监会、人民银行等有关部门。

### （二）开展试点示范

规划实施应全面推进、突出重点、分步开展、防范风险。对需要深入研究解决的难点问题，可在小范围内分类开展试点示范，待试点成熟后，再加以总结推广。各地区要在风险可控、依法合规的条件下，开展推进普惠金融发展试点，推动改革创新，加强实践验证。积极探索发挥基层组织在推进普惠金融发展中的作用。

### （三）加强国际交流

深化与其他国家和地区以及世界银行、全球普惠金融合作伙伴组织等国际组织的交流，开展多形式、多领域的务实合作，探索双边、多边的示范性项目合作，提升我国普惠金融国际化水平。

### （四）实施专项工程

围绕普惠金融发展重点领域、重点人群，集合资源，大力推进金融知识扫盲工程、移动金融工程、就业创业金融服务工程、扶贫信贷工程、大学生助学贷款工程等专项工程，促进实现规划目标。

### （五）健全监测评估

加快建立推进普惠金融发展监测评估体系，实施动态监测与跟踪分析，开展规划中期评估和专项监测，注重金融风险的监测与评估，及时发现问题并提出改进措施。引导和规范互联网金融有序发展，有效防范和处置互联网金融风险。要切实落实监督管理部门对非法集资的防范、监测和预警等职责。加强督查，强化考核，把推进普惠金融发展工作作为目标责任考核和政绩考核的重要内容。

附录3

# 中小企业信用担保资金管理办法

（财企〔2012〕97号）

## 第一章　总　　则

**第一条**　为规范和加强中小企业信用担保资金管理，提高资金使用效率，根据《中华人民共和国预算法》《中华人民共和国中小企业促进法》等法律、法规的有关规定，制定本办法。

**第二条**　中小企业信用担保资金（以下简称担保资金）是由中央财政预算安排，专门用于支持中小企业信用担保机构（以下简称担保机构）、中小企业信用再担保机构（以下简称再担保机构）增强业务能力，扩大中小企业担保业务，改善中小企业特别是小型微型企业融资环境的资金。

**第三条**　本办法所称中型、小型、微型企业的划分标准，按照国家规定执行。

**第四条**　担保资金的使用和管理应当遵循公开透明、定向使用、科学管理、加强监督的原则，确保资金使用规范、安全和高效，并向中西部地区倾斜。

**第五条**　财政部负责担保资金的预算管理及资金拨付，会同工业和信息化部确定项目资金分配方案，并对资金的使用情况进行监督检查。

工业和信息化部会同财政部确定担保资金的年度支持重点，建立担保资金项目管理系统，组织项目申报和审核，并对项目实施情况进行监督检查，在担保机构业务信息报送工作基础上开展担保（再担保）项目储备工作。

## 第二章　支持方式及额度

**第六条**　担保资金采取以下几种支持方式：

（一）业务补助，鼓励担保机构和再担保机构为中小企业特别是小型微型企业提供担保（再担保）服务。对符合本办法条件的担保机构开展的中型、小型、微型企业担保业务，分别按照不超过年平均在保余额的1%、2%、3%给予补助。对符合本办法条件的再担保机构开展的中型和小型微型企业再担保业务，分别按照不超过年平均在保余额的0.5%和1%给予补助。

（二）保费补助，鼓励担保机构为中小企业提供低费率担保服务。在不提高其他费用标准的前提下，对担保机构开展的担保费率低于银行同期贷款基准利率50%的中小企业担保业务给予补助，补助比例不超过银行同期贷款基准利率50%与实际担保费率之差，并重点补助小型微型企业低费率担保业务。

（三）资本金投入，鼓励担保机构扩大资本规模，提高信用水平，增强业务能力。特殊情况下，对符合本办法条件的担保机构、再担保机构，按照不超过新增出资额的30%给予注资支持。

（四）其他。用于鼓励和引导担保机构、再担保机构开展中小企业信用担保（再担保）业务的其他支持方式。

**第七条**　符合本办法条件的担保机构、再担保机构可以同时申请以上不限于一项支持方式的资助，但单个担保机构当年获得担保资金的资助额最多不超过2000万元，单个再担保机构当年获得担保资金的资助额最多不超过3000万元（资本金投入方式除外）。

## 第三章　申请条件及要件

**第八条**　申请担保资金的担保机构必须同时具备下列条件：

（一）依据国家有关法律、法规设立和经营，具有独立企业法人资格，取得融资性担保机构经营许可证。

（二）经营担保业务2年及以上，无不良信用记录。

（三）担保业务符合国家有关法律、法规、业务管理规定及产业政策，当年新增中小企业担保业务额占新增担保业务总额的70%以上或当年新增中小企业担保业务额10亿元以上。

（四）对单个企业提供的担保责任余额不超过担保机构净资产的10%，对单个企业债券发行提供的担保责任余额不超过担保机构净资产的30%。

（五）东部地区担保机构当年新增担保业务额达平均净资产［即（年初净资产+年末净资产）/2，下同］的3.5倍以上，且代偿率低于2%；中部地区担保机构当年新增担保业务额达平均净资产的3倍以上，且代偿率低于2%；西部地区担保机构当年新增担保业务额达平均净资产的2.5倍以上，且代偿率低于2%。

（六）平均年担保费率不超过银行同期贷款基准利率的50%。

（七）内部管理制度健全，运作规范，按规定提取准备金，并及时向财政部门报送企业财务会计报告和有关信息。

（八）近3年没有因财政、财务或其他违法、违规行为受到县级以上财政部门及其他监管部门的处理处罚。

（九）应当具备的其他条件。

**第九条** 申请担保资金的再担保机构必须同时具备下列条件：

（一）依据国家有关法律、法规设立和经营，具有独立企业法人资格。

（二）以担保机构为主要服务对象，经营中小企业再担保业务1年及以上。

（三）再担保业务符合国家有关法律、法规、业务管理规定及产业政策，当年新增中小企业再担保业务额占新增再担保业务总额的70%以上。

（四）当年新增再担保业务额达平均净资产的5倍以上。

（五）平均年再担保费率不超过银行同期贷款基准利率的15%。

（六）内部制度健全，管理规范，及时向财政部门报送企业财务会计报告和有关信息。

（七）近3年没有因财政、财务或其他违法、违规行为受到县级以上财政部门及其他监管部门的处理处罚。

（八）应当具备的其他条件。

**第十条** 申请担保资金的担保机构、再担保机构应按要求及时报送业务信息。

**第十一条** 申请担保资金的担保机构、再担保机构应提交担保资金申请报告，同时提供下列资料：

（一）营业执照副本及章程（复印件）。

（二）经会计师事务所审计的会计报表和审计报告（复印件）。

（三）经会计师事务所专项审计的担保业务情况（包括担保业务明细、风险准备金提取及担保业务收费等）。

（四）对申请资料真实性负责的声明。

（五）其他需提供的资料。

## 第四章 资金申请、审核及拨付

**第十二条** 工业和信息化部、财政部每年按照本办法规定，联合下发申报通知，明确当年担保资金支持重点、资助比例、具体条件、申报组织等内容。

**第十三条** 各省、自治区、直辖市、计划单列市及新疆生产建设兵团财政（财务）部门和同级中小企业主管部门（以下简称省级财政部门和省级中小企业主管部门）依据本办法规定和当年申报通知的要求，负责本地区担保资金的申请审核工作。

**第十四条** 省级中小企业主管部门会同同级财政部门在本地区范围内公开组织担保资金的项目申报，建立专家评审制度，结合业务信息报送情况，对申请项目进行评审，并纳入担保资金项目管理系统进行管理。

**第十五条** 省级财政部门会同同级中小企业主管部门依据专家评审意见确定申报的项目，并在规定时间内，将担保资金申请报告及其他相关资料上报财政部、工业和信息化部。

**第十六条** 工业和信息化部会同财政部对各地上报的申请报告及项目情况进行审核，并提出项目计划。

**第十七条** 经工业和信息化部、财政部审核批准后，项目计划向社会公示，接受监督，公示期不少于7个工作日。

对项目公示期内提出异议的项目，工业和信息化部会同财政部及时组织调查核实。

**第十八条** 项目公示期结束后，工业和信息化部将公示期内没有异议和经调查核实没有问题的项目列为支持项目，向财政部提出资金使用计划。

**第十九条** 财政部对资金使用计划进行审定，将预算指标下达到省级财政部门，并根据预算管理规定及时拨付担保资金。

省级财政部门按照规定程序，及时、足额将资金拨付至担保机构、再担保机构。

**第二十条** 担保机构、再担保机构收到担保资金后，应在10日内将资金到位时间、额度以及账务处理等信息以书面形式向省级财政部门反馈。

## 第五章　监督检查

**第二十一条**　省级财政部门和中小企业主管部门对担保资金申报、审核及使用共同实施管理和监督。财政部驻各地财政监察专员办事处，对担保资金的拨付使用情况进行不定期监督检查。

**第二十二条**　获得担保资金支持的担保机构、再担保机构应按财务规定妥善保存有关原始票据及凭证备查，积极配合各级财政部门、财政部驻各地财政监察专员办事处和中小企业主管部门的专项检查。

**第二十三条**　获得担保资金支持的担保机构、再担保机构应于每年2月底前向省级中小企业主管部门和省级财政部门报送上一年度有关资产财务、担保资金使用、绩效等材料。

**第二十四条**　省级中小企业主管部门和财政部门应建立担保资金使用跟踪问效和绩效评估机制，综合评估资金的经济效益和社会效益，并于每年3月底前向工业和信息化部、财政部上报上年度资金使用汇总报告及本地区中小企业信用担保机构发展报告。汇总报告应包括担保机构、再担保机构反馈的资金到位时间、额度及账务处理等信息。

**第二十五条**　担保资金必须专款专用，对违反规定使用、骗取担保资金的行为，依照《财政违法行为处罚处分条例》（国务院令第427号）的规定进行处理。

## 第六章　附　　则

**第二十六条**　省级财政部门和省级中小企业主管部门可根据本办法并结合实际，制定具体的实施办法。

**第二十七条**　本办法由财政部会同工业和信息化部负责解释。

**第二十八条**　本办法自印发之日起施行。

# 附录4

## 国务院关于鼓励和引导民间投资健康发展的若干意见

（国发〔2010〕13号）

各省、自治区、直辖市人民政府，国务院各部委、各直属机构：

改革开放以来，我国民间投资不断发展壮大，已经成为促进经济发展、调整产业结构、繁荣城乡市场、扩大社会就业的重要力量。在毫不动摇地巩固和发展公有制经济的同时，毫不动摇地鼓励、支持和引导非公有制经济发展，进一步鼓励和引导民间投资，有利于坚持和完善我国社会主义初级阶段基本经济制度，以现代产权制度为基础发展混合所有制经济，推动各种所有制经济平等竞争、共同发展；有利于完善社会主义市场经济体制，充分发挥市场配置资源的基础性作用，建立公平竞争的市场环境；有利于激发经济增长的内生动力，稳固可持续发展的基础，促进经济长期平稳较快发展；有利于扩大社会就业，增加居民收入，拉动国内消费，促进社会和谐稳定。为此，提出以下意见：

### 一、进一步拓宽民间投资的领域和范围

（一）深入贯彻落实《国务院关于鼓励支持和引导个体私营等非公有制经济发展的若干意见》（国发〔2005〕3号）等一系列政策措施，鼓励和引导民间资本进入法律法规未明确禁止准入的行业和领域。规范设置投资准入门槛，创造公平竞争、平等准入的市场环境。市场准入标准和优惠扶持政策要公开透明，对各类投资主体同等对待，不得单对民间资本设置附加条件。

（二）明确界定政府投资范围。政府投资主要用于关系国家安全、市场不能有效配置资源的经济和社会领域。对于可以实行市场化运作的基础设施、市政工程和其他公共服务领域，应鼓励和支持民间资本进入。

（三）进一步调整国有经济布局和结构。国有资本要把投资重点放在不

断加强和巩固关系国民经济命脉的重要行业和关键领域，在一般竞争性领域，要为民间资本营造更广阔的市场空间。

（四）积极推进医疗、教育等社会事业领域改革。将民办社会事业作为社会公共事业发展的重要补充，统筹规划，合理布局，加快培育形成政府投入为主、民间投资为辅的公共服务体系。

## 二、鼓励和引导民间资本进入基础产业和基础设施领域

（五）鼓励民间资本参与交通运输建设。鼓励民间资本以独资、控股、参股等方式投资建设公路、水运、港口码头、民用机场、通用航空设施等项目。抓紧研究制订铁路体制改革方案，引入市场竞争，推进投资主体多元化，鼓励民间资本参与铁路干线、铁路支线、铁路轮渡以及站场设施的建设，允许民间资本参股建设煤运通道、客运专线、城际轨道交通等项目。探索建立铁路产业投资基金，积极支持铁路企业加快股改上市，拓宽民间资本进入铁路建设领域的渠道和途径。

（六）鼓励民间资本参与水利工程建设。建立收费补偿机制，实行政府补贴，通过业主招标、承包租赁等方式，吸引民间资本投资建设农田水利、跨流域调水、水资源综合利用、水土保持等水利项目。

（七）鼓励民间资本参与电力建设。鼓励民间资本参与风能、太阳能、地热能、生物质能等新能源产业建设。支持民间资本以独资、控股或参股形式参与水电站、火电站建设，参股建设核电站。进一步放开电力市场，积极推进电价改革，加快推行竞价上网，推行项目业主招标，完善电力监管制度，为民营发电企业平等参与竞争创造良好环境。

（八）鼓励民间资本参与石油天然气建设。支持民间资本进入油气勘探开发领域，与国有石油企业合作开展油气勘探开发。支持民间资本参股建设原油、天然气、成品油的储运和管道输送设施及网络。

（九）鼓励民间资本参与电信建设。鼓励民间资本以参股方式进入基础电信运营市场。支持民间资本开展增值电信业务。加强对电信领域垄断和不正当竞争行为的监管，促进公平竞争，推动资源共享。

（十）鼓励民间资本参与土地整治和矿产资源勘探开发。积极引导民间资本通过招标投标形式参与土地整理、复垦等工程建设，鼓励和引导民间

资本投资矿山地质环境恢复治理，坚持矿业权市场全面向民间资本开放。

## 三、鼓励和引导民间资本进入市政公用事业和政策性住房建设领域

（十一）鼓励民间资本参与市政公用事业建设。支持民间资本进入城市供水、供气、供热、污水和垃圾处理、公共交通、城市园林绿化等领域。鼓励民间资本积极参与市政公用企事业单位的改组改制，具备条件的市政公用事业项目可以采取市场化的经营方式，向民间资本转让产权或经营权。

（十二）进一步深化市政公用事业体制改革。积极引入市场竞争机制，大力推行市政公用事业的投资主体、运营主体招标制度，建立健全市政公用事业特许经营制度。改进和完善政府采购制度，建立规范的政府监管和财政补贴机制，加快推进市政公用产品价格和收费制度改革，为鼓励和引导民间资本进入市政公用事业领域创造良好的制度环境。

（十三）鼓励民间资本参与政策性住房建设。支持和引导民间资本投资建设经济适用住房、公共租赁住房等政策性住房，参与棚户区改造，享受相应的政策性住房建设政策。

## 四、鼓励和引导民间资本进入社会事业领域

（十四）鼓励民间资本参与发展医疗事业。支持民间资本兴办各类医院、社区卫生服务机构、疗养院、门诊部、诊所、卫生所（室）等医疗机构，参与公立医院转制改组。支持民营医疗机构承担公共卫生服务、基本医疗服务和医疗保险定点服务。切实落实非营利性医疗机构的税收政策。鼓励医疗人才资源向民营医疗机构合理流动，确保民营医疗机构在人才引进、职称评定、科研课题等方面与公立医院享受平等待遇。从医疗质量、医疗行为、收费标准等方面对各类医疗机构加强监管，促进民营医疗机构健康发展。

（十五）鼓励民间资本参与发展教育和社会培训事业。支持民间资本兴办高等学校、中小学校、幼儿园、职业教育等各类教育和社会培训机构。修改完善《中华人民共和国民办教育促进法实施条例》，落实对民办学校的人才鼓励政策和公共财政资助政策，加快制定和完善促进民办教育发展的金融、产权和社保等政策，研究建立民办学校的退出机制。

（十六）鼓励民间资本参与发展社会福利事业。通过用地保障、信贷支持和政府采购等多种形式，鼓励民间资本投资建设专业化的服务设施，兴办养（托）老服务和残疾人康复、托养服务等各类社会福利机构。

（十七）鼓励民间资本参与发展文化、旅游和体育产业。鼓励民间资本从事广告、印刷、演艺、娱乐、文化创意、文化会展、影视制作、网络文化、动漫游戏、出版物发行、文化产品数字制作与相关服务等活动，建设博物馆、图书馆、文化馆、电影院等文化设施。鼓励民间资本合理开发旅游资源，建设旅游设施，从事各种旅游休闲活动。鼓励民间资本投资生产体育用品，建设各类体育场馆及健身设施，从事体育健身、竞赛表演等活动。

## 五、鼓励和引导民间资本进入金融服务领域

（十八）允许民间资本兴办金融机构。在加强有效监管、促进规范经营、防范金融风险的前提下，放宽对金融机构的股比限制。支持民间资本以入股方式参与商业银行的增资扩股，参与农村信用社、城市信用社的改制工作。鼓励民间资本发起或参与设立村镇银行、贷款公司、农村资金互助社等金融机构，放宽村镇银行或社区银行中法人银行最低出资比例的限制。落实中小企业贷款税前全额拨备损失准备金政策，简化中小金融机构呆账核销审核程序。适当放宽小额贷款公司单一投资者持股比例限制，对小额贷款公司的涉农业务实行与村镇银行同等的财政补贴政策。支持民间资本发起设立信用担保公司，完善信用担保公司的风险补偿机制和风险分担机制。鼓励民间资本发起设立金融中介服务机构，参与证券、保险等金融机构的改组改制。

## 六、鼓励和引导民间资本进入商贸流通领域

（十九）鼓励民间资本进入商品批发零售、现代物流领域。支持民营批发、零售企业发展，鼓励民间资本投资连锁经营、电子商务等新型流通业态。引导民间资本投资第三方物流服务领域，为民营物流企业承接传统制造业、商贸业的物流业务外包创造条件，支持中小型民营商贸流通企业协作发展共同配送。加快物流业管理体制改革，鼓励物流基础设施的资源整合和充分利用，促进物流企业网络化经营，搭建便捷高效的融资平台，创

造公平、规范的市场竞争环境，推进物流服务的社会化和资源利用的市场化。

## 七、鼓励和引导民间资本进入国防科技工业领域

（二十）鼓励民间资本进入国防科技工业投资建设领域。引导和支持民营企业有序参与军工企业的改组改制，鼓励民营企业参与军民两用高技术开发和产业化，允许民营企业按有关规定参与承担军工生产和科研任务。

## 八、鼓励和引导民间资本重组联合和参与国有企业改革

（二十一）引导和鼓励民营企业利用产权市场组合民间资本，促进产权合理流动，开展跨地区、跨行业兼并重组。鼓励和支持民间资本在国内合理流动，实现产业有序梯度转移，参与西部大开发、东北地区等老工业基地振兴、中部地区崛起以及新农村建设和扶贫开发。支持有条件的民营企业通过联合重组等方式做大做强，发展成为特色突出、市场竞争力强的集团化公司。

（二十二）鼓励和引导民营企业通过参股、控股、资产收购等多种形式，参与国有企业的改制重组。合理降低国有控股企业中的国有资本比例。民营企业在参与国有企业改制重组过程中，要认真执行国家有关资产处置、债务处理和社会保障等方面的政策要求，依法妥善安置职工，保证企业职工的正当权益。

## 九、推动民营企业加强自主创新和转型升级

（二十三）贯彻落实鼓励企业增加研发投入的税收优惠政策，鼓励民营企业增加研发投入，提高自主创新能力，掌握拥有自主知识产权的核心技术。帮助民营企业建立工程技术研究中心、技术开发中心，增加技术储备，搞好技术人才培训。支持民营企业参与国家重大科技计划项目和技术攻关，不断提高企业技术水平和研发能力。

（二十四）加快实施促进科技成果转化的鼓励政策，积极发展技术市场，完善科技成果登记制度，方便民营企业转让和购买先进技术。加快分析测试、检验检测、创业孵化、科技评估、科技咨询等科技服务机构的建设和机制创新，为民营企业的自主创新提供服务平台。积极推动信息服务

外包、知识产权、技术转移和成果转化等高技术服务领域的市场竞争，支持民营企业开展技术服务活动。

（二十五）鼓励民营企业加大新产品开发力度，实现产品更新换代。开发新产品发生的研究开发费用可按规定享受加计扣除优惠政策。鼓励民营企业实施品牌发展战略，争创名牌产品，提高产品质量和服务水平。通过加速固定资产折旧等方式鼓励民营企业进行技术改造，淘汰落后产能，加快技术升级。

（二十六）鼓励和引导民营企业发展战略性新兴产业。广泛应用信息技术等高新技术改造提升传统产业，大力发展循环经济、绿色经济，投资建设节能减排、节水降耗、生物医药、信息网络、新能源、新材料、环境保护、资源综合利用等具有发展潜力的新兴产业。

## 十、鼓励和引导民营企业积极参与国际竞争

（二十七）鼓励民营企业"走出去"，积极参与国际竞争。支持民营企业在研发、生产、营销等方面开展国际化经营，开发战略资源，建立国际销售网络。支持民营企业利用自有品牌、自主知识产权和自主营销，开拓国际市场，加快培育跨国企业和国际知名品牌。支持民营企业之间、民营企业与国有企业之间组成联合体，发挥各自优势，共同开展多种形式的境外投资。

（二十八）完善境外投资促进和保障体系。与有关国家建立鼓励和促进民间资本国际流动的政策磋商机制，开展多种形式的对话交流，发展长期稳定、互惠互利的合作关系。通过签订双边民间投资合作协定、利用多边协定体系等，为民营企业"走出去"争取有利的投资、贸易环境和更多优惠政策。健全和完善境外投资鼓励政策，在资金支持、金融保险、外汇管理、质检通关等方面，民营企业与其他企业享受同等待遇。

## 十一、为民间投资创造良好环境

（二十九）清理和修改不利于民间投资发展的法规政策规定，切实保护民间投资的合法权益，培育和维护平等竞争的投资环境。在制定涉及民间投资的法律、法规和政策时，要听取有关商会和民营企业的意见和建议，

充分反映民营企业的合理要求。

（三十）各级人民政府有关部门安排的政府性资金，包括财政预算内投资、专项建设资金、创业投资引导资金，以及国际金融组织贷款和外国政府贷款等，要明确规则、统一标准，对包括民间投资在内的各类投资主体同等对待。支持民营企业的产品和服务进入政府采购目录。

（三十一）各类金融机构要在防范风险的基础上，创新和灵活运用多种金融工具，加大对民间投资的融资支持，加强对民间投资的金融服务。各级人民政府及有关监管部门要不断完善民间投资的融资担保制度，健全创业投资机制，发展股权投资基金，继续支持民营企业通过股票、债券市场进行融资。

（三十二）全面清理整合涉及民间投资管理的行政审批事项，简化环节、缩短时限，进一步推动管理内容、标准和程序的公开化、规范化，提高行政服务效率。进一步清理和规范涉企收费，切实减轻民营企业负担。

## 十二、加强对民间投资的服务、指导和规范管理

（三十三）统计部门要加强对民间投资的统计工作，准确反映民间投资的进展和分布情况。投资主管部门、行业管理部门及行业协会要切实做好民间投资的监测和分析工作，及时把握民间投资动态，合理引导民间投资。要加强投资信息平台建设，及时向社会公开发布国家产业政策、发展建设规划、市场准入标准、国内外行业动态等信息，引导民间投资者正确判断形势，减少盲目投资。

（三十四）建立健全民间投资服务体系。充分发挥商会、行业协会等自律性组织的作用，积极培育和发展为民间投资提供法律、政策、咨询、财务、金融、技术、管理和市场信息等服务的中介组织。

（三十五）在放宽市场准入的同时，切实加强监管。各级人民政府有关部门要依照有关法律法规要求，切实督促民间投资主体履行投资建设手续，严格遵守国家产业政策和环保、用地、节能以及质量、安全等规定。要建立完善企业信用体系，指导民营企业建立规范的产权、财务、用工等制度，依法经营。民间投资主体要不断提高自身素质和能力，树立诚信意识和责任意识，积极创造条件满足市场准入要求，并主动承担相应的社会责任。

（三十六）营造有利于民间投资健康发展的良好舆论氛围。大力宣传党中央、国务院关于鼓励、支持和引导非公有制经济发展的方针、政策和措施。客观、公正宣传报道民间投资在促进经济发展、调整产业结构、繁荣城乡市场和扩大社会就业等方面的积极作用。积极宣传依法经营、诚实守信、认真履行社会责任、积极参与社会公益事业的民营企业家的先进事迹。

各地区、各部门要把鼓励和引导民间投资健康发展工作摆在更加重要的位置，进一步解放思想，转变观念，深化改革，创新求实，根据本意见要求，抓紧研究制定具体实施办法，尽快将有关政策措施落到实处，努力营造有利于民间投资健康发展的政策环境和舆论氛围，切实促进民间投资持续健康发展，促进投资合理增长、结构优化、效益提高和经济社会又好又快发展。

附录5

# 融资担保公司监督管理条例

（国令〔2017〕683号）

## 第一章 总 则

**第一条** 为了支持普惠金融发展，促进资金融通，规范融资担保公司的行为，防范风险，制定本条例。

**第二条** 本条例所称融资担保，是指担保人为被担保人借款、发行债券等债务融资提供担保的行为；所称融资担保公司，是指依法设立、经营融资担保业务的有限责任公司或者股份有限公司。

**第三条** 融资担保公司开展业务，应当遵守法律法规，审慎经营，诚实守信，不得损害国家利益、社会公共利益和他人合法权益。

**第四条** 省、自治区、直辖市人民政府确定的部门（以下称监督管理部门）负责对本地区融资担保公司的监督管理。

省、自治区、直辖市人民政府负责制定促进本地区融资担保行业发展的政策措施、处置融资担保公司风险，督促监督管理部门严格履行职责。

国务院建立融资性担保业务监管部际联席会议，负责拟订融资担保公司监督管理制度，协调解决融资担保公司监督管理中的重大问题，督促指导地方人民政府对融资担保公司进行监督管理和风险处置。融资性担保业务监管部际联席会议由国务院银行业监督管理机构牵头，国务院有关部门参加。

**第五条** 国家推动建立政府性融资担保体系，发展政府支持的融资担保公司，建立政府、银行业金融机构、融资担保公司合作机制，扩大为小微企业和农业、农村、农民提供融资担保业务的规模并保持较低的费率水平。

各级人民政府财政部门通过资本金投入、建立风险分担机制等方式，对主要为小微企业和农业、农村、农民服务的融资担保公司提供财政支持，具体办法由国务院财政部门制定。

## 第二章　设立、变更和终止

**第六条**　设立融资担保公司，应当经监督管理部门批准。

融资担保公司的名称中应当标明融资担保字样。

未经监督管理部门批准，任何单位和个人不得经营融资担保业务，任何单位不得在名称中使用融资担保字样。国家另有规定的除外。

**第七条**　设立融资担保公司，应当符合《中华人民共和国公司法》的规定，并具备下列条件：

（一）股东信誉良好，最近3年无重大违法违规记录；

（二）注册资本不低于人民币2000万元，且为实缴货币资本；

（三）拟任董事、监事、高级管理人员熟悉与融资担保业务相关的法律法规，具有履行职责所需的从业经验和管理能力；

（四）有健全的业务规范和风险控制等内部管理制度。

省、自治区、直辖市根据本地区经济发展水平和融资担保行业发展的实际情况，可以提高前款规定的注册资本最低限额。

**第八条**　申请设立融资担保公司，应当向监督管理部门提交申请书和证明其符合本条例第七条规定条件的材料。

监督管理部门应当自受理申请之日起30日内做出批准或者不予批准的决定。决定批准的，颁发融资担保业务经营许可证；不予批准的，书面通知申请人并说明理由。

经批准设立的融资担保公司由监督管理部门予以公告。

**第九条**　融资担保公司合并、分立或者减少注册资本，应当经监督管理部门批准。

融资担保公司在住所地所在省、自治区、直辖市范围内设立分支机构，变更名称，变更持有5%以上股权的股东或者变更董事、监事、高级管理人员，应当自分支机构设立之日起或者变更相关事项之日起30日内向监督管理部门备案；变更后的相关事项应当符合本条例第六条第二款、第七条的规定。

**第十条**　融资担保公司跨省、自治区、直辖市设立分支机构，应当具备下列条件，并经拟设分支机构所在地监督管理部门批准：

（一）注册资本不低于人民币10亿元；

（二）经营融资担保业务3年以上，且最近2个会计年度连续盈利；

（三）最近2年无重大违法违规记录。

拟设分支机构所在地监督管理部门审批的程序和期限，适用本条例第八条的规定。

融资担保公司应当自分支机构设立之日起30日内，将有关情况报告公司住所地监督管理部门。

融资担保公司跨省、自治区、直辖市设立的分支机构的日常监督管理，由分支机构所在地监督管理部门负责，融资担保公司住所地监督管理部门应当予以配合。

**第十一条**　融资担保公司解散的，应当依法成立清算组进行清算，并对未到期融资担保责任的承接做出明确安排。清算过程应当接受监督管理部门的监督。

融资担保公司解散或者被依法宣告破产的，应当将融资担保业务经营许可证交监督管理部门注销，并由监督管理部门予以公告。

## 第三章　经营规则

**第十二条**　除经营借款担保、发行债券担保等融资担保业务外，经营稳健、财务状况良好的融资担保公司还可以经营投标担保、工程履约担保、诉讼保全担保等非融资担保业务以及与担保业务有关的咨询等服务业务。

**第十三条**　融资担保公司应当按照审慎经营原则，建立健全融资担保项目评审、担保后管理、代偿责任追偿等方面的业务规范以及风险管理等内部控制制度。

政府支持的融资担保公司应当增强运用大数据等现代信息技术手段的能力，为小微企业和农业、农村、农民的融资需求服务。

**第十四条**　融资担保公司应当按照国家规定的风险权重，计量担保责任余额。

**第十五条**　融资担保公司的担保责任余额不得超过其净资产的10倍。

对主要为小微企业和农业、农村、农民服务的融资担保公司，前款规定的倍数上限可以提高至15倍。

**第十六条** 融资担保公司对同一被担保人的担保责任余额与融资担保公司净资产的比例不得超过10%，对同一被担保人及其关联方的担保责任余额与融资担保公司净资产的比例不得超过15%。

**第十七条** 融资担保公司不得为其控股股东、实际控制人提供融资担保，为其他关联方提供融资担保的条件不得优于为非关联方提供同类担保的条件。

融资担保公司为关联方提供融资担保的，应当自提供担保之日起30日内向监督管理部门报告，并在会计报表附注中予以披露。

**第十八条** 融资担保公司应当按照国家有关规定提取相应的准备金。

**第十九条** 融资担保费率由融资担保公司与被担保人协商确定。

纳入政府推动建立的融资担保风险分担机制的融资担保公司，应当按照国家有关规定降低对小微企业和农业、农村、农民的融资担保费率。

**第二十条** 被担保人或者第三人以抵押、质押方式向融资担保公司提供反担保，依法需要办理登记的，有关登记机关应当依法予以办理。

**第二十一条** 融资担保公司有权要求被担保人提供与融资担保有关的业务活动和财务状况等信息。

融资担保公司应当向被担保人的债权人提供与融资担保有关的业务活动和财务状况等信息。

**第二十二条** 融资担保公司自有资金的运用，应当符合国家有关融资担保公司资产安全性、流动性的规定。

**第二十三条** 融资担保公司不得从事下列活动：

（一）吸收存款或者变相吸收存款；

（二）自营贷款或者受托贷款；

（三）受托投资。

## 第四章 监督管理

**第二十四条** 监督管理部门应当建立健全监督管理工作制度，运用大数据等现代信息技术手段实时监测风险，加强对融资担保公司的非现场监管和现场检查，并与有关部门建立监督管理协调机制和信息共享机制。

**第二十五条** 监督管理部门应当根据融资担保公司的经营规模、主要服务对象、内部管理水平、风险状况等，对融资担保公司实施分类监督管理。

**第二十六条** 监督管理部门应当按照国家有关融资担保统计制度的要求，向本级人民政府和国务院银行业监督管理机构报送本地区融资担保公司统计数据。

**第二十七条** 监督管理部门应当分析评估本地区融资担保行业发展和监督管理情况，按年度向本级人民政府和国务院银行业监督管理机构报告，并向社会公布。

**第二十八条** 监督管理部门进行现场检查，可以采取下列措施：

（一）进入融资担保公司进行检查；

（二）询问融资担保公司的工作人员，要求其对有关检查事项做出说明；

（三）检查融资担保公司的计算机信息管理系统；

（四）查阅、复制与检查事项有关的文件、资料，对可能被转移、隐匿或者毁损的文件、资料、电子设备予以封存。

进行现场检查，应当经监督管理部门负责人批准。检查人员不得少于2人，并应当出示合法证件和检查通知书。

**第二十九条** 监督管理部门根据履行职责的需要，可以与融资担保公司的董事、监事、高级管理人员进行监督管理谈话，要求其就融资担保公司业务活动和风险管理的重大事项做出说明。

监督管理部门可以向被担保人的债权人通报融资担保公司的违法违规行为或者风险情况。

**第三十条** 监督管理部门发现融资担保公司的经营活动可能形成重大风险的，经监督管理部门主要负责人批准，可以区别情形，采取下列措施：

（一）责令其暂停部分业务；

（二）限制其自有资金运用的规模和方式；

（三）责令其停止增设分支机构。

融资担保公司应当及时采取措施，消除重大风险隐患，并向监督管理部门报告有关情况。经监督管理部门验收，确认重大风险隐患已经消除的，监督管理部门应当自验收完毕之日起3日内解除前款规定的措施。

**第三十一条** 融资担保公司应当按照要求向监督管理部门报送经营报告、财务报告以及注册会计师出具的年度审计报告等文件和资料。

融资担保公司跨省、自治区、直辖市开展业务的，应当按季度向住所地监督管理部门和业务发生地监督管理部门报告业务开展情况。

**第三十二条** 融资担保公司对监督管理部门依法实施的监督检查应当予以配合，不得拒绝、阻碍。

**第三十三条** 监督管理部门应当建立健全融资担保公司信用记录制度。融资担保公司信用记录纳入全国信用信息共享平台。

**第三十四条** 监督管理部门应当会同有关部门建立融资担保公司重大风险事件的预警、防范和处置机制，制定融资担保公司重大风险事件应急预案。

融资担保公司发生重大风险事件的，应当立即采取应急措施，并及时向监督管理部门报告。监督管理部门应当及时处置，并向本级人民政府、国务院银行业监督管理机构和中国人民银行报告。

**第三十五条** 监督管理部门及其工作人员对监督管理工作中知悉的商业秘密，应当予以保密。

## 第五章 法律责任

**第三十六条** 违反本条例规定，未经批准擅自设立融资担保公司或者经营融资担保业务的，由监督管理部门予以取缔或者责令停止经营，处50万元以上100万元以下的罚款，有违法所得的，没收违法所得；构成犯罪的，依法追究刑事责任。

违反本条例规定，未经批准在名称中使用融资担保字样的，由监督管理部门责令限期改正；逾期不改正的，处5万元以上10万元以下的罚款，有违法所得的，没收违法所得。

**第三十七条** 融资担保公司有下列情形之一的，由监督管理部门责令限期改正，处10万元以上50万元以下的罚款，有违法所得的，没收违法所得；逾期不改正的，责令停业整顿，情节严重的，吊销其融资担保业务经营许可证：

（一）未经批准合并或者分立；

（二）未经批准减少注册资本；

（三）未经批准跨省、自治区、直辖市设立分支机构。

**第三十八条** 融资担保公司变更相关事项，未按照本条例规定备案，或者变更后的相关事项不符合本条例规定的，由监督管理部门责令限期改正；逾期不改正的，处5万元以上10万元以下的罚款，情节严重的，责令停业整顿。

**第三十九条**　融资担保公司受托投资的，由监督管理部门责令限期改正，处50万元以上100万元以下的罚款，有违法所得的，没收违法所得；逾期不改正的，责令停业整顿，情节严重的，吊销其融资担保业务经营许可证。

融资担保公司吸收公众存款或者变相吸收公众存款、从事自营贷款或者受托贷款的，依照有关法律、行政法规予以处罚。

**第四十条**　融资担保公司有下列情形之一的，由监督管理部门责令限期改正；逾期不改正的，处10万元以上50万元以下的罚款，有违法所得的，没收违法所得，并可以责令停业整顿，情节严重的，吊销其融资担保业务经营许可证：

（一）担保责任余额与其净资产的比例不符合规定；

（二）为控股股东、实际控制人提供融资担保，或者为其他关联方提供融资担保的条件优于为非关联方提供同类担保的条件；

（三）未按照规定提取相应的准备金；

（四）自有资金的运用不符合国家有关融资担保公司资产安全性、流动性的规定。

**第四十一条**　融资担保公司未按照要求向监督管理部门报送经营报告、财务报告、年度审计报告等文件、资料或者业务开展情况，或者未报告其发生的重大风险事件的，由监督管理部门责令限期改正，处5万元以上20万元以下的罚款；逾期不改正的，责令停业整顿，情节严重的，吊销其融资担保业务经营许可证。

**第四十二条**　融资担保公司有下列情形之一的，由监督管理部门责令限期改正，处20万元以上50万元以下的罚款；逾期不改正的，责令停业整顿，情节严重的，吊销其融资担保业务经营许可证；构成违反治安管理行为的，依照《中华人民共和国治安管理处罚法》予以处罚；构成犯罪的，依法追究刑事责任：

（一）拒绝、阻碍监督管理部门依法实施监督检查；

（二）向监督管理部门提供虚假的经营报告、财务报告、年度审计报告等文件、资料；

（三）拒绝执行监督管理部门依照本条例第三十条第一款规定采取的措施。

**第四十三条**　依照本条例规定对融资担保公司处以罚款的，根据具体情形，可以同时对负有直接责任的董事、监事、高级管理人员处5万元以下的罚款。

融资担保公司违反本条例规定，情节严重的，监督管理部门对负有直接责任的董事、监事、高级管理人员，可以禁止其在一定期限内担任或者终身禁止其担任融资担保公司的董事、监事、高级管理人员。

**第四十四条**　监督管理部门的工作人员在融资担保公司监督管理工作中滥用职权、玩忽职守、徇私舞弊的，依法给予处分；构成犯罪的，依法追究刑事责任。

## 第六章　附　　则

**第四十五条**　融资担保行业组织依照法律法规和章程的规定，发挥服务、协调和行业自律作用，引导融资担保公司依法经营，公平竞争。

**第四十六条**　政府性基金或者政府部门为促进就业创业等直接设立运营机构开展融资担保业务，按照国家有关规定执行。

农村互助式融资担保组织开展担保业务、林业经营主体间开展林权收储担保业务，不适用本条例。

**第四十七条**　融资再担保公司的管理办法，由国务院银行业监督管理机构会同国务院有关部门另行制定，报国务院批准。

**第四十八条**　本条例施行前设立的融资担保公司，不符合本条例规定条件的，应当在监督管理部门规定的期限内达到本条例规定的条件；逾期仍不符合规定条件的，不得开展新的融资担保业务。

**第四十九条**　本条例自2017年10月1日起施行。

附录6

# 中国互联网金融协会会员自律公约

## 第一章　总　　则

**第一条**　为规范互联网金融从业机构行为，维护市场秩序，防范系统性风险，保障中国互联网金融协会（以下简称“协会”）会员和金融消费者合法权益，树立服务经济社会发展的正面形象，营造诚信规范发展的良好氛围，贯彻落实《关于促进互联网金融健康发展的指导意见》（银发〔2015〕221号），根据《中国互联网金融协会章程》（以下简称《章程》），全体会员经协商达成共识，制定本公约，并承诺共同遵守。

**第二条**　本公约所称的互联网金融指传统金融机构与互联网企业利用互联网技术和信息通信技术实现资金融通、支付、投资和信息中介服务的新型金融业务模式，具体包括但不限于互联网支付、网络借贷、股权众筹融资、互联网证券、互联网基金销售、互联网保险、互联网信托以及互联网消费金融等业态。

**第三条**　会员自律的基本原则是：依法合规、诚实守信、科学创新、防范风险、公平竞争、团结协作、自我约束、健康发展。

## 第二章　自 律 管 理

**第四条**　会员应严格遵守国家相关政策和法规制度，自觉贯彻协会章程、自律规则和其他有关规定，不得损害国家利益、社会公共利益、行业利益和金融消费者合法权益。

**第五条**　会员开展业务创新，应当以依法合规为前提，以风险防控为原则：

（一）应当建立良好的创新机制，通过产品、技术、制度、服务和流程等创新方式有效解决信息不对称问题，提高资金和信息使用效率；

（二）应当坚持以服务实体经济、防范金融风险为宗旨，在业务许可的范围内开展业务活动；

（三）应当加强风险防控策略研究，防范互联网金融新产品、新技术可能带来的风险，不得开展风险不可控的畸形创新。

**第六条** 会员应完善公司治理和内控制度，自觉担负风险管理责任：

（一）应当建立覆盖所有业务流程和操作环节，能够对风险进行持续监控、定期评估和准确预警的全面风险管理体系，同时根据业务实际情况有针对性地实施重点风险监控；

（二）应当制定切实可行的风险预防、处置和应急措施并确保有效落实，会员有义务配合有关部门进行风险处置以保障金融市场稳定；

（三）应当全方位自觉健全企业文化，强化从业人员职业道德、职业纪律及职业技能建设，防范从业人员道德风险。

**第七条** 会员应主动履行金融消费者权益保护义务：

（一）应当加强金融知识宣传和教育，不断提高金融消费者风险识别能力和自我保护能力，审慎甄别客户身份和评估客户风险承受能力，不得主动将产品销售给与风险承受能力不相匹配的客户；

（二）应当严格履行信息披露义务，及时向客户披露重大经营活动、财务状况等信息，确保客户知情权，明确、清晰地提示业务风险，不得隐瞒、误导或欺诈金融消费者；

（三）应当保证客户信息安全，防止信息的灭失、损毁与泄露，不得利用客户信息从事与客户约定事项外的活动。

**第八条** 会员应保障客户资金账户安全，防范资金账户风险：

（一）除另有规定外，应严格执行客户资金第三方存管制度，选择符合条件的银行业金融机构作为资金存管机构；

（二）对客户资金进行管理和监督，实现客户资金与会员自身资金分账管理；

（三）不得挪用客户资金，确保专款专用，资金存管账户应接受独立审计并公开审计结果。

**第九条** 会员应严格履行反洗钱义务，防范洗钱和恐怖融资风险：

（一）会员应严格执行客户身份识别、客户身份资料和交易记录保存、大额交易和可疑交易报告等制度；

（二）会员应当按照反洗钱预防、监控制度的要求，开展反洗钱宣传和培训工作；

（三）会员接受反洗钱行政主管部门反洗钱调查时，应当予以配合，如实提供有关文件和资料，根据反洗钱行政主管部门或侦查机关要求，对洗钱或恐怖融资资金采取冻结措施。

**第十条**　会员应强化IT基础设施和技术安全保障设施建设：

（一）加强网络安全管理，遵守国家、行业网络安全相关法规制度，建立健全网络信息安全软硬件防护体系；

（二）加强信息系统安全管理，强化对信息系统运行情况及运行环境的监测与管理；

（三）加强业务连续性管理，制定完善的安全审计机制和数据备份及恢复机制，建立完善的应急预案和风险事件处置流程。

**第十一条**　会员应自觉营造合法、公平、有序竞争的良好环境，不得采用不正当手段进行市场竞争。会员之间发生争议时，要采取合法手段，通过协会调解及其他金融领域争议解决机制化解分歧。

**第十二条**　会员应建立信息沟通与共享机制，及时向协会反映市场信息与行业情况，报送业务数据和信息，共同推动建设权威、可靠的互联网金融行业信息服务平台，为行业管理和市场发展提供支持。

**第十三条**　会员应积极参与国际合作和交流，主动参与同行业相关国际条约和协定的制定，自觉遵守我国签署的国际规则。

**第十四条**　会员应自觉接受社会各界的监督和批评，共同抵制和纠正行业不正之风。

## 第三章　公约执行及违约处理

**第十五条**　协会实施自律管理，组织对会员遵守公约的情况进行督促检查。督促检查结果向全体会员公布。会员有义务接受并积极配合检查。

**第十六条**　会员违反本公约，造成不良影响，经查证属实的，由协会依据《章程》和有关规定做出处理。

**第十七条**　会员对处理结果有异议的，可以向协会申诉。

## 第四章　附　　则

**第十八条**　本公约适用于协会全体会员。

**第十九条**　本公约经协会会员代表大会审议通过后实施。

**第二十条**　协会可根据本公约制定相关的实施细则，组织对会员公约执行情况的监督检查。

**第二十一条**　协会可根据本公约，结合实际情况，制定补充条款，经协会常务理事会审议通过后实施。

**第二十二条**　本公约由协会负责解释与组织执行。

## 附录7

# 互联网保险业务监管暂行办法

（保监发〔2015〕69号）

为规范互联网保险经营行为，保护保险消费者合法权益，促进互联网保险业务健康发展，根据《中华人民共和国保险法》（以下简称《保险法》）等法律、行政法规，制定本办法。

## 第一章　总　　则

**第一条**　本办法所称互联网保险业务，是指保险机构依托互联网和移动通信等技术，通过自营网络平台、第三方网络平台等订立保险合同、提供保险服务的业务。

本办法所称保险机构，是指经保险监督管理机构批准设立，并依法登记注册的保险公司和保险专业中介机构。保险专业中介机构是指经营区域不限于注册地所在省、自治区、直辖市的保险专业代理公司、保险经纪公司和保险公估机构。

本办法所称自营网络平台，是指保险机构依法设立的网络平台。

本办法所称第三方网络平台，是指除自营网络平台外，在互联网保险业务活动中，为保险消费者和保险机构提供网络技术支持辅助服务的网络平台。

**第二条**　保险机构开展互联网保险业务，应遵守法律、行政法规以及本办法的有关规定，不得损害保险消费者合法权益和社会公共利益。

保险机构应科学评估自身风险管控能力、客户服务能力，合理确定适合互联网经营的保险产品及其销售范围，不能确保客户服务质量和风险管控的，应及时予以调整。

保险机构应保证互联网保险消费者享有不低于其他业务渠道的投保和理赔等保险服务，保障保险交易信息和消费者信息安全。

**第三条** 互联网保险业务的销售、承保、理赔、退保、投诉处理及客户服务等保险经营行为，应由保险机构管理和负责。

第三方网络平台经营开展上述保险业务的，应取得保险业务经营资格。

## 第二章 经营条件与经营区域

**第四条** 互联网保险业务应由保险机构总公司建立统一集中的业务平台和处理流程，实行集中运营、统一管理。

除本办法第一条规定的保险公司和保险专业中介机构外，其他机构或个人不得经营互联网保险业务。保险机构的从业人员不得以个人名义开展互联网保险业务。

**第五条** 保险机构开展互联网保险业务的自营网络平台，应具备下列条件：

（一）具有支持互联网保险业务运营的信息管理系统，实现与保险机构核心业务系统的无缝实时对接，并确保与保险机构内部其他应用系统的有效隔离，避免信息安全风险在保险机构内外部传递与蔓延；

（二）具有完善的防火墙、入侵检测、数据加密以及灾难恢复等互联网信息安全管理体系；

（三）具有互联网行业主管部门颁发的许可证或者在互联网行业主管部门完成网站备案，且网站接入地在中华人民共和国境内；

（四）具有专门的互联网保险业务管理部门，并配备相应的专业人员；

（五）具有健全的互联网保险业务管理制度和操作规程；

（六）互联网保险业务销售人员应符合保监会有关规定；

（七）中国保监会规定的其他条件。

**第六条** 保险机构通过第三方网络平台开展互联网保险业务的，第三方网络平台应具备下列条件：

（一）具有互联网行业主管部门颁发的许可证或者在互联网行业主管部门完成网站备案，且网站接入地在中华人民共和国境内；

（二）具有安全可靠的互联网运营系统和信息安全管理体系，实现与保险机构应用系统的有效隔离，避免信息安全风险在保险机构内外部传递与蔓延；

（三）能够完整、准确、及时向保险机构提供开展保险业务所需的投保人、被保险人、受益人的个人身份信息、联系信息、账户信息以及投保操作轨迹等信息；

（四）最近两年未受到互联网行业主管部门、工商行政管理部门等政府部门的重大行政处罚，未被中国保监会列入保险行业禁止合作清单；

（五）中国保监会规定的其他条件。

第三方网络平台不符合上述条件的，保险机构不得与其合作开展互联网保险业务。

**第七条**　保险公司在具有相应内控管理能力且能满足客户服务需求的情况下，可将下列险种的互联网保险业务经营区域扩展至未设立分公司的省、自治区、直辖市：

（一）人身意外伤害保险、定期寿险和普通型终身寿险；

（二）投保人或被保险人为个人的家庭财产保险、责任保险、信用保险和保证保险；

（三）能够独立、完整地通过互联网实现销售、承保和理赔全流程服务的财产保险业务；

（四）中国保监会规定的其他险种。

中国保监会可以根据实际情况，调整并公布上述可在未设立分公司的省、自治区、直辖市经营的险种范围。

对投保人、被保险人、受益人或保险标的所在的省、自治区、直辖市，保险公司没有设立分公司的，保险机构应在销售时就其可能存在的服务不到位、时效差等问题做出明确提示，要求投保人确认，并留存确认记录。

保险专业中介机构开展互联网保险业务的业务范围和经营区域，应与提供相应承保服务的保险公司保持一致。

## 第三章　信息披露

**第八条**　保险机构开展互联网保险业务，不得进行不实陈述、片面或夸大宣传过往业绩、违规承诺收益或者承担损失等误导性描述。

保险机构应在开展互联网保险业务的相关网络平台的显著位置，以清晰易懂的语言列明保险产品及服务等信息，需列明的信息包括下列内容：

（一）保险产品的承保公司、销售主体及承保公司设有分公司的省、自治区、直辖市清单；

（二）保险合同订立的形式，采用电子保险单的，应予以明确说明；

（三）保险费的支付方式，以及保险单证、保险费发票等凭证的配送方式、收费标准；

（四）投保咨询方式、保单查询方式及客户投诉渠道；

（五）投保、承保、理赔、保全、退保的办理流程及保险赔款、退保金、保险金的支付方式；

（六）针对投保人（被保险人或者受益人）的个人信息、投保交易信息和交易安全的保障措施；

（七）中国保监会规定的其他内容。

其中，互联网保险产品的销售页面上应包含下列内容：

（一）保险产品名称（条款名称和宣传名称）及批复文号、备案编号或报备文件编号；

（二）保险条款、费率（或保险条款、费率的链接），其中应突出提示和说明免除保险公司责任的条款，并以适当的方式突出提示理赔要求、保险合同中的犹豫期、费用扣除、退保损失、保险单现金价值等重点内容；

（三）销售人身保险新型产品的，应按照《人身保险新型产品信息披露管理办法》的有关要求进行信息披露和利益演示，严禁片面使用“预期收益率”等描述产品利益的宣传语句；

（四）保险产品为分红险、投连险、万能险等新型产品的，须以不小于产品名称字号的黑体字标注收益不确定性；

（五）投保人的如实告知义务，以及违反义务的后果；

（六）保险产品销售区域范围；

（七）其他直接影响消费者利益和购买决策的事项。

网络平台上公布的保险产品相关信息，应由保险公司统一制作和授权发布，并确保信息内容合法、真实、准确、完整。

**第九条** 开展互联网保险业务的保险机构，应在其官方网站建立互联网保险信息披露专栏，需披露的信息包括下列内容：

（一）经营互联网保险业务的网站名称、网址，如为第三方网络平台，还要披露业务合作范围；

（二）互联网保险产品信息，包括保险产品名称、条款费率（或链接）

及批复文号、备案编号、报备文件编号或条款编码；

（三）已设立分公司名称、办公地址、电话号码等；

（四）客户服务及消费者投诉方式；

（五）中国保监会规定的其他内容。

保险专业中介机构开展互联网保险业务的，应披露的信息还应包括中国保监会颁发的业务许可证、营业执照登载的信息或营业执照的电子链接标识、保险公司的授权范围及内容。

## 第四章　经营规则

**第十条**　保险机构应将保险监管规定及有关要求告知合作单位，并留存告知记录。保险机构与第三方网络平台应签署合作协议，明确约定双方权利义务，确保分工清晰、责任明确。因第三方网络平台原因导致保险消费者或者保险机构合法权益受到损害的，第三方网络平台应承担赔偿责任。

**第十一条**　第三方网络平台应在醒目位置披露合作保险机构信息及第三方网络平台备案信息，并提示保险业务由保险机构提供。

第三方网络平台应于收到投保申请后24小时内向保险机构完整、准确地提供承保所需的资料信息，包括投保人（被保险人、受益人）的姓名、证件类型、证件号码、联系方式、账户等资料。除法律法规规定的情形外，保险机构及第三方网络平台不得将相关信息泄露给任何机构和个人。

第三方网络平台为保险机构提供宣传服务的，宣传内容应经保险公司审核，以确保宣传内容符合有关监管规定。保险公司对宣传内容的真实性、准确性和合规性承担相应责任。

**第十二条**　保险公司应加强对互联网保险产品的管理，选择适合互联网特性的保险产品开展经营，并应用互联网技术、数据分析技术等开发适应互联网经济需求的新产品，不得违反社会公德、保险基本原理及相关监管规定。

**第十三条**　投保人交付的保险费应直接转账支付至保险机构的保费收入专用账户，第三方网络平台不得代收保险费并进行转支付。保费收入专用账户包括保险机构依法在第三方支付平台开设的专用账户。

**第十四条**　保险机构及第三方网络平台以赠送保险，或与保险直接相关物品和服务的形式开展促销活动的，应符合中国保监会有关规定。不得以现金或同类方式向投保人返还所交保费。

**第十五条** 保险机构应完整记录和保存互联网保险业务的交易信息，确保能够完整、准确地还原相关交易流程和细节。交易信息应至少包括：产品宣传和销售文本、销售和服务日志、投保人操作轨迹等。第三方网络平台应协助和支持保险机构依法取得上述信息。

**第十六条** 保险公司应加强互联网保险业务的服务管理，建立支持咨询、投保、退保、理赔、查询和投诉的在线服务体系，探索以短信、即时通信工具等多种方式开展客户回访，简化服务流程，创新服务方式，确保客户服务的高效和便捷。

对因需要实地核保、查勘和调查等因素而影响向消费者提供快速和便捷保险服务的险种，保险机构应立即暂停相关保险产品的销售，并采取有效措施进行整改，整改后仍不能解决的，应终止相关保险产品的销售。

**第十七条** 保险机构应加强业务数据的安全管理，采取防火墙隔离、数据备份、故障恢复等技术手段，确保与互联网保险业务有关交易数据和信息的安全、真实、准确、完整。

保险机构应防范假冒网站、APP应用等针对互联网保险的违法犯罪活动，检查网页上对外链接的可靠性，开辟专门渠道接受公众举报，发现问题后应立即采取防范措施，并及时向保监会报告。

**第十八条** 保险机构应加强客户信息管理，确保客户资料信息真实有效，保证信息采集、处理及使用的安全性和合法性。

对开展互联网保险业务过程中收集的客户信息，保险机构应严格保密，不得泄露，未经客户同意，不得将客户信息用于所提供服务之外的目的。

**第十九条** 保险公司应制定应急处置预案，妥善应对因突发事件、不可抗力等原因导致的互联网保险业务经营中断。

保险机构互联网保险业务经营中断的，应在自营网络平台或第三方网络平台的主页显著位置进行及时公布，并说明原因及后续处理方式。

**第二十条** 保险机构应建立健全客户身份识别制度，加强对大额交易和可疑交易的监控和报告，严格遵守反洗钱有关规定。

保险机构应要求投保人原则上使用本人账户支付保险费，退保时保险费应退还至原交费账户，赔款资金应支付到投保人本人、被保险人账户或受益人账户。对保险期间超过一年的人身保险业务，保险机构应核对投保人账户信息的真实性，确保付款人、收款人为投保人本人。

保险机构应建立健全互联网保险反欺诈制度，加强对互联网保险欺诈的监控和报告，第三方网络平台应协助保险机构开展反欺诈监控和调查。

**第二十一条**　保险公司向保险专业中介机构及第三方网络平台支付相关费用时，应当由总公司统一结算、统一授权转账支付。

保险公司应按照合作协议约定的费用种类和标准，向保险专业中介机构支付中介费用或向第三方网络平台支付信息技术费用等，不得直接或间接给予合作协议约定以外的其他利益。

**第二十二条**　中国保监会及其派出机构依据法律法规及相关监管规定，对保险机构和第三方网络平台的互联网保险经营行为进行日常监管和现场检查，保险机构和第三方网络平台应予配合。

**第二十三条**　中国保险行业协会依据法律法规及中国保监会的有关规定，对互联网保险业务进行自律管理。

中国保险行业协会应在官方网站建立互联网保险信息披露专栏，对开展互联网保险业务的保险机构及其合作的第三方网络平台等信息进行披露，便于社会公众查询和监督。中国保监会官方网站同时对相关信息进行披露。

## 第五章　监督管理

**第二十四条**　开展互联网保险业务的保险机构具有以下情形之一的，中国保监会可以责令整改；情节严重的，依法予以行政处罚：

（一）擅自授权分支机构开办互联网保险业务的；

（二）与不符合本办法规定的第三方网络平台合作的；

（三）发生交易数据丢失或客户信息泄露，造成不良后果的；

（四）未按照本办法规定披露信息或做出提示，进行误导宣传的；

（五）违反本办法关于经营区域、费用支付等有关规定的；

（六）不具备本办法规定的开展互联网保险业务条件的；

（七）违反中国保监会规定的其他行为。

**第二十五条**　开展互联网保险业务的第三方网络平台具有以下情形之一的，中国保监会可以要求其改正；拒不改正的，中国保监会可以责令有关保险机构立即终止与其合作，将其列入行业禁止合作清单，并在全行业通报：

（一）擅自与不符合本办法规定的机构或个人合作开展互联网保险业务；

（二）未经保险公司同意擅自开展宣传，造成不良后果的；

（三）违反本办法关于信息披露、费用支付等规定的；

（四）未按照本办法规定向保险机构提供或协助保险机构依法取得承保所需信息资料的；

（五）不具备本办法规定的开展互联网保险业务条件的；

（六）不配合保险监管部门开展监督检查工作的；

（七）违反中国保监会规定的其他行为。

**第二十六条** 中国保监会统筹负责互联网保险业务的监管，各保监局负责辖区内互联网保险业务的日常监测与监管，并可根据中国保监会授权对有关保险机构开展监督检查。

保险机构或其从业人员违反本办法，中国保监会及其派出机构可以通过监管谈话、监管函等措施，责令限期整改；拒不整改、未按要求整改，或构成《保险法》等法律、行政法规规定的违法行为的，依法进行处罚。

## 第六章 附 则

**第二十七条** 专业互联网保险公司的经营范围和经营区域，中国保监会另有规定的，适用其规定。

再保险业务不适用本办法。

**第二十八条** 对保险机构通过即时通信工具、应用软件、社交平台等途径销售保险产品的管理，参照适用本办法。

保险公司、保险集团（控股）公司下属非保险类子公司依法设立的网络平台，参照第三方网络平台管理。

**第二十九条** 本办法由中国保监会负责解释和修订。

**第三十条** 本办法自2015年10月1日起施行，施行期限为3年。

# 附录8

## 互联网金融风险专项整治工作实施方案

（国办发〔2016〕21号）

规范发展互联网金融是国家加快实施创新驱动发展战略、促进经济结构转型升级的重要举措，对于提高我国金融服务的普惠性，促进大众创业、万众创新具有重要意义。经党中央、国务院同意，2015年7月人民银行等十部门联合印发了《关于促进互联网金融健康发展的指导意见》（以下简称《指导意见》）；有关部门及时出手，打击处置一批违法经营金额大、涉及面广、社会危害大的互联网金融风险案件，社会反映良好。为贯彻落实党中央、国务院决策部署，鼓励和保护真正有价值的互联网金融创新，整治违法违规行为，切实防范风险，建立监管长效机制，促进互联网金融规范有序发展，制订本方案。

### 一、工作目标和原则

#### （一）工作目标

落实《指导意见》要求，规范各类互联网金融业态，优化市场竞争环境，扭转互联网金融某些业态偏离正确创新方向的局面，遏制互联网金融风险案件高发频发势头，提高投资者风险防范意识，建立和完善适应互联网金融发展特点的监管长效机制，实现规范与发展并举、创新与防范风险并重，促进互联网金融健康可持续发展，切实发挥互联网金融支持大众创业、万众创新的积极作用。

#### （二）工作原则

打击非法，保护合法。明确各项业务合法与非法、合规与违规的边界，守好法律和风险底线。对合法合规行为予以保护支持，对违法违规行为予以坚决打击。

积极稳妥，有序化解。工作稳扎稳打，讲究方法步骤，针对不同风险领域，明确重点问题，分类施策。根据违法违规情节轻重和社会危害程度区别对待，做好风险评估，依法、有序、稳妥处置风险，防范处置风险的风险。同时坚持公平公正开展整治，不搞例外。

明确分工，强化协作。按照部门职责、《指导意见》明确的分工和本方案要求，采取“穿透式”监管方法，根据业务实质明确责任。坚持问题导向，集中力量对当前互联网金融主要风险领域开展整治，有效整治各类违法违规活动。充分考虑互联网金融活动特点，加强跨部门、跨区域协作，共同承担整治任务，共同落实整治责任。

远近结合，边整边改。立足当前，切实防范化解互联网金融领域存在的风险，对违法违规行为形成有效震慑。着眼长远，以专项整治为契机，及时总结提炼经验，形成制度规则，建立健全互联网金融监管长效机制。

## 二、重点整治问题和工作要求

### （一）P2P 网络借贷和股权众筹业务

1. P2P 网络借贷平台应守住法律底线和政策红线，落实信息中介性质，不得设立资金池，不得发放贷款，不得非法集资，不得自融自保、代替客户承诺保本保息、期限错配、期限拆分、虚假宣传、虚构标的，不得通过虚构、夸大融资项目收益前景等方法误导出借人，除信用信息采集及核实、贷后跟踪、抵质押管理等业务外，不得从事线下营销。

2. 股权众筹平台不得发布虚假标的，不得自筹，不得“明股实债”或变相乱集资，应强化对融资者、股权众筹平台的信息披露义务和股东权益保护要求，不得进行虚假陈述和误导性宣传。

3. P2P 网络借贷平台和股权众筹平台未经批准不得从事资产管理、债权或股权转让、高风险证券市场配资等金融业务。P2P 网络借贷平台和股权众筹平台客户资金与自有资金应分账管理，遵循专业化运营原则，严格落实客户资金第三方存管要求，选择符合条件的银行业金融机构作为资金存管机构，保护客户资金安全，不得挪用或占用客户资金。

4. 房地产开发企业、房地产中介机构和互联网金融从业机构等未取得相关金融资质，不得利用P2P 网络借贷平台和股权众筹平台从事房地产金融业务；取得相关金融资质的，不得违规开展房地产金融相关业务。从事房地产金融业务的企业应遵守宏观调控政策和房地产金融管理相关规定。规范互联网“众筹买房”等行为，严禁各类机构开展“首付贷”性质的业务。

## （二）通过互联网开展资产管理及跨界从事金融业务

1. 互联网企业未取得相关金融业务资质不得依托互联网开展相应业务，开展业务的实质应符合取得的业务资质。互联网企业和传统金融企业平等竞争，行为规则和监管要求保持一致。采取“穿透式”监管方法，根据业务实质认定业务属性。

2. 未经相关部门批准，不得将私募发行的多类金融产品通过打包、拆分等形式向公众销售。采取“穿透式”监管方法，根据业务本质属性执行相应的监管规定。销售金融产品应严格执行投资者适当性制度标准，披露信息和提示风险，不得将产品销售给与风险承受能力不相匹配的客户。

3. 金融机构不得依托互联网通过各类资产管理产品嵌套开展资产管理业务、规避监管要求。应综合资金来源、中间环节与最终投向等全流程信息，采取“穿透式”监管方法，透过表面判定业务本质属性、监管职责和应遵循的行为规则与监管要求。

4. 同一集团内取得多项金融业务资质的，不得违反关联交易等相关业务规范。按照与传统金融企业一致的监管规则，要求集团建立“防火墙”制度，遵循关联交易等方面的监管规定，切实防范风险交叉传染。

## （三）第三方支付业务

1. 非银行支付机构不得挪用、占用客户备付金，客户备付金账户应开立在人民银行或符合要求的商业银行。人民银行或商业银行不向非银行支付机构备付金账户计付利息，防止支付机构以“吃利差”为主要盈利模式，理顺支付机构业务发展激励机制，引导非银行支付机构回归提供小额、快捷、便民小微支付服务的宗旨。

2. 非银行支付机构不得连接多家银行系统，变相开展跨行清算业务。非银行支付机构开展跨行支付业务应通过人民银行跨行清算系统或者具有合法资质的清算机构进行。

3. 开展支付业务的机构应依法取得相应业务资质，不得无证经营支付业务，开展商户资金结算、个人POS机收付款、发行多用途预付卡、网络支付等业务。

### （四）互联网金融领域广告等行为

互联网金融领域广告等宣传行为应依法合规、真实准确，不得对金融产品和业务进行不当宣传。未取得相关金融业务资质的从业机构，不得对金融业务或公司形象进行宣传。取得相关业务资质的，宣传内容应符合相关法律法规规定，需经有权部门许可的，应当与许可的内容相符合，不得进行误导性、虚假违法宣传。

## 三、综合运用各类整治措施，提高整治效果

（一）严格准入管理。设立金融机构、从事金融活动，必须依法接受准入管理。未经相关有权部门批准或备案从事金融活动的，由金融管理部门会同工商部门予以认定和查处，情节严重的，予以取缔。工商部门根据金融管理部门的认定意见，依法吊销营业执照；涉嫌犯罪的，公安机关依法查处。非金融机构、不从事金融活动的企业，在注册名称和经营范围中原则上不得使用“交易所”“交易中心”“金融”“资产管理”“理财”“基金”“基金管理”“投资管理”“财富管理”“股权投资基金”“网贷”“网络借贷”“P2P”“股权众筹”“互联网保险”“支付”等字样。凡在名称和经营范围中选择使用上述字样的企业（包括存量企业），工商部门将注册信息及时告知金融管理部门，金融管理部门、工商部门予以持续关注，并列入重点监管对象，加强协调沟通，及时发现识别企业擅自从事金融活动的风险，视情采取整治措施。

（二）强化资金监测。加强互联网金融从业机构资金账户及跨行清算的集中管理，对互联网金融从业机构的资金账户、股东身份、资金来源和资金运用等情况进行全面监测。严格要求互联网金融从业机构落实客户资金第三方存管制度，存管银行要加强对相关资金账户的监督。在整治过程中，特别要做好对客户资金的保护工作。

（三）建立举报和“重奖重罚”制度。针对互联网金融违法违规活动隐蔽性强的特点，发挥社会监督作用，建立举报制度，出台举报规则，中国互联网金融协会设立举报平台，鼓励通过“信用中国”网站等多渠道举报，为整治工作提供线索。推行“重奖重罚”制度，按违法违规经营数额

的一定比例进行处罚，提高违法成本，对提供线索的举报人给予奖励，奖励资金列入各级财政预算，强化正面激励。加强失信、投诉和举报信息共享。

（四）加大整治不正当竞争工作力度。对互联网金融从业机构为抢占市场份额向客户提供显失合理的超高回报率以及变相补贴等不正当竞争行为予以清理规范。高风险高收益金融产品应严格执行投资者适当性标准，强化信息披露要求。明确互联网金融从业机构不得以显性或隐性方式，通过自有资金补贴、交叉补贴或使用其他客户资金向客户提供高回报金融产品。高度关注互联网金融产品承诺或实际收益水平显著高于项目回报率或行业水平相关情况。中国互联网金融协会建立专家评审委员会，与相关部门对互联网金融不正当竞争行为进行评估认定，并将结果移交相关部门作为惩处依据。

（五）加强内控管理。由金融管理部门和地方人民政府金融管理部门监管的机构应当对机构自身与互联网平台合作开展的业务进行清理排查，严格内控管理要求，不得违反相关法律法规，不得与未取得相应金融业务资质的互联网企业开展合作，不得通过互联网开展跨界金融活动进行监管套利。金融管理部门和地方人民政府在分领域、分地区整治中，应对由其监管的机构与互联网企业合作开展业务的情况进行清理整顿。

（六）用好技术手段。利用互联网思维做好互联网金融监管工作。研究建立互联网金融监管技术支持系统，通过网上巡查、网站对接、数据分析等技术手段，摸底互联网金融总体情况，采集和报送相关舆情信息，及时向相关单位预警可能出现的群体性事件，及时发现互联网金融异常事件和可疑网站，提供互联网金融平台安全防护服务。

## 四、加强组织协调，落实主体责任

（一）部门统筹。成立由人民银行负责同志担任组长，有关部门负责同志参加的整治工作领导小组（以下简称领导小组），总体推进整治工作，做好工作总结，汇总提出长效机制建议。领导小组办公室设在人民银行，银监会、证监会、保监会、工商总局和住房城乡建设部等派员参与办公室日常工作。人民银行、银监会、证监会、保监会和工商总局根据各自部门职责、《指导意见》明确的分工和本方案要求，成立分领域工作小组，分别负责相应领域的专项整治工作，明确对各项业务合法合规性的认定标准，对分领域整治过程中发现的新问题，划分界限作为整治依据，督促各地区按照全国统一部署做好各项工作。

（二）属地组织。各省级人民政府成立以分管金融的负责同志为组长的落实整治方案领导小组（以下称地方领导小组），组织本地区专项整治工作，制订本地区专项整治工作方案并向领导小组报备。各地方领导小组办公室设在省（区、市）金融办（局）或人民银行省会（首府）城市中心支行以上分支机构。各省级人民政府应充分发挥资源统筹调动、靠近基层一线优势，做好本地区摸底排查工作，按照注册地对从业机构进行归口管理，对涉嫌违法违规的从业机构，区分情节轻重分类施策、分类处置，同时切实承担起防范和处置非法集资第一责任人的责任。各省级人民政府应全面落实源头维稳措施，积极预防、全力化解、妥善处置金融领域不稳定问题，守住不发生系统性区域性金融风险的底线，维护社会和谐稳定。

（三）条块结合。各相关部门应积极配合金融管理部门开展工作。工商总局会同金融管理部门负责互联网金融广告的专项整治工作，金融管理部门与工商总局共同开展以投资理财名义从事金融活动的专项整治。工业和信息化部负责加强对互联网金融从业机构网络安全防护、用户信息和数据保护的监管力度，对经相关部门认定存在违法违规行为的互联网金融网站和移动应用程序依法予以处置，做好专项整治的技术支持工作。住房城乡建设部与金融管理部门共同对房地产开发企业和房地产中介机构利用互联网从事金融业务或与互联网平台合作开展金融业务的情况进行清理整顿。中央宣传部、国家互联网信息办公室牵头负责互联网金融新闻宣传和舆论引导工作。公安部负责指导地方公安机关对专项整治工作中发现的涉嫌非法集资、非法证券期货活动等犯罪问题依法查处，强化防逃、控赃、追赃、挽损工作；指导、监督、检查互联网金融从业机构落实等级保护工作，监督指导互联网金融网站依法落实网络和信息安全管理制度、措施，严厉打击侵犯用户个人信息安全的违法犯罪活动；指导地方公安机关在地方党委、政府的领导下，会同相关部门共同做好群体性事件的预防和处置工作，维护社会稳定。国家信访局负责信访人相关信访诉求事项的接待受理工作。中央维稳办、最高人民法院、最高人民检察院等配合做好相关工作。中国互联网金融协会要发挥行业自律作用，健全自律规则，实施必要的自律惩戒，建立举报制度，做好风险预警。

（四）共同负责。各有关部门、各省级人民政府应全面掌握牵头领域或本行政区域的互联网金融活动开展情况。在省级人民政府统一领导下，各金融管理部门省级派驻机构与省（区、市）金融办（局）共同牵头负责本地区分领域整治工作，共同承担分领域整治任务。对于产品、业务交叉嵌套，需要综合全流程业务信息以认定业务本质属性的，相关部门应建立数据交换和业务实质认定机制，认定意见不一致的，由领导小组研究认定并提出整治意见，必要时组成联合小组进行整治。整治过程中相关牵头部门确有需要获取从业机构账户数据的，经过法定程序后给予必要的账户查询便利。

## 五、稳步推进各项整治工作

（一）开展摸底排查。各省级人民政府制订本地区清理整顿方案，2016年5月15日前向领导小组报备。同时，各有关部门、各省级人民政府分别对牵头领域或本行政区域的情况进行清查。对于跨区域经营的互联网金融平台，注册所在地和经营所在地的省级人民政府要加强合作，互通汇总摸查情况，金融管理部门予以积极支持。被调查的单位和个人应接受依法进行的检查和调查，如实说明有关情况并提供有关文件、资料，不得拒绝、阻碍和隐瞒。相关部门可依法对与案件有关的情况和资料采取记录、复制、录音等手段取得证据。在证据可能灭失或以后难以取得的情况下，可依法先行登记保存，当事人或有关人员不得销毁或转移证据。对于涉及资金量大、人数众多的大型互联网金融平台或短时间内发展迅速的互联网金融平台、企业，一经发现涉嫌重大非法集资等违法行为，马上报告相关部门。各省级人民政府根据摸底排查情况完善本地区清理整顿方案。此项工作于2016年7月底前完成。

（二）实施清理整顿。各有关部门、各省级人民政府对牵头领域或本行政区域的互联网金融从业机构和业务活动开展集中整治工作。对清理整顿中发现的问题，向违规从业机构出具整改意见，并监督从业机构落实整改要求。对违规情节较轻的，要求限期整改；拒不整改或违规情节较重的，依法依规坚决予以关闭或取缔；涉嫌犯罪的，移送相关司法机关。专项整治不改变、不替代非法集资和非法交易场所的现行处置制度安排。此项工作于2016年11月底前完成。

（三）督查和评估。领导小组成员单位和地方领导小组分别组织自查。领导小组组织开展对重点领域和重点地区的督查和中期评估，对于好的经验做法及时推广，对于整治工作落实不力，整治一批，又出一批的，应查找问题、及时纠偏，并建立问责机制。此项工作同步于2016年11月底前完成。

（四）验收和总结。领导小组组织对各领域、各地区清理整顿情况进行验收。各有关部门、各省级人民政府形成牵头领域或本行政区域的整治报告，报送领导小组办公室，此项工作应于2017年1月底前完成。领导小组办公室汇总形成总体报告和建立健全互联网金融监管长效机制的建议，由人民银行会同相关部门报国务院，此项工作于2017年3月底前完成。

## 六、做好组织保障，建设长效机制

各有关部门、各省级人民政府要做好组织保障，以整治工作为契机，以整治过程中发现的问题为导向，按照边整边改、标本兼治的思路，抓紧推动长效机制建设，贯穿整治工作始终。

（一）完善规章制度。加快互联网金融领域各项规章制度制定工作，对于互联网金融各类创新业务，及时研究制定相关政策要求和监管规则。立足实践，研究解决互联网金融领域暴露出的金融监管体制不适应等问题，强化功能监管和综合监管，抓紧明确跨界、交叉型互联网金融产品的“穿透式”监管规则。

（二）加强风险监测。建立互联网金融产品集中登记制度，研究互联网金融平台资金账户的统一设立和集中监测，依靠对账户的严格管理和对资金的集中监测，实现对互联网金融活动的常态化监测和有效监管。加快推进互联网金融领域信用体系建设，强化对征信机构的监管，使征信为互联网金融活动提供更好的支持。加强互联网金融监管技术支持，扩展技术支持系统功能，提高安全监控能力。加强部门间信息共享，建立预警信息传递、核查、处置快速反应机制。

（三）完善行业自律。充分发挥中国互联网金融协会作用，制定行业标准和数据统计、信息披露、反不正当竞争等制度，完善自律惩戒机制，开展风险教育，形成依法依规监管与自律管理相结合、对互联网金融领域全覆盖的监管长效机制。

（四）加强宣传教育和舆论引导。各有关部门、各省级人民政府应加强政策解读及舆论引导，鼓励互联网金融在依法合规的前提下创新发展。以案说法，用典型案例教育群众，提高投资者风险防范意识。主动、适时发声，统一对外宣传口径，有针对性地回应投资人关切和诉求。以适当方式适时公布案件进展，尽量减少信息不对称的影响。加强舆情监测，强化媒体责任，引导投资人合理合法反映诉求，为整治工作营造良好的舆论环境。

附录9

# 网络借贷资金存管业务指引

（银监办发〔2017〕21号）

## 第一章　总　　则

**第一条**　为规范网络借贷资金存管业务活动，促进网络借贷行业健康发展，根据《中华人民共和国合同法》《中华人民共和国商业银行法》和《关于促进互联网金融健康发展的指导意见》《网络借贷信息中介机构业务活动管理暂行办法》及其他有关法律法规，制定本指引。

**第二条**　本指引所称网络借贷资金存管业务，是指商业银行作为存管人接受委托人的委托，按照法律法规规定和合同约定，履行网络借贷资金存管专用账户的开立与销户、资金保管、资金清算、账务核对、提供信息报告等职责的业务。存管人开展网络借贷资金存管业务，不对网络借贷交易行为提供保证或担保，不承担借贷违约责任。

**第三条**　本指引所称网络借贷资金，是指网络借贷信息中介机构作为委托人，委托存管人保管的，由借款人、出借人和担保人等进行投融资活动形成的专项借贷资金及相关资金。

**第四条**　本指引所称委托人，即网络借贷信息中介机构，是指依法设立，专门从事网络借贷信息中介业务活动的金融信息中介公司。

**第五条**　本指引所称存管人，是指为网络借贷业务提供资金存管服务的商业银行。

**第六条**　本指引所称网络借贷资金存管专用账户，是指委托人在存管人处开立的资金存管汇总账户，包括为出借人、借款人及担保人等在资金存管汇总账户下所开立的子账户。

**第七条**　网络借贷业务有关当事机构开展网络借贷资金存管业务应当遵循“诚实履约、勤勉尽责、平等自愿、有偿服务”的原则。

## 第二章　委　托　人

**第八条**　网络借贷信息中介机构作为委托人，委托存管人开展网络借贷资金存管业务应符合《网络借贷信息中介机构业务活动管理暂行办法》及《网络借贷信息中介机构备案登记管理指引》的有关规定，包括但不限于在工商管理部门完成注册登记并领取营业执照、在工商登记注册地地方金融监管部门完成备案登记、按照通信主管部门的相关规定申请获得相应的增值电信业务经营许可等。

**第九条**　在网络借贷资金存管业务中，委托人应履行以下职责：

（一）负责网络借贷平台技术系统的持续开发及安全运营；

（二）组织实施网络借贷信息中介机构信息披露工作，包括但不限于委托人基本信息、借贷项目信息、借款人基本信息及经营情况、各参与方信息等应向存管人充分披露的信息；

（三）每日与存管人进行账务核对，确保系统数据的准确性；

（四）妥善保管网络借贷资金存管业务活动的记录、账册、报表等相关资料，相关纸质或电子介质信息应当自借贷合同到期后保存5年以上；

（五）组织对客户资金存管账户的独立审计并向客户公开审计结果；

（六）履行并配合存管人履行反洗钱义务；

（七）法律、行政法规、规章及其他规范性文件和网络借贷资金存管合同（以下简称存管合同）约定的其他职责。

## 第三章　存　管　人

**第十条**　在中华人民共和国境内依法设立并取得企业法人资格的商业银行，作为存管人开展网络借贷资金存管业务应符合以下要求：

（一）明确负责网络借贷资金存管业务管理与运营的一级部门，部门设置能够保障存管业务运营的完整与独立；

（二）具有自主管理、自主运营且安全高效的网络借贷资金存管业务技术系统；

（三）具有完善的内部业务管理、运营操作、风险监控的相关制度；

（四）具备在全国范围内为客户提供资金支付结算服务的能力；

（五）具有良好的信用记录，未被列入企业经营异常名录和严重违法失信企业名单；

（六）国务院银行业监督管理机构要求的其他条件。

**第十一条** 存管人的网络借贷资金存管业务技术系统应当满足以下条件：

（一）具备完善规范的资金存管清算和明细记录的账务体系，能够根据资金性质和用途为委托人、委托人的客户（包括出借人、借款人及担保人等）进行明细登记，实现有效的资金管理和登记；

（二）具备完整的业务管理和交易校验功能，存管人应在充值、提现、缴费等资金清算环节设置交易密码或其他有效的指令验证方式，通过履行表面一致性的形式审核义务对客户资金及业务授权指令的真实性进行认证，防止委托人非法挪用客户资金；

（三）具备对接网络借贷信息中介机构系统的数据接口，能够完整记录网络借贷客户信息、交易信息及其他关键信息，并具备提供账户资金信息查询的功能；

（四）系统具备安全高效稳定运行的能力，能够支撑对应业务量下的借款人和出借人各类峰值操作；

（五）国务院银行业监督管理机构要求的其他条件。

**第十二条** 在网络借贷资金存管业务中，存管人应履行以下职责：

（一）存管人对申请接入的网络借贷信息中介机构，应设置相应的业务审查标准，为委托人提供资金存管服务；

（二）为委托人开立网络借贷资金存管专用账户和自有资金账户，为出借人、借款人和担保人等在网络借贷资金存管专用账户下分别开立子账户，确保客户网络借贷资金和网络借贷信息中介机构自有资金分账管理，安全保管客户交易结算资金；

（三）根据法律法规规定和存管合同约定，按照出借人与借款人发出的指令或业务授权指令，办理网络借贷资金的清算支付；

（四）记录资金在各交易方、各类账户之间的资金流转情况；

（五）每日根据委托人提供的交易数据进行账务核对；

（六）根据法律法规规定和存管合同约定，定期提供网络借贷资金存管报告；

（七）妥善保管网络借贷资金存管业务相关的交易数据、账户信息、资金流水、存管报告等包括纸质或电子介质在内的相关数据信息和业务档案，相关资料应当自借贷合同到期后保存5年以上；

（八）存管人应对网络借贷资金存管专用账户内的资金履行安全保管责任，不应外包或委托其他机构代理进行资金账户开立、交易信息处理、交易密码验证等操作；

（九）存管人应当加强出借人与借款人信息管理，确保出借人与借款人信息采集、处理及使用的合法性和安全性；

（十）法律、行政法规、规章及其他规范性文件和存管合同约定的其他职责。

## 第四章　业务规范

**第十三条**　存管人与委托人根据网络借贷交易模式约定资金运作流程，即资金在不同交易模式下的汇划方式和要求，包括但不限于不同模式下的发标、投标、流标、撤标、项目结束等环节。

**第十四条**　委托人开展网络借贷资金存管业务，应指定唯一一家存管人作为资金存管机构。

**第十五条**　存管合同至少应包括以下内容：

（一）当事人的基本信息；

（二）当事人的权利和义务；

（三）网络借贷资金存管专用账户的开立和管理；

（四）网络借贷信息中介机构客户开户、充值、投资、缴费、提现及还款等环节资金清算及信息交互的约定；

（五）网络借贷资金划拨的条件和方式；

（六）网络借贷资金使用情况监督和信息披露；

（七）存管服务费及费用支付方式；

（八）存管合同期限和终止条件；

（九）风险提示；

（十）反洗钱职责；

（十一）违约责任和争议解决方式；

（十二）其他约定事项。

**第十六条** 委托人和存管人应共同制定供双方业务系统遵守的接口规范，并在上线前组织系统联网和灾备应急测试，及时安排系统优化升级，确保数据传输安全、顺畅。

**第十七条** 资金对账工作由委托人和存管人双方共同完成，每日日终交易结束后，存管人根据委托人发送的日终清算数据，进行账务核对，对资金明细流水、资金余额数据进行分分资金对账、总分资金对账，确保双方账务一致。

**第十八条** 存管人应按照存管合同的约定，定期向委托人和合同约定的对象提供资金存管报告，披露网络借贷信息中介机构客户交易结算资金的保管及使用情况，报告内容应至少包括以下信息：委托人的交易规模、借贷余额、存管余额、借款人及出借人数量等。

**第十九条** 委托人暂停、终止业务时应制订完善的业务清算处置方案，并至少提前30个工作日通知地方金融监管部门及存管人，存管人应配合地方金融监管部门、委托人或清算处置小组等相关方完成网络借贷资金存管专用账户资金的清算处置工作，相关清算处置事宜按照有关规定及与委托人的合同约定办理。

**第二十条** 委托人需向存管人提供真实准确的交易信息数据及有关法律文件，包括并不限于网络借贷信息中介机构当事人信息、交易指令、借贷信息、收费服务信息、借贷合同等。存管人不承担借款项目及借贷交易信息真实性的审核责任，不对网络借贷信息数据的真实性、准确性和完整性负责，因委托人故意欺诈、伪造数据或数据发生错误导致的业务风险和损失，由委托人承担相应责任。

**第二十一条** 在网络借贷资金存管业务中，除必要的披露及监管要求外，委托人不得用“存管人”做营销宣传。

**第二十二条** 商业银行担任网络借贷资金的存管人，不应被视为对网络借贷交易以及其他相关行为提供保证或其他形式的担保。存管人不对网络借贷资金本金及收益予以保证或承诺，不承担资金运用风险，出借人须自行承担网络借贷投资责任和风险。

**第二十三条** 存管人应根据存管金额、期限、服务内容等因素，与委托人平等协商确定存管服务费，不得以开展存管业务为由开展捆绑销售及变相收取不合理费用。

## 第五章　附　　则

**第二十四条**　网络借贷信息中介机构与商业银行开展网络借贷资金存管业务，应当依据《网络借贷信息中介机构业务活动管理暂行办法》及本指引，接受国务院银行业监督管理机构的监督管理。其他机构违法违规从事网络借贷资金存管业务的，由国务院银行业监督管理机构建立监管信息共享协调机制，对其进行业务定性，按照监管职责分工移交相应的监管部门，由监管部门依照相关规定进行查处；涉嫌犯罪的，依法移交公安机关处理。

**第二十五条**　中国银行业协会依据本指引及其他有关法律法规、自律规则，对商业银行开展网络借贷资金存管业务进行自律管理。

**第二十六条**　中国互联网金融协会依据本指引及其他有关法律法规、自律规则，对网络借贷信息中介机构开展网络借贷资金存管业务进行自律管理。

**第二十七条**　对于已经开展了网络借贷资金存管业务的委托人和存管人，在业务过程中存在不符合本指引要求情形的，应在本指引公布后进行整改，整改期自本指引公布之日起不超过6个月。逾期未整改的，按照《网络借贷信息中介机构业务活动管理暂行办法》及《网络借贷信息中介机构备案登记管理指引》的有关规定执行。

**第二十八条**　本指引解释权归国务院银行业监督管理机构。

**第二十九条**　本指引自公布之日起施行。

附录10

# 网络借贷信息中介机构备案登记管理指引

（银监办发〔2016〕160号）

## 第一章 总 则

**第一条** 为建立健全网络借贷信息中介机构备案登记管理制度，加强网络借贷信息中介机构事中事后监管，完善网络借贷信息中介机构基本统计信息，根据《网络借贷信息中介机构业务活动管理暂行办法》等规定，制定本指引。

**第二条** 本指引所称网络借贷信息中介机构是指在中华人民共和国境内依法设立，专门从事网络借贷信息中介业务活动的金融信息中介公司。

本指引所称备案登记是指地方金融监管部门依申请对辖内网络借贷信息中介机构的基本信息进行登记、公示并建立相关机构档案的行为。备案登记不构成对机构经营能力、合规程度、资信状况的认可和评价。

**第三条** 新设立的网络借贷信息中介机构在依法完成工商登记注册、领取企业法人营业执照后，应当于10个工作日内向工商登记注册地地方金融监管部门申请备案登记。网络借贷信息中介机构设立的分支机构无须办理备案登记。

本指引发布前，已经设立并开展经营的网络借贷信息中介机构，应当依据P2P网络借贷风险专项整治工作有关安排，在各地完成分类处置后再行申请备案登记。

**第四条** 地方金融监管部门应当结合监管工作实际，按照依法、准确、公开、高效的原则为本辖区网络借贷信息中介机构办理备案登记。

## 第二章 新设机构备案登记申请

**第五条** 新设立的网络借贷信息中介机构备案登记包括下列程序：

（一）网络借贷信息中介机构办理工商登记注册并领取企业法人营业执照，并在经营范围中明确网络借贷信息中介等相关内容；

（二）网络借贷信息中介机构向工商登记注册地地方金融监管部门提出备案登记申请；

（三）地方金融监管部门应当在文件材料齐备、形式合规的情况下，办理备案登记，并向申请备案登记的网络借贷信息中介机构出具备案登记证明文件；

备案登记证明文件由地方金融监管部门自行设计、印制，其中应当包括网络借贷信息中介机构的基本信息、地方金融监管部门公章等要素。

**第六条**　新设立的网络借贷信息中介机构申请办理备案登记时应当向地方金融监管部门提交以下文件材料：

（一）网络借贷信息中介机构基本信息，包括名称、住所地、组织形式等；

（二）股东或出资人名册及其出资额、股权结构；

（三）经营发展战略和规划；

（四）合规经营承诺书；

（五）企业法人营业执照正副本复印件；

（六）法定代表人以及董事、监事、高级管理人员基本信息资料；

（七）分支机构名册及其所在地；

（八）网络借贷信息中介机构官方网站网址及相关APP名称；

（九）地方金融监管部门要求提交的其他文件、资料。

**第七条**　新设立的网络借贷信息中介机构申请备案登记时应当以书面形式提交合规经营承诺书，对下列事项进行承诺：

（一）在经营期间严格遵守《网络借贷信息中介机构业务活动管理暂行办法》有关规定，依法合规经营；

（二）依法配合地方金融监管部门、银监局的监管工作；

（三）确保及时向地方金融监管部门、银监局报送真实、准确的相关数据、资料。

**第八条**　地方金融监管部门应当在收到新设立的网络借贷信息中介机构提交的备案材料后，采取多方数据比对、网上核验、实地认证、现场勘查、高管约谈等方式对备案材料进行审核，并要求网络借贷信息中介机构法定代表人或经法定代表人授权的高级管理人员等对核实后的备案登记信息进行签字确认。

**第九条** 新设立的网络借贷信息中介机构办理备案登记的具体时限由地方金融监管部门根据本辖区情况具体规定，但不得超过40个工作日。

## 第三章 已存续机构备案管理特别规定

**第十条** 在本指引发布前，已经设立并开展经营的网络借贷信息中介机构申请备案登记的，地方金融监管部门应当依据P2P网络借贷风险专项整治中分类处置有关工作安排，对合规类机构的备案登记申请予以受理，对整改类机构，在其完成整改并经有关部门认定后受理其备案登记申请。

已经设立并开展经营的网络借贷信息中介机构在申请备案登记前，应当到工商登记部门修改经营范围，明确网络借贷信息中介等相关内容。

**第十一条** 在本指引发布前，已经设立并开展经营的网络借贷信息中介机构在申请备案登记时，除需要提交本指引第六条所列备案登记材料外，还应当提交机构经营总体情况、产品信息以及违法违规整改情况说明等。补充材料的具体内容可以由地方金融监管部门根据本辖区情况另行明确。

**第十二条** 在本指引发布前已经设立并开展经营的网络借贷信息中介机构办理备案登记的具体时限，由地方金融监管部门根据本地情况具体规定，但不得超过50个工作日。

## 第四章 备案后管理

**第十三条** 网络借贷信息中介机构在完成备案登记后，应当根据《网络借贷信息中介机构业务活动管理暂行办法》有关规定，持地方金融监管部门出具的备案登记证明，按照通信主管部门的相关规定申请增值电信业务经营许可，并将许可结果在通信主管部门办理完成后5个工作日内反馈工商登记注册地地方金融监管部门。

**第十四条** 网络借贷信息中介机构在完成备案登记后，应当持地方金融监管部门出具的备案登记证明，与银行业金融机构签订资金存管协议，并将资金存管协议的复印件在该协议签订后5个工作日内反馈工商登记注册地地方金融监管部门。

**第十五条**　地方金融监管部门应当及时将完成备案登记的网络借贷信息中介机构信息在地方金融监管部门网站上进行公示，公示信息应当包含网络借贷信息中介机构的基本信息、增值电信业务经营许可信息及银行存管信息等。

地方金融监管部门应当将本辖区备案登记的网络借贷信息中介机构设立分支机构情况于备案登记完成后5个工作日内告知分支机构所在地地方金融监管部门。

**第十六条**　地方金融监管部门在完成备案登记后，应当根据相关备案登记信息，建立本辖区网络借贷信息中介机构档案，并将档案信息与本辖区银监局进行共享，为后续日常监管提供依据。

**第十七条**　网络借贷信息中介机构名称、住所地、组织形式、注册资本、高级管理人员、合作的资金存管银行业金融机构等基本信息发生变更的，以及出现合并、重组、股权重大变更、增值电信业务经营许可变更等情况的，应当在变更之日起5个工作日内向工商登记注册地地方金融监管部门申请备案变更。

地方金融监管部门应当在15个工作日内完成变更信息的工商登记注册核实并进行公示。

**第十八条**　网络借贷信息中介机构拟终止网络借贷信息中介服务的，应当在终止业务前至少10个工作日，书面告知工商登记注册地地方金融监管部门，同时提供存续借贷业务处置及资金清算完成情况等相关资料，并办理备案注销。

经备案的网络借贷信息中介机构依法解散或者依法宣告破产的，除依法进行清算外，由工商登记注册地地方金融监管部门注销其备案。

## 第五章　附　　则

**第十九条**　各银监局应当在职责范围内，发挥自身专业优势，配合所在地地方金融监管部门做好网络借贷信息中介机构备案登记工作。

**第二十条**　本指引第九条、第十二条、第十五条对地方金融监管部门具体行政行为的时限要求，均自其受理相关备案登记申请之日起计算，网络借贷信息中介机构按要求补正有关备案登记材料的时间不计算在内。

网络借贷信息中介机构按要求补正有关备案登记材料的具体时限由地方金融监管部门自行确定，但不得超过15个工作日。

**第二十一条** 地方金融监管部门可以根据本辖区实际情况，依据《网络借贷信息中介机构业务活动管理暂行办法》及本指引制定网络借贷信息中介机构备案登记管理的实施细则。

**第二十二条** 本指引由国务院银行业监督管理机构会同工业和信息化部、国家工商总局负责解释。

**第二十三条** 本指引自发布之日起施行。

## 附录11

# 非银行支付机构风险专项整治工作实施方案

（银发〔2016〕112号）

为贯彻落实党中央、国务院决策部署，推动支付服务市场健康发展，提升支付行业服务质量和服务效率，切实防范支付风险，根据《关于促进互联网金融健康发展的指导意见》和《互联网金融风险专项整治工作实施方案》，制订本方案。

## 一、工作目标和原则

### （一）工作目标

按照安全与效率兼顾、鼓励创新与规范发展相结合、监管与服务并重、监管标准一致性的原则，规范非银行支付机构（以下简称支付机构）经营模式，清理整治无证机构，遏制市场乱象，优化市场环境。促进支付机构坚持服务电子商务发展和为社会提供小额、快捷、便民小微支付服务的宗旨，坚持支付中介的性质和职能。

### （二）工作原则

高度重视，加强协调。全面分析支付服务市场违法违规行为和各种乱象带来的风险隐患，加强组织领导，明确职责分工，加强协调配合，形成工作合力。

突出重点，着眼长远。坚持问题导向，集中力量对当前支付服务市场存在的主要风险开展整治，有效打击违法违规行为，确保取得实效。认真总结整治工作经验，探索建立长效机制。

依法依规，维护稳定。严格按照有关法律法规和规章制度开展整治工作。对涉及资金风险的，区别情况进行处置，讲究方法节奏，稳妥处置风险，避免引发群体性事件。

落实责任，信用约束。对整治过程中发现的备付金管理薄弱、存在挪用备付金行为的支付机构依法从严、从重处理，严肃追究无证机构以及为无证机构违法违规活动提供通道或接口的相关支付机构、商业银行的责任。充分发挥信用约束作用，通过政府部门、行业协会等进行信息公开、公示，让无证机构一处违法、处处受限。

## 二、整治重点和措施

### （一）开展支付机构客户备付金风险和跨机构清算业务整治

1. 加大对客户备付金问题的专项整治和整改监督力度。一是强化客户备付金监测管理，及时预警客户备付金安全风险，加大执法检查中发现问题的整改力度。二是定期、不定期对支付机构的客户备付金安全性、完整性和合规性开展抽检、核查、整治，重点抽检业务不规范、风险问题较多且经营亏损较为严重的支付机构。三是因地制宜采取监管措施，增强支付机构的“红线”意识和备付金存管银行的责任意识。对备付金管理薄弱、存在挪用备付金行为的支付机构依法从严、从重处理。对未尽职履责甚至与支付机构合谋的备付金存管银行，采取限期改正、警告、罚款、通报批评、暂停或终止备付金存管业务等措施进行处罚。强化备付金存管银行关于客户备付金损失的责任，必要时要提供流动性支持。

2. 建立支付机构客户备付金集中存管制度。以保障客户备付金安全为基本目标，制订客户备付金集中存管方案，要求支付机构将客户备付金统一缴存人民银行或符合要求的商业银行，加强账户资金监测，防范资金风险。研究互联网金融平台资金账户的统一设立和集中监测。

3. 逐步取消对支付机构客户备付金的利息支出，降低客户备付金账户资金沉淀，引导支付机构回归支付本原、创新支付服务，不以变相吸收存款赚取利息收入。

4. 支付机构开展跨行支付业务必须通过人民银行跨行清算系统或者具有合法资质的清算机构进行，实现资金清算的透明化、集中化运作，加强对社会资金流向的实时监测。推动清算机构按照市场化原则共同建设网络支付清算平台，网络支付清算平台应向人民银行申请清算业务牌照。平台建立后，支付机构与银行多头连接开展的业务应全部迁移到平台处理。逐步取缔支付机构与银行直接连接处理业务的模式，确保客户备付金集中存管制度落地。

5. 严格支付机构市场准入和监管，加大违规处罚。按照总量控制、结构优化、提高质量、有序发展的原则，一般不再受理新机构设立申请，重点做好对已获牌机构的监管引导和整改规范。对于业务许可存续期间未实质开展过支付业务、长期连续停止开展支付业务、客户备付金管理存在较大风险隐患的机构，不予续展支付业务许可证。加大监督检查力度，严肃处理各种违法违规行为，坚决撤销严重违法违规机构的支付牌照，维护市场秩序，保护消费者合法权益。

### （二）开展无证经营支付业务整治

排查梳理无证机构名单及相关信息，包括但不限于机构工商注册信息、客户或商户数量及分布、交易规模、业务模式，结算方式、资金规模、存放情况，与商业银行、支付机构合作情况，是否存在跨地区开展业务、层层转包业务、与其他无证机构合作情况，是否存在挪用、占用资金的可能，相关机构董事、监事、高级管理人员是否存在违法犯罪记录或其他异常情况。

根据无证机构业务规模、社会危害程度、违法违规性质和情节轻重分类施策。对于业务量小、社会危害程度轻、能够积极配合监管部门行动的无证机构，可给予整改期，限期整改不到位的，依法予以取缔；对于业务规模较大、存在资金风险隐患、不配合监管部门行动的无证机构，依法取缔。采取集中曝光和处理的方式，整治一批未取得支付业务许可证、非法开展资金支付结算业务的典型无证机构，发挥震慑作用，维护市场秩序。

## 三、职责分工

人民银行是支付机构风险专项整治工作牵头部门，会同公安部、工商总局等单位成立支付机构风险专项整治工作领导小组，领导小组办公室设在人民银行。

### （一）支付机构客户备付金风险和跨机构清算业务整治职责分工

人民银行负责客户备付金的监管，加大客户备付金专项整治和执法力度，查处和纠正挪用、占用客户备付金情况以及备付金银行账户管理不规范、客户备付金真实性和完整性不足等问题。制订客户备付金集中存管方案并组织实施，改变支付机构通过客户备付金分散存放变相开展跨行清算业务的情况，指导清算机构按照市场化原则建设网络支付清算平台。省级人民政府负责牵头处置支付机构挪用客户备付金造成的风险事件，在业务、维稳、信访、舆情等方面做好应急处理工作。督促当地公安机关对支付机构挪用客户备付金行为依法追究责任。

### （二）无证经营支付业务整治职责分工

人民银行负责总体部署及统筹协调工作，牵头制订专项整治方案。组织中国银联、商业银行、支付机构排查梳理无证机构名单及相关信息，在确保商户资金安全的前提下，关闭为无证机构提供的交易处理和资金结算通道。及时出具非法从事资金支付结算业务的行政认定意见。对违规商业银行、支付机构依法追究责任。组织在相关网站以及媒体公布无证机构名单，发布风险提示。会同有关部门稳妥做好相关资金风险处置工作，保障客户合法权益，防范社会群体性事件。牵头做好工作总结，研究完善联合工作机制。工商部门依法在企业信用信息公示系统中公示无证机构情况，将失联企业列入经营异常名录。对经人民银行认定为未经许可从事支付业务且情节严重的企业，依法吊销营业执照。会同人民银行对与无证机构合作开展支付业务的商户进行公示。配合提供相关机构的工商登记监管信息。公安机关负责对有关单位移交和群众举报的无证机构可疑线索进行梳理分类，对涉嫌非法从事资金支付结算的，根据人民银行出具的行政认定意见依法进行查处。中国支付清算协会、中国银联、商业银行、支付机构协助开展无证机构排查、调查取证、提示风险等相关工作。省级人民政府统一领导本地区无证经营支付业务整治工作，建立风险事件应急制度和处置预案，做好本地区维稳工作。在省级人民政府统一领导下，成立省金融办（局）、人民银行省级分支机构、省公安厅（局）、省工商局等单位参加的专项整治工作小组，负责本地区无证经营支付业务整治工作。

## 四、时间进度

### （一）支付机构客户备付金风险和跨机构清算业务整治工作

人民银行会同有关部门加大对2015年客户备付金执法检查中发现问题的整改力度，督促挪用、占用备付金的支付机构限期补足资金，监督备付金存管银行和支付机构落实整改要求，于2016年8月底前制订客户备付金集中存管方案。强化客户备付金安全监测管理，全面排查挪用、占用客户备付金等风险隐患，摸清风险底数，整治违法违规行为。

### （二）无证机构支付业务整治工作

1. 深入排查，制订方案。排查梳理无证机构名单及相关信息，根据排查情况制订专项整治方案。对于存在较大风险隐患，可能涉及风险处置工作的，制订风险处置方案和应急预案，明确商户和消费者权益保障措施及维稳方案，确保不发生群体性事件。此项工作于2016年7月底前完成。

2. 集中清理，分类处置。各有关部门、各省级人民政府按照职责分工开展专项整治和责任追究工作，对无证机构根据情况区别对待、分类处置。此项工作于2016年11月底前完成。

3. 总结工作，完善机制。各地方专项整治工作小组对本地区专项整治工作进行总结，形成报告报非银行支付机构风险专项整治工作领导小组办公室。人民银行与工商部门、公安机关共同研究完善制度措施，推动建立无证机构常态化整治工作机制。此项工作于2017年1月底前完成。

# 附录12

## P2P网络借贷风险专项整治工作实施方案

（银监发〔2016〕11号）

P2P网络借贷（以下简称网贷）作为一种互联网金融业态，在缓解小微企业融资难、满足民间资本投资需求等方面发挥了积极作用。但近年来，网贷行业风险有所积聚，爆发了一系列风险事件，严重损害了广大投资者合法权益，对互联网金融行业声誉和健康发展造成较大负面影响，给金融安全和社会稳定带来较大危害。为贯彻落实党中央、国务院决策部署，促进网贷行业规范有序发展，根据《关于促进互联网金融健康发展的指导意见》（银发〔2015〕221号，以下简称《指导意见》）和《互联网金融风险专项整治工作实施方案》，制订本方案。

### 一、工作目标和原则

#### （一）工作目标

按照任务要明、措施要实、责任要清、效果要好的要求，坚持重点整治与源头治理相结合、防范风险与创新发展相结合、清理整顿与依法打击相结合，妥善处置风险事件，遏制网贷领域风险事件高发势头，维护经济金融秩序和社会稳定。一是在市场主体层面，着力扶优抑劣，支持鼓励依法合规的网贷机构开展业务，促其健康发展，整治和取缔违法违规的网贷机构。二是在市场环境层面，加强规范优化，扭转行业机构异化趋势，实现正本清源，强化风险教育，引导出资人理性出资。三是在机制层面，坚持标本兼治，建立行业长效规范机制，消除监管空白，实现规范创新兼顾发展，形成良性循环。

#### （二）工作原则

态度积极，措施稳妥。高度重视本次专项整治工作，树立大局意识、责任意识，明确职责分工，确立时间进度表，积极推进各项工作。同时稳扎稳打，讲究方式方法，处理好工作力度和节奏的关系。

底线思维，预案完备。充分认识网贷领域风险的复杂性、隐蔽性、突发性、涉众性、传染性，在统筹考虑各种突发风险的前提下，制订完备的处置预案，有序化解存量风险，有效控制增量风险，坚决守住不发生系统性区域性金融风险的底线。

线上线下，统筹治理。兼顾市场主体的线上业务与线下实体，明确关联关系，依据其经营本质和实际控制人进行统筹治理。将从事线下金融业务活动的网贷机构及涉及网贷业务的综合性互联网金融平台纳入专项整治范围，做到风险防范和治理全覆盖。

分类处理，标本兼治。根据网贷机构违法违规性质、情节和程度分类处理，精准施策，把专项整治工作与贯彻落实行业有关制度、促进网贷机构改革创新与重组改造结合起来，以本次专项整治工作为契机，强化行业监管，构建长效机制。

依法合规，有章可循。贯彻落实《指导意见》《互联网金融风险专项整治工作实施方案》和本方案明确的原则和要求，严格遵循有关法律法规和规章制度，做到依法整治、合规处理，为网贷行业常态化监管奠定基础。

上下联动，协调配合。各有关部门、各地方人民政府加强组织领导，完善工作机制，充分考虑网贷行业跨区域、跨领域、跨行业的特点，加强部门间和区域间的协同联动，形成工作合力，提高整治效率，夯实整治基础，巩固整治成果。

## 二、全面排查、摸清底数

### （一）排查目的

准确掌握网贷机构相关数据，提高数据的权威性、准确性和及时性，摸清行业底数，建立较为完整的行业基本数据统计体系，为专项整治工作及今后的行业监管奠定坚实基础。

### （二）排查对象

本次排查摸底的对象是各地经工商登记注册的网贷机构，根据《指导意见》要求，该类机构应当以互联网为主要渠道，为借款人与出借人（即贷款人）实现直接借贷提供信息搜集、信息公布、资信评估、信息交互、借贷撮合等服务。同时，部分以网贷名义开展经营，涉及资金归集、期限错配等行为，已经脱离信息中介本质，异化为信用中介的机构，也是本次排查和整治的对象。

此外，对于互联网企业与银行业金融机构合作开展业务情况进行排查。互联网企业与银行业金融机构合作开展业务不得违反相关法律法规规定，不得通过互联网跨界开展金融活动进行监管套利。

### （三）排查方式

采取多方数据汇总、逐一比对、网上核验、现场实地认证等方式进行。在数据汇总层面，银监会会同工业和信息化部、公安部、工商总局、国家互联网信息办公室及第三方统计机构、行业自律组织等，利用行业信息库、大数据检索、工商注册信息、接受举报等方式，汇总形成网贷机构基本数据统计，并发送至各省级人民政府。各省级人民政府以此为基础，综合采取公告确认、电话联系、现场勘查、高管约谈等方式对行业机构数据统计的内容进行逐一核实，并要求机构法定代表人或高级管理人员等对核实后的信息进行签字确认，做到对本地区网贷机构基本信息进行充分摸底排查，实现“一户一档”。

### （四）排查内容

各省级人民政府对本地区机构的排查主要包括：一是网贷机构基本情况。包括但不限于股东或出资人、实际控制人、法定代表人、注册资本、借贷余额、出借人总数、分支机构数量及分布等。二是网贷机构各类产品及业务运营情况。包括产品期限、综合收益率、逾期率等。三是网贷机构存在的主要问题。包括但不限于机构是否存在设立资金池、自融、向出借人提供担保或者承诺保本保息、大规模线下营销、误导性宣传、虚构借款人及标的、发放贷款、期限拆分、发售银行理财和券商资管等产品、违规债权转让、参与高风险证券市场融资或利用类HOMS等系统从事股票市场场外配资行为、从事股权众筹或实物众筹等；是否存在信息披露不完整、不客观、不及时；是否未实行出借人资金第三方存管等问题。此外，对近年业务扩张过快、在媒体过度宣传、承诺高额回报、涉及房地产配资或校园网贷等业务的网贷机构进行重点排查。根据排查结果汇总本地区问题机构总体数量、各类问题机构的占比等，并据此对本地区机构风险状况进行判断。

对于跨区域经营的网贷机构，银监会协调相关省级人民政府加强合作，密切配合，进一步增强摸底排查的完整性、准确性、时效性。

## 三、明确标准、分类施策

### （一）分类处置标准

专项整治工作的重点是整治和取缔互联网企业在线上线下违规或超范围开展网贷业务，以网贷名义开展非法集资等违法违规活动。分类处置标准以《指导意见》和有关监管要求等作为主要依据。一是网贷机构满足信息中介的定性。二是业务符合直接借贷的标准，即个体与个体之间通过互联网机构实现的直接借贷。三是不得触及业务“红线”，即设立资金池、自融、向出借人提供担保或者承诺保本保息、大规模线下营销、误导性宣传、虚构借款人及标的、发放贷款、期限拆分、发售银行理财和券商资管等产品、违规债权转让、参与高风险证券市场融资或利用类HOMS等系统从事股票市场场外配资行为、从事股权众筹或实物众筹等。四是落实出借人及借款人资金第三方存管要求。五是信息披露完整、客观、及时，并且具备合规的网络安全设施。

### （二）分类处置措施

对各类网贷机构认真甄别，根据风险程度、违法违规性质和情节轻重、社会危害程度大小、处理方式等因素，准确分类，及时纠偏，制定差别化措施，防范处置风险的风险，确保风险全面排查、问题全面整治和监管全面覆盖。

根据以上标准将网贷机构划分为三类，并实施分类处置。一是合规类。该类机构严格遵守信息中介定位，稳健经营、运作规范，具有较强的管理技术和风险控制能力，基本符合《指导意见》规定，未违反有关法律法规和规章制度。应对此类机构实施持续监管，支持鼓励其合规发展，督促其规范运营。二是整改类。该类机构大多数运行不规范，风险控制不足，缺乏持续经营能力和自我约束能力，大多异化为信用中介，存在触及业务“红线”的问题。此类机构应按照有关要求限期整改，整改不到位的，责令继续整改或淘汰整合，并依法予以处置。三是取缔类。此类机构涉嫌从事非法集资等违法违规活动，应对其严厉打击，坚决实施市场退出，并按照有关法律法规和规章制度规定，由相关部门给予行政处罚或依法追究刑事责任，政府不承担兜底责任。同时，做好核实资本和财务状况工作，妥善处理债权债务关系，依法保护投资者合法权益。

## 四、职责分工

按照《互联网金融风险专项整治工作实施方案》要求，专项整治工作按照银监会会同中央有关部门与省级人民政府双负责制的原则，明确分工，落实责任。

### （一）加强组织领导

银监会会同中央宣传部、中央维稳办、发展改革委、工业和信息化部、公安部、财政部、住房城乡建设部、人民银行、工商总局、法制办、国家网信办、国家信访局、最高人民法院、最高人民检察院成立网贷风险专项整治工作领导小组，银监会为组长单位，工业和信息化部、公安部、国家网信办、工商总局为副组长单位，其他部门为成员单位，网贷风险专项整治工作小组办公室设在银监会。

### （二）中央监管部门职责

银监会作为网贷风险专项整治工作统筹部门，负责总体工作的组织和协调。一是制定规则，即制定网贷行业监管制度和第三方存管等系列配套制度，拟订网贷风险专项整治工作实施方案，明确专项整治工作目标、原则、内容、措施等。二是培训部署，即对专项整治工作进行周密部署，组织开展培训。三是划清界限，即明确网贷业务负面清单，划清网贷机构不得从事的业务边界。四是督导汇总，即加强跨部门、跨地区间协调，研究重大问题、汇总工作报告等。五是在省级人民政府统一领导下，省金融办（局）与银监会省级派出机构共同牵头负责本地区分领域整治工作，共同承担分领域整治任务。

各相关部门发挥职能作用，密切协作，互通信息，共享资源，形成合力。

### （三）各省级人民政府职责

各省级人民政府按照中央监管部门的统一方案和要求，负责本地区具体整治工作。在各省级人民政府统一领导下，设网贷风险专项整治联合工作办公室，由省金融办（局）和银监会省级派出机构共同负责，办公室成员由省级人民政府根据工作需要确定相关部门组成，具体组织实施专项整治工作，并建立风险事件应急制度和处置预案，做好本地区维稳工作，最大限度预防和减少风险事件造成的不良社会影响，维护社会稳定。

## 五、时间进度

### （一）部署培训阶段

根据《互联网金融风险专项整治工作实施方案》要求，银监会协调有关各方汇总网贷行业机构基本数据统计，部署培训各地方开展专项整治工作。此项工作于2016年4月底前完成。

### （二）行业摸底排查阶段

各省级人民政府依照网贷行业机构基本数据统计对本地区机构进行摸底排查，并报银监会。此项工作于2016年7月底前完成。

### （三）分类处置阶段

各省级人民政府依照摸底排查结果，结合《指导意见》和本方案要求，对本地区机构进行分类处置。此项工作于2016年11月底前完成。

### （四）总结督导阶段

银监会将适时赴各地对专项整治工作进行督导，各省级人民政府应对检查、查处、整改情况进行总结，形成报告报送银监会。银监会将根据各地情况，形成规范整治工作总体报告，报送互联网金融风险专项整治工作领导小组办公室。此项工作于2017年1月底前完成。

## 六、配套支持措施

### （一）加强舆论宣传引导

加强网贷风险专项整治工作正面宣传与舆论引导，鼓励网贷机构在依法合规的前提下创新发展。通过以案说法，厘清合法和非法的界限，适时主动发声，及时回应投资者关切。加强舆情监测，强化媒体责任，为整治工作营造良好的舆论环境。

### （二）加强各方协调配合

加强各部门沟通协调，完善工作机制，坚持部门间和区域间纵横联动，协作配合。加强中央与地方金融监管协同配合，共同履行好监管职责，形成专项整治和日常监管的合力，确保中央和地方金融监管目标和规则的一致性，守住不发生系统性区域性金融风险的底线。

### （三）注重工作方式方法

专项整治工作具有政策性强、涉及面广、敏感度高、难度较大等特点，要讲究整治策略，注意方式方法，做好风险隔离，依法依规，有节有度，妥善化解各类存量风险，防范风险蔓延和叠加，切实防范处置风险的风险，依法保护投资者合法权益，维护正常的经济金融秩序和社会稳定。

附录13

# 股权众筹风险专项整治工作实施方案

（证监发〔2016〕29号）

股权众筹融资具有公开、小额、大众的特征，涉及社会公共利益和经济金融安全，必须依法监管。为贯彻落实党中央、国务院决策部署，根据《关于促进互联网金融健康发展的指导意见》（以下简称《指导意见》）和《互联网金融风险专项整治工作实施方案》，制订本方案。

## 一、工作目标和原则

### （一）工作目标

规范互联网股权融资行为，惩治通过互联网从事非法发行证券、非法集资等非法金融活动，切实保护投资者合法权益。建立和完善长效机制，实现规范与发展并举、创新与防范风险并重，为股权众筹融资试点创造良好环境，切实发挥互联网股权融资支持大众创业、万众创新的积极作用。一是通过全覆盖的集中排查，全面掌握互联网股权融资现状。对排查中发现并确认的问题，依法依规责令整改；对有关机构和个人逾期不改或整改不力的，予以严肃处理。二是集中力量查处一批涉及互联网股权融资的非法金融活动案件，依法严肃处理涉案机构和人员，对典型案件予以曝光，对不法分子起到震慑作用。三是加大有关政策法规的宣传解读，使投资者和互联网股权融资从业机构及人员了解和掌握有关规定，增强依法经营、审慎投资的意识。四是进一步健全法规制度，完善监管长效机制，为互联网股权融资健康发展创造有利条件。

### （二）工作原则

高度重视，加强协作。各有关部门、各省级人民政府要高度重视，加强组织领导，完善工作机制，坚持部门与地方条块联动、协作配合。

周密部署，全面排查。结合互联网股权融资的特点，拟订具体方案，精心组织实施，全面排查和纠正违法违规行为，落实证券法等法律法规和《指导意见》的相关要求。

突出重点，集中整治。既要坚持问题导向，对当前存在的突出问题开展重点整治，有力打击各类非法证券活动及非法集资行为，又要集中整治不规范行为，消除风险隐患，实现风险有效整治和监管全面覆盖。

积极稳妥，讲究策略。讲究方式方法，把握力度节奏，妥善化解存量风险，有效控制增量风险，防范风险蔓延和叠加，切实管控好整治过程中产生的风险，严守不发生系统性区域性金融风险的底线。

近远结合，注重实效。既要立足当前，切实防范化解互联网股权融资领域存在的风险，对违法违规行为形成有效震慑；又要着眼长远，以专项整治为契机，及时总结提炼经验，建立健全互联网股权融资长效监管机制。

## 二、整治重点和要求

### （一）整治重点

一是互联网股权融资平台（以下简称平台）以“股权众筹”等名义从事股权融资业务。

二是平台以“股权众筹”名义募集私募股权投资基金。

三是平台上的融资者未经批准，擅自公开或者变相公开发行股票。

四是平台通过虚构或夸大平台实力、融资项目信息和回报等方法，进行虚假宣传，误导投资者。

五是平台上的融资者欺诈发行股票等金融产品。

六是平台及其工作人员挪用或占用投资者资金。

七是平台和房地产开发企业、房地产中介机构以“股权众筹”名义从事非法集资活动。

八是证券公司、基金公司和期货公司等持牌金融机构与互联网企业合作，违法违规开展业务。

### （二）工作要求

1. 明确界限。平台及平台上的融资者进行互联网股权融资，严禁从事以下活动：

一是擅自公开发行股票。向不特定对象发行股票或向特定对象发行股票后股东累计超过200人的，为公开发行，应依法报经证监会核准。未经核准擅自发行的，属于非法发行股票。

二是变相公开发行股票。向特定对象发行股票后股东累计不超过200人的，为非公开发行。非公开发行股票及其股权转让，不得采用广告、公告、广播、电话、传真、信函、推介会、说明会、网络、短信、公开劝诱等公开方式或变相公开方式向社会公众发行，不得通过手机APP、微信公众号、QQ群和微信群等方式进行宣传推介。严禁任何公司股东自行或委托他人以公开方式向社会公众转让股票。向特定对象转让股票，未依法报经证监会核准的，股票转让后公司股东累计不得超过200人。

三是非法开展私募基金管理业务。根据证券投资基金法、私募投资基金监督管理暂行办法等有关规定，私募基金管理人不得向合格投资者之外的单位和个人募集资金，不得变相乱集资，不得向不特定对象宣传推介，不得通过分拆、分期、与资产管理计划嵌套等方式变相增加投资者数量，合格投资者累计不得超过200人，合格投资者的标准应当符合私募投资基金监督管理暂行办法的规定。

四是非法经营证券业务。股票承销、经纪（代理买卖）、证券投资咨询等证券业务由证监会依法批准设立的证券机构经营，未经证监会批准，其他任何机构和个人不得经营证券业务，不得向投资人提供购买建议。

五是对金融产品和业务进行虚假违法广告宣传。平台及融资者发布的信息应当真实准确，不得违反相关法律法规规定，不得虚构项目误导或欺诈投资者，不得进行虚假陈述和误导性宣传。宣传内容涉及的事项需要经有权部门许可的，应当与许可的内容相符合。

六是挪用或占用投资者资金。根据《指导意见》，互联网金融从业机构应当严格落实客户资金第三方存管制度，对客户资金进行管理和监督，实现客户资金与自身资金分账管理，平台应严格落实客户资金第三方存管制度。平台及其工作人员，不得利用职务上的便利，将投资者资金非法占为己有，或挪用归个人使用、借贷给他人、进行营利或非法活动。

此外，对于证券公司、基金公司和期货公司等持牌金融机构与互联网企业合作开展业务的情况进行排查，持牌金融机构不得与未取得相应业务资质的互联网金融从业机构开展合作，持牌金融机构与互联网企业合作开展业务不得违反相关法律法规规定，不得通过互联网跨界开展金融活动进行监管套利。

2. 分类处置。对于整治中发现以“股权众筹”等名义从事股权融资业务或募集私募股权投资基金的，积极予以规范。发现涉嫌非法发行股票或非法从事证券活动的，按照打击非法证券活动工作机制予以查处。发现涉嫌非法集资的，按照处置非法集资工作机制予以查处。发现存在虚假陈述或误导性宣传行为的，依据相关法律法规进行处理。发现发布的网络信息内容违反相关规定的，按照互联网信息管理规定予以处理。发现挪用或占用投资者资金、欺诈发行等涉嫌犯罪行为的，依法追究刑事责任。

查处违法违规行为过程中，要区别情况，分类处理。对违法情节轻微、主动整改、有效控制风险、积极消除危害后果的，依法从轻处理；对违法情节严重、拒不配合整改、提供虚假情况或造成严重后果的，依法从重处罚。

## 三、职责分工

证监会是股权众筹风险专项整治工作的牵头部门，成立股权众筹风险专项整治工作领导小组，负责牵头制定股权众筹风险专项整治工作实施方案，指导、协调、督促开展专项整治工作，做好专项整治工作总结，汇总提出长效机制建设意见。

各省级人民政府按整治方案要求，组织开展本地区专项整治，建立风险事件应急制度和处理预案，做好本地区维稳工作，防范处置风险的风险。建立互联网股权融资违法违规行为有奖举报制度，鼓励广大群众积极举报互联网股权融资风险专项整治范围内的违法违规行为；对举报情况进行核查，对提供重要线索或为侦破案件提供重大帮助的举报人予以奖励。

在省级人民政府统一领导下，省金融办（局）与证监会省级派出机构共同牵头负责本地区分领域整治工作，共同承担分领域整治任务。

## 四、时间进度

按照摸底排查、清理整顿、督查和评估、验收和总结四个步骤，稳步推进股权众筹风险专项整治工作。具体要求和时间进度按照《互联网金融风险专项整治工作实施方案》要求进行，即摸底排查工作于2016年7月底前完成，清理整顿工作于2016年11月底前完成，督查和评估工作于2016年11月底前完成，验收和总结工作于2017年1月底前完成。

## 五、其他事项

按照边整治、边研究、边总结、边完善的总体思路，通过专项整治工作着力解决目前互联网股权融资领域面临的突出问题，建章立制，弥补立法空白。

对互联网非公开股权融资，结合其业务特点和规范引导的客观要求，证监会会同有关部门研究制定并择机出台指导意见，划清监管边界，明确政策底线。

对股权众筹融资试点，证监会会同有关部门继续做好试点各项准备工作，根据国务院统一部署，适时发布股权众筹融资试点监管规则，启动试点。

# 参考文献

[1] 林毅夫，孙希芳. 信息、非正规金融与中小企业融资[J]. 经济研究，2005(7)：34-44.

[2] 陈一稀. 互联网金融的概念、现状与发展建议[J]. 金融发展评论，2013(12)：126-131.

[3] 汪涛，李惠青，蒋杉杉，等. SWOT模型视角下四川互联网金融企业的发展与分析[J]. 财经界，2016(6)：7-9.

[4] 张秋东，李惠青. 科技型小微企业融资现状、问题与对策[J]. 企业导报，2016(15)：1-39.

[5] 李惠青，汪涛. 四川省互联网金融背景下小微企业融资风险问题研究[J]. 商，2016(19)：165-167.

[6] 冯蓉蓉. 中小企业融资难的原因及对策[J]. 中南财经政法大学学报，2003(1)：85-88.

[7] 王辉，赵岚岚. "十二五"时期如何加快小微企业发展[J]. 中国经贸导刊，2010(21)：27-28.

[8] 肖隆平. 求解小微企业融资难题[J]. 中国经济和信息化，2012(5)：22-23.

[9] 程德，杨沛. 科技型小微企业融资问题及对策研究[J]. 科学与财富，2016(4)：580-581.

[10] 张剑，姜涛，谢欣. 信息透明度与中小企业贷款行为分析[J]. 天府新论，2011(4)：54-59.

[11] 王曼怡，尹江宁. 小微企业金融服务创新如何借力互联网[J]. 人民论坛，2014(23)：80-82.

[12] 莫易娴. 互联网时代金融业的发展格局[J]. 财经科学，2014，58(4)：1-10.

[13] 王曙光. 互联网金融的哲学[J]. 中共中央党校学报，2013，17(6)：53-59.

[14] 芦梅. 中小企业融资困难的动因及对策分析[J]. 经济研究导刊，2010(23)：29-30.

[15] 徐洁，隗斌贤，揭筱纹. 互联网金融与小微企业融资模式创新研究[J]. 商业经济与管理，2014(4)：92-96.

[16] 蒋杉杉，李惠青，张秋东. 浅谈我国小微企业在互联网金融背景下的融资方法改革创新[J]. 求知导刊，2016(5)：41-42.

[17] 张秋燕，李惠青. 互联网金融下小微企业融资创新问题研究[J]. 现代经济信息，2016(28)：239-240.

[18] 陈天阁，方兆本，汤书昆，等. 支持中小企业融资的银企规模匹配模型研究[J]. 科学学与科学技术管理，2005，26(4)：149-154.

[19] 丁增稳,郑兴东,薛晓丽. 互联网金融视域下的小微企业融资模式创新设计[J]. 通化师范学院学报,2015(1):112-116.

[20] 郑志来. 互联网金融、社区银行与小微企业间接融资研究[J]. 现代经济探讨,2015(1):63-67.

[21] 吴庆念. 中小企业内源融资的渠道和模式研究[J]. 企业经济,2012(1):155-157.

[22] 罗丹程,杨茗涵. 互联网金融与小微企业融资模式的创新研究[J]. 中国商论,2015(14):57-59.

[23] 武腾. 我国中小企业融资困境的原因及对策[J]. 金融经济,2010(12):48-49.

[24] 刘雅文,李文. 中小企业融资的信息不对称问题分析与对策研究[J]. 情报科学, 2007, 25 (5):695-698.

[25] 魏国雄. 增加融资供给缓解小微企业融资难[J]. 中国金融,2010(3):39-41.

[26] 李超,骆建文. 基于互联网金融的小微企业融资策略[J]. 现代管理科学,2015(1):100-102.

[27] 郭晴. "互联网+"背景下我国金融业的创新与传统银行的应对[J]. 中国商论,2016(11):103-104.

[28] 赵英,聂蔚. 美国中小企业融资模式的借鉴与启示[J]. 特区经济,2006(1):265-266.

[29] 彭十一. 日本中小企业融资的政策性扶持及启示[J]. 商业时代,2007(35):42-44.

[30] 范肇臻. 日本中小企业金融支持模式及特点[J]. 现代日本经济,2009(3):51-55.

[31] 张岭,张胜. 互联网金融支持小微企业融资模式研究[J]. 科技管理研究,2015(17):114-118.

[32] 张玉明. 小微企业互联网金融融资模式研究[J]. 会计之友,2014(18):2-5.

[33] 清科研究中心. 2015年中国互联网金融行业投资报告研究[R]. 2015(4).

[34] 刘兴虎. 基于SWOT的我国互联网金融发展探讨[J]. 时代金融,2015(7):28-29.

[35] 谢平,邹传伟,刘海二. 互联网金融模式研究[J]. 新金融评论,2012(1):11-22.

[36] 刘淑贤,陈昆玉. 企业自主创新的融资渠道选择研究[J]. 科技管理研究,2011(19):9-12.

[37] 新华社《金融世界》. 互联网金融报告[R]. 社会科学文献出版社,2014(10).

[38] 杨群华. 我国互联网金融的特殊风险及防范研究[J]. 金融科技时代,2013(7):100-103.

[39] 肖曼君. 论网络银行发展对传统银行业的影响[J]. 财经理论与实践,2001,22(4):24-26.

[40] 谢斐. 小微企业困境与对策研究[J]. 东方企业文化,2012(17):25-26.

[41] 电子科技大学和西南财经大学课题组. 四川省互联网金融白皮书(2014)[R]. 2015(1).

[42] 李惠青,汪涛. 我国小型微型企业融资风险结构实证分析——结合Logistic模型展开[J]. 商业经济研究,2017(8):172-174.

[43] 汪涛. 经济新常态下中小企业互联网融资风险预警机制研究[J]. 经济师，2018(4)：28-32.

[44] 李惠青. 互联网金融下小微企业商业信用融资的影响因子研究[J]. 市场论坛，2017(3)：61-64.

[45] 李惠青，汪涛. 互联网金融下小微企业供应链融资影响因子研究[J]. 现代商业，2017(4)：72-74.

[46] 桑德斯，科尼特. 金融风险管理[M]. 北京：人民邮电出版社，2012.

[47] 赫尔 C. 风险管理与金融机构[M]. 北京：机械工业出版社，2014.

[48] 姚咏梅. 互联网金融：金融业变革与发展的推手[J]. 中外企业文化，2014(10)：22-24.

[49] 余明桂，潘红波. 金融发展、商业信用与产品市场竞争[J]. 管理世界，2010(8)：117-129.

[50] 阎竣私. 小微企业融资行为、资金需求及其政策建议[J]. 经济理论与经济管理，2010(4)：41-45.

[51] 葛敏. 论企业家声誉对小微企业价值创造的影响[J]. 中国乡镇企业，2010(12)：74-77.

[52] 李倩，苏越良. 基于供应链金融的商业银行信用风险评估[J]. 价值工程，2014(8)：31-34.

[53] 朱广其. 科技型小微企业融资难及金融支持——基于微型金融的视角 [J]. 华东经济管理，2014，28(12)：80-83.

[54] 袁博，李永刚，张逸龙，等. 互联网金融发展对中国商业银行的影响及对策分析[J]. 金融理论与实践，2013(12)：66-70.

[55] 庞敏，邱代坤. 互联网金融风险产生的路径与防范对策分析[J]. 理论探讨，2017(4)：116-120.

[56] 中信银行呼和浩特分行人民银行呼和浩特中心支行联合课题组. 谈互联网金融的风险防范和监管问题[J]. 内蒙古金融研究，2015(2)：64-68.

[57] 李国义. 互联网金融中的信用风险形成机理研究[J]. 哈尔滨商业大学学报(社会科学版)，2017(3)：38-45.

[58] 贾素娜. 小微企业网络信用融资分析[D]. 济南：山东财经大学，2015.

[59] 罗齐，朱道立. 第三方物流服务创新：融通仓及其运作模式初探[J]. 中国流通经济，2002，16(2)：11-14.

[60] 胡莲，胡波. 模糊积分 SVM 集成的供应链金融信用风险评估研究. [J]. 物流技术，2014，33 (5)：362-364.

[61] 胡海青，薛萌，张琅. 供应链合作关系对中小企业营运资本的影响因素研究——基于供应链融资的视角[J]. 经济管理，2014(8)：54-64.

[62] 胡海青，崔杰，张道宏，等. 中小企业商业信用融资影响因素研究——基于陕西制造类非上市企业的证据[J]. 管理评论，2014，26(2)：36-48.

[63] 雷曜,石峰. 微型金融投融资的全球趋势[J]. 经济社会体制比较,2013(4):24-31.

[64] 李强,刘静. 微型企业突破融资瓶颈的思考与分析——以四川省为例 [J]. 经济体制改革,2012(6):114-118.

[65] 史达,朱荣,郎晓雨. 政府财政支持政策与微型企业融资困境的破解 [J]. 财政研究,2014(3):20-23.

[66] 郭德仁,王培辉. 基于模糊聚类和模糊模式识别的企业财务预警[J]. 管理学报,2009(9):1194-1199.

[67] 财政部. 关于印发中小企业划型标准规定的通知[Z]. 工信部联企业[2011]300号,2011,(7).

[68] 张纯. 小微企业财务风险预警系统研究[D]. 北京:北京化工大学,2015.

[69] 柯艳芳. 互联网金融业的监管与制度保障——以"余额宝"为视角[J]. 中国电子商务,2014(15):38-40.

[70] 汪石. 浅析中国互联网金融业的现状及发展趋势[J]. 广东经济,2016(11):136-137.

[71] 徐碧赢. 浅析互联网金融业对传统银行业的影响[J]. 时代金融,2016(3):49-50.

[72] 杨雅琪. 浅析中国互联网"试水"金融业[J]. 南方论刊,2014(6):38-39.

[73] 屈菲菲. 互联网时代金融业的发展格局展望[J]. 统计与管理,2015(3):67-68.

[74] 王晓光,石嘉越. 互联网金融背景下商业银行业务发展研究[J]. 生产力研究,2014(9):27-30.

[75] 吕晶晶. 互联网+大资管,金融业的深刻变革——专访中国工商银行城市金融研究所所长周月秋[J]. 金融博览,2015(22):14-17.

[76] 李胜建. 我国互联网金融风险及监管架构研究[D],北京:对外经济贸易大学,2014.

[77] 王念,王海军,赵立昌. 互联网金融的概念、基础与模式之辨. [J]南方金融,2014(4):4-11.

[78] 王娜. 互联网金融的风险与监管[J]. 商业现代化,2017(9):81-82.

[79] 刘楠楠. 中国互联网金融风险分析及监管研究[D],济南:山东大学,2014.

[80] 庞敏,邱代坤. 互联网金融风险产生的路径与防范对策分析[J]. 理论探讨,2017(4):116-120.

[81] 陈晓芳,邓银花. "互联网金融+融资租赁"A2P模式的SWOT分析[J]. 财会月刊,2017(2):119-123.

[82] 饶庆丰. 成长期科技型中小企业融资影响因素研究[D]. 昆明:云南财经大学,2010.

[83] 欧阳资生,莫廷程. 互联网金融风险度量与评估研究[J]. 湖南科技大学学报(社会科学版),2016,19(3):173-178.

[84] 张庆昉. 互联网金融监管对策[N],金融时报,2013-12-02.

[85] 李东荣. 中国互联网金融发展报告(2016)[M]. 北京:社会科学文献出版社,2016.

[86] 谢宏武. 互联网金融服务创新对小微企业融资模式影响研究[J]. 软件工程，2014(11)：14-15.

[87] 徐荣贞，殷元星，王帅. P2P网络借贷平台运营模式及风险控制思考——基于信息不对称视角[J]. 财会月刊，2017(2)：33-38.

[88] Goyal S K. Economic Order Quantity under Conditions of Permissible Delay in Payment [J]. Journal of the Operational Research Society，1985，36(4)：335-338.

[89] Berger A N，Udell G F. The Economics of Small Business Finance：The Role of Private Equity and Debt Market in the Financial Growth Cycle[J]. Journal of Banking and Finance. 1998(22)：613-667.

[90] Berger A N，Udell G F. Small Business Credit Availability and Relationship Lending：The Importance of Bank Organizational Structure[J]. The Economic Journal，2002 (112)：32-53.

[91] Jaber M Y，Osman I H. Coordinating a Two-level Supply Chain with Delay in Payments and Profit Sharing[J]. Computers & Industrial Engineering，2006，50(4)：385-400.

[92] Dada M，Hu Q. Financing Newsvendor Inventory[J]. Operations Research Letters，2008，36(5)：569-573.

[93] Ohlson J A. Financial rations and the probabilistic prediction of bankruptcy[J]. Journal of accounting research，1980：108-130.

[94] Srinivasa Raghavan N R，Mishra V K. Short-term Financing in a Cash-constrained Supply Chain[J]. International Journal of Pro—duction Economics，2011，134(2)：407-412.

[95] Randall W S，Farris II M T. Supply Chain Financing：Using Cash-to-cash Variables to Strengthen the Supply Chain[J]. International Journal of Physical Distribution & Logistics Management，2009，39(8)：669-689.

[96] Fitzpatrick P J. A comparison of the ratios of successful industrial enterprises with those of failed companies[M]. Accountants Publishing Company，1932.

[97] Altman E I，Haldeman R G，Narayanan P. ZETA TM analysis A new model to identify bankruptcy risk of corporations[J]，Joural of banking & finance，1977，1(1)：28-55.

[98] Wolken J. How Important are Small Banks to Small Business Lending. New Evidence from a Survey of Small Firms[J]. Journal of Banking& Finance，1999(23)：427-458.